KB088931

이것이 진짜
농지 경매다

나 홀로 고수익 내는 경매의 **블루오션**

이것이 진짜 농지 경매다

이종실 지음

"토지라고 맥없이 기다리는 시대는 지났다!"
500만 원으로 시작하는 농지 경매의 모든 것

한국경제신문i

농지 사례의 집대성!

저자 이종실 교수는 그동안 토지 관련(토지 개발, 분할, 형질변경, 농지전용, 지목변경, 토지 소송 등) 비법을 공개하면서 중앙일간지에 대대적인 홍보로 전국에 팬이 많으며, 먼 창원의 우리 학원까지 출강하시는 등, 많은 후배를 배출하고 계십니다.

마침내 그간의 경매 현장 실전 경험과 강의 경험을 통해 쌓아온 폭넓은 지식을 본서에 집대성했습니다.

최근 국내·외 정치 및 금융위기 등으로 인해 부동산 시장도 많은 혼란을 맞고 있습니다. 위기일수록 보통 때 준비한 자의 노고는 빛나는 법입니다. 2017년은 계속된 저금리 기조에서 경매를 통한 내 집과 내 땅 마련 등 재테크에 있어서 절호의 기회입니다.

이러한 시점에 본서는 저자의 풍부한 경험과 실전 경매의 방대한 자료를 집대성했기에 올해 펼쳐질 경매 시장에서 좋은 나침반 역할을 할 것입니다.

이번에 발간된《이것이 진짜 농지 경매다》는 맹지탈출법 등 농지 경매 관련 소송, 농지 반값 경매 등 재테크를 꿈꾸는 사람들이라면 꼭 알고 있어야 할 주옥같은 내용이 한 권에 모두 담겨 있어 독자 여러분의 일독을 권하는 바입니다.

경매의 핵심은 무엇인가?

요즘 경매 시장의 화두는 '경매가 너무 어려워졌다'고 하는 것입니다. 즉, 낙찰받기가 어려울 뿐만 아니라, 어쩌다 받아도 수익률이 너무 낮아 실망스럽다고 한탄을 합니다. 세상에 어려운 것이 어찌 경매뿐이겠느냐마는 실제로 불과 몇 년 전보다 경매 환경이 악화된 것은 사실입니다.

그 이유는 다양하게 많이 있겠지만, 그중에 세 가지 정도만 고른다면, 첫째는 저금리를 꼽을 수 있을 것입니다. 우선 저금리는 경매 시장에 물건이 나오는 것을 방해(?)합니다. 즉, 차입금이 좀 많아도 이자가 싸니 채무자 입장에서는 부담이 크지 않습니다. 다른 한편으로는 시중에 부동 자금이 흘러갈 곳이 없으니 부동산으로 유입되고 경매 시장도 그 한편을 담당하는 것입니다. 이런 이유가 겹쳐서 두 번째는 부동산 경기가 상당히 살아난 것입니다. 조금 무리해서라도 이자를 잘 내면 내 부동산의 가치가 이자 내는 것보다는 높은 가격에 매매할 수 있다는 믿음이 생긴 것입니다. 그리고 마지막은 경매 참여자가 폭발적으로 늘어난 것입니다. 조기 은퇴자, 실업자, 미취업자 등 직업을 가지지 못한 사람들이 경매가 돈이 된다는 소문만으로 너도나도 전업이든 부업이든 경매 참여 인원이 상상을 초월합니다. 아파트 경매 한 채에 평균적으로 30명, 많으면 100명 가까이 입찰하는 경우를 어떻게 상상할 수 있었겠습니까.

경매가 어려워졌다고, 수익률이 낮아졌다고, 그냥 포기할 것입니까? 자본주의가 존재하는 한 경매는 진행될 것입니다. 남들이 경매로 내는 수익을 부러워만 하고 있을 것입니까? 그렇다고 그 혼잡한 경매 시장에 참여해서 어렵게 낙찰받고 정리를 하려니 수익도 없는 헛수고만 할 것입니까?

《이것이 진짜 농지 경매다》는 그동안 경매라는 이름으로 대항력, 권리분석, 유치권, 법정 지상권 등 일반 경매 용어에서 본격적으로 농지 부분을 세분화해 초보자뿐만 아니라 지금까지 이른바 경매 전문가라고 칭하는 사람들이 보기에도 충분한 전문서적입니다. 저자의 오랜 경험과 실제 강단에서 가르쳐온 이론적인 것들이 잘 조화를 이루어 요즘 어려운 경매 시장에서 수익을 제대로 챙길 수 있는 전문서적입니다. 특히 경험 없는 사람들이 어려워하는 농지 자격 취득서 발급 등은 농지를 경매로 받아서 수익을 내고자 하는 분에게 큰 도움이 될 것입니다.

10여 년 전 저자의 수강생으로 경매에 입문해 경매쟁이로 살아온 본인에게 저자의 가르침은 항상 명쾌한 해답을 제시해주었고, 그동안 배출한 제자나 지금도 같이 활동하시는 분들과의 교류를 보면 저자의 이론과 실전 경험을 충분히 짐작할 수 있습니다. 이런 이론과 경험이 《이것이 진짜 농지 경매다》에 그대로 녹아 있는 것이 무척 반갑습니다.

저자의 수강생으로 시작한 경매쟁이가 시간이 지나 강의도 하고 방송도 하는 것은 오로지 저자의 실력을 믿고 함께해온 것에 대한 보상이라 생각하기 때문에, 저자에게 감사드립니다. 더구나 이렇게 세부적으로, 체계적으로 정리한 책에 대해 추천사를 쓴다는 것에 더욱 감사할 따름입니다.

경매의 핵심은 무엇입니까? 당연히 싸게 사는 것입니다. 경매는 부동산 취득이 한 방편이지만, 핵심은 싸게 사는 것입니다. 이를 무시하면 경매라 할 수가 없습니다. 저자의 지론인 "땅을 사야지, 흙을 사는 사람이 되지 말라"는 말도 제대로 된 땅을 싸게 사라는 것인데, 이제 농지도 흙이 아니라 땅이 되는 방법을 알게 해주고, 또한 작금의 이 어려운 경매 시장에서 제대로 수익을 낼 방법을 제시해주기 때문에 경매를 시작하려는 분이나 지금 전문가 수준에 계신 분에게도 일독을 적극적으로 추천하는 바입니다. 가능하면 항상 옆에 두고 의문이 들 때마다 찾아보는 지침서가 되기를 바랍니다.

경매 시장이 어렵다고 하지만 남들보다 앞서서 공부하고 노력하는 분들한테는 모든 것이 그렇듯이 길이 보입니다. 그 길을 좀 더 쉽게 찾도록 도와준 저자에게 감사드리며, 《이것이 진짜 농지 경매다》를 읽는 모든 분에게도 행운이 늘 함께하기를 바랍니다.

고동현

농지 투자와 경매에 성공하고 싶다면,
경자유전과 변화에 집중하라!

우리나라 농지를 관통하는 키워드를 꼽으라면 필자는 주저 없이 '경자유전(耕者有田)'을 든다. 농사를 짓는 사람만이 농지를 소유할 수 있다. 우리나라 헌법과 농지법이 금과옥조처럼 명시하고 있는 불변의 원칙이다. 경자유전은 대한민국의 농지를 이루는 뼈대라는 점을 먼저 강조해두고 싶다.

농지와 관련해 두 번째 포인트를 들라면 필자는 단연 '변화'를 꼽는다. 우리나라 초대 정부에 의해 농지개혁법이 제정되었던 1949년 이후 지금에 이르는 동안 우리나라는 정치·경제·사회·문화를 가릴 것 없이 전 분야에 걸쳐 환골탈태에 가까운 모습으로 변화하고 발전했다. 이러한 화려한 변화를 거듭하는 동안 상대적으로 가장 느리고 적게 변한 분야가 농업이다. 대한민국

농업은 '경자유전'이라는 강력한 헌법 이념과 정치·경제적인 농업정책에 의해 엄격하게 보호되고 규제되어왔다. 하지만 세상에 변하지 않는 것은 없다. 또한, 변하지 않으면 살아남지 못한다는 걸 변화를 통해 배웠다. 그동안 농지법도 느린 속도지만, 변화해왔다. 비농업인에게도 농지 구입을 허용하는 개정 농지법의 획기적인 변화가 대표적인 사례다.

농지를 알고 싶으면 '경자유전'과 '변화'라는 두 가지 키워드에 주목해야 한다. 필자는 두 가지 키워드를 중심에 놓고 농지 투자에 대한 지침서를 썼다. 농지 투자와 특히 농지 경매에 관심이 있는 독자라면 이 책을 읽어야 한다고 감히 주장한다. 필자는 지난 20년 동안 농지 경매를 하면서 수많은 시행착오를 겪었다. 실수하기도 했고, 실패하기도 했다. 실수와 실패에서 많은 것을 배웠다. 때로는 관련 법률과 판례를 뒤지는 이론 공부로 극복하고, 때로는 경험과 노하우로 대처했다. 이 책은 이러한 나의 경험과 이론이 고스란히 녹아 있다. 그래서 농지 투자와 경매에 성공하고 싶다면 분명 일독의 가치는 있다고 자부한다.

하지만 이 책은 학술서가 아니라는 점을 먼저 밝혀두고자 한다. 오히려 농지 경매를 통해 익혔던 지식과 정보를 바탕으로 한 실용서에 가깝다. 그래서 책의 내용에 학문적 검증이나 객관적인 해석과 판단이 필요한 부분도 더러 있을 것으로 생각한다. 이

점에 대해서는 독자 여러분과 관련 분야 전문가들의 질책과 비판을 달게 받을 생각이다. 또 이 책에선 일반 경매에 필요한 지식을 다루지 않았다. 농지 경매에 관심 있는 독자라면 일반 경매에 대한 기초 지식은 이미 갖추었을 것으로 판단했기 때문이다. 그렇다고 이 책이 경매 지식이 전혀 없는 사람에게 무용하다는 이야기는 아니다. 이 책은 우리나라 농지의 전반을 다루고 있으므로 귀농·귀촌이나 농촌 문제에 관심 있는 분에게 적지 않은 도움이 되리라 믿는다. 우리나라의 농지는 경자유전의 큰 원칙 안에서 변화로 꿈틀대고 있다. 그래서 농지 투자는 까다롭다. 이 까다로움 속에 기회가 숨어 있다. 농지에 대해 정확하고, 그리고 깊이 있는 이해와 지식을 얻는다면 기회는 더 커진다.

아무쪼록 이 책이 우리나라의 농지를 조금이라도 이해하는 데 독자 여러분에게 도움이 되었으면 하는 바람이다.

이종실

Contents

Contents

Contents

PART 6 농지 경매 실전 사례

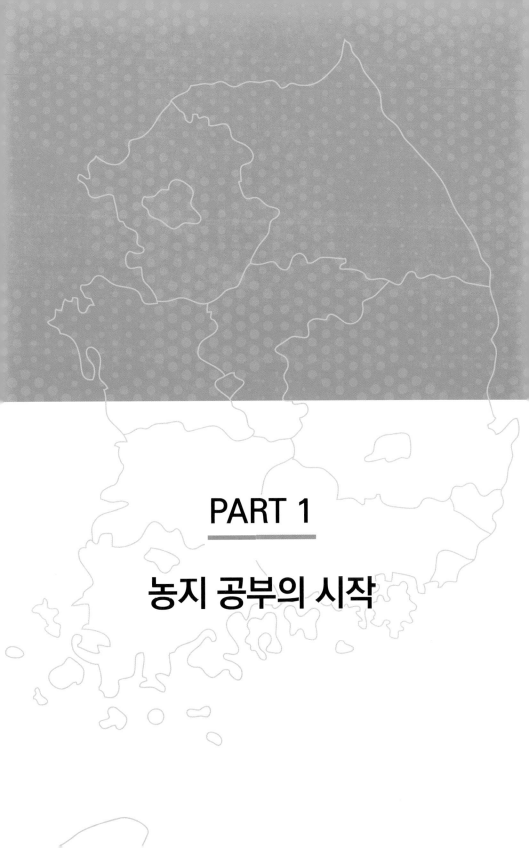

PART 1

농지 공부의 시작

Chapter 01

농지 관련 법률은
백 가지가 넘는다

　농지 경매는 전문가들조차 어려워하는 분야다. 경매에서 농지가 특히 까다로운 건, 수없이 많은 법률의 규제를 받고 있기 때문이다. 농지의 취득·소유·이용·보전·양도에 이르는 전 과정들은 1백 가지가 넘는 법률에, 시행령, 지방자치단체의 조례와 지침 등의 규제와 간섭을 받고 있다. 농지는 수많은 법률의 규정을 받고 있으므로 때로는 한 가지의 사안을 놓고 두 가지의 다른 법규 또는 판례가 겹쳐 충돌하기도 한다. 우리나라 농지법은 '현황주의'를 채택하고 있다. 지목과 관계없이 현재 농지로 이용되고 있으면 농지로 간주한다. 농지에 해당하는지에 대한 1차적 판단은 농지취득자격증명원을 발급하는 담당 공무원이 한다. 뒤에서 자세히 살펴보겠지만, 담당 공무원의 이러한 유권적 판단이 때로는 농지 투자 또는 경매의 성공을 좌우하기도 한다. 이로 인한 분쟁 또한 잦을 수밖에 없다. 이러한 이유로 농지를 일반 부동산처럼 취급했다가 본인도 모르게 법을 어기게 되거나, 때로는 돌이킬 수 없는 금전적 손해를 입기도 한다.

왜 우리나라의 농지는 이렇게 복잡하고 까다로울까? 먼저, 우리나라의 농지는 소유에서부터 엄격한 제한이 따른다. 취득과 소유에서부터 권리의 제약이 발생하다 보니 농지를 구입하거나 낙찰받는 게 여간 어려운 일이 아니다. 대한민국 헌법이 그러한 권리를 제약하고 있는데, 농지를 아무나 소유하지 못하게 하는 '경자유전'의 원칙이 그것이다. 헌법 제121조 제1항은 '국가는 농지에 관해 경자유전의 원칙이 달성될 수 있도록 노력해야 하며, 농지의 소작제도는 금지된다'고 규정하고 있다. 다시 말해, 우리나라는 농사를 직접 짓는 사람 외엔 원칙적으로 농지 소유 자체를 금하고 있다.

헌법에 이어 농지의 근간 법률인 농지법 또한 농지 소유 제한은 물론, 이용과 보전 등 농지 전반에 대해 까다롭게 규정하고 있다. 농지는 국민에게 식량을 공급하고 환경을 보전하는 데 필요한 기반임과 동시에 한정된 귀중한 자원이므로 공공복리에 맞게 관리되어야 하고, 이에 따라 농지에 관한 권리 행사에는 제한과 의무가 필요하다는 것이 농지법 제정의 배경이다. 농지는 농업 생산성을 높이는 방향으로 소유하고 이용되어야 하며, 투기의 대상이 되어서는 안 된다고 못 박고 있다. 농지 관련 기본법이 농지의 투기를 차단하고 있고, 농지의 원시적 취득에서부터 권리의 제한이 따르다 보니 농지 거래는 물론, 농지 경매가 일반 부동산보다 복잡하고 까다로워진 것이다.

또한, 앞에서 언급한 것처럼 우리나라 농지는 '현황주의'를 채택하고 있어 농지에 대한 해석과 판단을 놓고 다툼의 소지가 많다. 법원에 제기되고 있는 농지 관련 행정소송의 상당수가 현황이 농지인지 아닌지를 다투는 분쟁들이다. 그래서 경매뿐 아니라 농지를 사고, 파는 행위를 제대로 이행하려면 먼저 농지법에 대한 이해가 선행되어야 한다.

농지를 일부라도 규정하고 있는 다른 법률에 관한 공부도 필요하다. 예컨대, 수도권정비계획법, 국토의 계획 및 이용에 관한 법률, 토지이용규제 기본법, 농어촌 정비법 등은 농지를 포함한 토지의 개발과 이용 전반을 규정하고 있어 이에 대한 이해가 있어야 한다.

이외에도 개발제한구역의 지정 및 관리에 관한 특별조치법, 동서남해안 및 내륙권 발전 특별법, 농어업인 삶의 질 향상 및 농어촌지역 개발촉진에 관한 특별법, 농어업경영체 육성 및 지원에 관한 법률 등 농업·농촌·농지와 관련한 수많은 특별법 또한 농지 투자 또는 거래에 관한 중요한 규정과 지침을 담고 있어 한번쯤 살펴볼 필요가 있다.

농지에 관한 공부는 농지법의 이해에서 출발해야 한다. 농지의 소유·경영·관리·전용·양도 등에 관한 법 조항을 하나씩 풀다 보면 자연스럽게 농지가 보이기 시작할 것이다.

Chapter 02

농지법의 역사를 알면
농지가 보인다

우리나라만큼 농지에 대한 국민적 애정이 각별한 나라는 없을
듯하다. '사촌이 땅을 사면 배가 아프다'는 속담만 해도 그렇다.

우리나라 현대 문학의 가장 큰 성취라는 데 이견이 없는 박경
리의 대하소설《토지》를 보아도 우리나라 사람들의 토지에 대
한 애정을 엿볼 수 있다. 소설《토지》는 토지를 둘러싼 한 집안
의 몰락과 치부, 그리고 복수를 통해 전근대에서 근대로 이행하
는 한국인들의 전형을 서사적으로 그려낸 문학 작품이다. 작품
서사의 주요 모티브가 한 집안의 '토지'였으며, 또 다른 '토지'로
집안을 일으키고, 복수한다는 점에서 토지는 한국인에게 삶의
매개이면서 또 전부라는 걸 확연하게 보여준다.

근대 이전인 조선 시대에도 토지는 국가를 지탱하는 근간이었
다. 생산력 대부분을 농업에 의존했던 만큼 조선 시대엔 토지제

도 자체가 국가 통치와 민생 안정의 열쇠 역할을 했다. 조선 말에 이르러 실학이 대두하면서 조선의 토지제도가 개혁의 중심으로 떠오른 건 당연한 일이었다. 당시 중농주의 실학자들은 농업 생산력을 높이는 기술 개발보다는 농지 소유를 효율적이고 균등하게 하는 토지제도 자체의 개혁이 더 중요하다고 보았다.

당시 토지 개혁을 효율과 균등으로 나눠보자면 균등 쪽에 더 많은 무게가 실리고 있었다. 비슷한 시기 미국에서는 진보 경제학자 헨리 조지(Henry George, 1839~1897)가 토지의 사적 소유를 금하자는 과격한 주장을 내놓았다. 물론 초기 산업자본주의로 이행하고 있었던 미국의 경제 환경이 조선 말과는 크게 다르긴 해도 노동·자본과 함께 생산의 3요소 중 하나인 토지에 대한 비판적 인식은 서로 비슷한 측면이 있다. 헨리 조지는 1879년에 펴낸 《진보와 빈곤(Progress and Poverty)》이라는 유명한 저술에서 문명의 발전에도 불구하고 빈곤이 지속되는 건 토지의 과점 또는 독점 때문이라며 토지의 사적 소유를 일절 금해야 한다는 주장을 내놓았다. 사회주의적 성격이 강했던 그의 주장은 당시 미국적 환경에서 크게 주목받지 못했다. 최근 들어 빈곤의 악순환 또는 대물림 문제가 사회적 이슈로 다뤄지면서 주로 진보 신영에 의해 그의 주장이 다시 조명을 받고 있다.

하지만 헨리 조지보다 50여 년 앞서 유사한 주장이 우리나라에서 먼저 제기되었다는 사실은 우리나라가 예전부터 토지 문제를 얼마나 중요하게 여겼는지를 새삼 깨닫게 해준다. 조선 말 헨리 조지보다 더 토지의 균등한 분배를 강조했던 인물은 다름 아닌 다산 정약용이었다. 다산의 '여전제(閭田制)'가 바로 그것이다. 토지 개혁에 많은 관심을 가졌던 그는 '전론(田論)'을 통해 조선 봉건제의 물질적 토대였던 농촌의 농업 경제를 '여(閭)' 단위로 재편해 여 단위의 농장에서 공동 생산하고 노력에 따라 분배해야 한다고 주장했다. 조지의 주장보다 오히려 더 공산주의적이고, 구소련의 사회주의 집단농장 '콜호스'를 연상하게 하는 과격한 주장이었다.

다산의 주장 외에도 조선 말 실학자들에 의해 다양한 토지 개혁론들이 제기되었다. 유형원은 각 신분에 맞게 토지를 균등하게 배분하자는 '균전제(均田制)'를 내놓았고, 이익은 농민들에게 국가의 토지를 나눠주어 매매를 못 하게 하는 대신, 경작에 몰두케 해야 한다는 '한전제(限田制)'를 주장했다. 어찌 보면 지금의 농지법은 이들 조선 말 실학자들의 주장들을 모두 반영해 종합해 놓은 것처럼 보일 정도로 토지에 대한 당시의 인식이 매우 근대적이었음을 알 수 있다. 그만큼 우리나라에서 농지는 예나 지금이나 국가의 경제를 책임져야 하는 생산력의 핵심 토대로서 사적 소유 재산보다는 국가 사회적 공공재로 인식되고 있다.

현재 농지법은 대한민국 정부가 수립된 직후 이승만 정부에 의해 1949년에 만들어진 농지개혁법이 그 시초다. 먼저, 농지개혁법이 시행되던 당시의 국내 사정을 간단히 살펴보자. 해방되고 나서 우리나라는 여전히 농업 경제가 주축이었고, 본격적인 자본주의의 발전을 위한 산업화를 목전에 두고 있었다. 일제 강점기 때 일본인 소유로 넘어갔던 대다수 토지와 일부 대지주 소유의 토지가 산업화의 주요한 물적 토대였으므로 이에 대한 처리가 시급한 국가적 사안으로 대두했다.

게다가 북한은 1946년 2월에 이미 무상몰수·국가공동 관리 방식으로 토지 개혁을 한 터라 개혁의 방식을 둘러싸고 이념적 대립까지 일어났다. 이런 상황에서 1949년 이승만 정부에 의해 제정된 법률이 바로 농지개혁법이다.

농지개혁법의 주요 내용을 보면, 먼저 한 가구당 농지 소유 면적을 3정보로 제한했다. 이렇게 함으로써 자연스럽게 3ha(3정보, 3만㎡) 이상의 농지를 소유하고 있거나 직접 농사를 짓지 않는 대지주들의 농지를 정부가 유상으로 강제 매수해 농사를 짓는 농민들에게 유상으로 분배했다. 이 법의 시행으로 농지 소유가 불확실했던 토지나 일본인 소유의 토지가 모두 수용되어 농민들에게 분배되었음은 물론이다.

유상매수·유상분배를 골자로 하는 초대 정부의 농지개혁법에 대한 평가는 학자들의 몫이긴 하지만, 당시 우리나라가 처한 정치·경제 사정을 고려해볼 때 우리가 취할 수 있었던 가장 최선의 정책이었다는 게 필자의 생각이다. 농지 투자나 농지 경매에 관심이 많은 이 책의 독자들이 놓치지 말아야 할 핵심 키워드가 바로 여기에 있다. 농지개혁법의 핵심은 농사를 직접 짓는 사람들이 농지를 소유하고 경작하게 하는 '경자유전' 원칙이다. 이 원칙은 지금의 농지법으로 60년 넘게 이어져오면서 여전히 비농업인의 농지 취득과 소유를 까다롭게 하고 있기 때문이다. 하지만 농업 경제에 맞춰진 이 법률은 변화를 맞이할 수밖에 없었다. 농지 소유 한도를 3정보로 제한하고 소작 임대차나 위탁 경영을 금지한 당시의 농지개혁법은 지주와 소작인 간의 분쟁 해소, 경작인의 농지 소유 등 당시로선 시급했던 농촌 문제를 해결하는 데 큰 역할을 했다. 하지만 우리의 경제 환경은 농업 경제에서 산업화를 거쳐 이제는 첨단 IT산업으로 탈바꿈하고 있다. 급속한 산업화가 진행되면서 농지개혁법은 농촌의 근대화와 농업의 효율성을 저해하는 걸림돌로 작용하기 시작했다.

그래서 이 법은 본격적인 공업화가 시작된 1973년에 농지의 보전 및 이용에 관한 법률을 제정하기에 이르렀고, 1994년엔 불가피하게 농지법으로 대체되었다. 이 과정에서 법률은 몇 차례의 수정을 거치면서 괄목할 만한 변화를 가져왔다. 농지의 위탁 경영이나 도시인의 농지 투자 도입 같은 게 대표적인 사례들이다. 그러니까 이 법률의 수정과 변화를 파악하는 것, 즉 농지법의 역사를 제대로 파악하는 것이 토지 투자와 농지 경매를 성공으로 이끄는 공부의 시작점인 것이다. 그래서 농지법의 역사를 알고 나면 비로소 농지가 보이기 시작한다고 필자는 믿고 있다.

다음 장부터 농지법의 변화 포인트와 사례를 집중적으로 살펴볼 예정이다. 독자 여러분들의 이해를 돕기 위해 이승만 정부에 의해 만들어진 농지개혁법의 일부 조항을 발췌했다.

농지개혁법

[시행 1950. 3. 10.] [법률 제108호, 1950. 3. 10., 일부 개정]

제1조

본 법은 헌법에 의거해 농지를 농민에게 적정히 분배함으로써 농가 경제의 자립과 농업 생산력의 증진으로 인한 농민 생활의 향상 내지 국민경제의 균형과 발전을 기함을 목적으로 한다.

제2조

본 법에서 농지는 전·답·과수원, 잡종, 기타 법적 지목 여하에 불구하고 실제 경작에 사용하는 토지 현장에 의한다. 농지 경영에 직접 필요한 지소, 농도, 수로 등은 당해몽리농지에 부속한다.

제3조

본 법에 있어 농가라 함은 가주 또는 동거 가족이 농경을 주업으로 해 독립 생계를 영위하는 합법적 사회 단위를 칭한다.

제5조

정부는 좌에 의해 농지를 취득한다. 〈개정 1950. 3. 10.〉

    1. 좌의 농지는 정부에 귀속한다.

      (가) 법령급 조약에 의해 몰수 또는 국유로 된 농지

      (나) 소유권의 명의가 분명치 않은 농지

    2. 좌의 농지는 본 법 규정에 의해 정부가 매수한다.

      (가) 농가 아닌 자의 농지

      (나) 자경하지 않는 자의 농지, 단, 질병, 공무, 취학, 기타 부득이한 사유로 인해 일시 이농한 자의 농지는 소재지 위원회의 동의로써 시장, 군수가 일정 기한까지 보류를 인허한다.

(다) 본 법 규정의 한도를 초과하는 부분의 농지

(라) 과수원, 종묘포, 상전 등 숙근성 작물 재배 토지를 3정보 이상 자영하는 자의 소유인 숙근성 작물 재배 이외의 농지

제7조

① 매수 농지에 대한 평가는 정부에서 각 소재지 위원회의 의를 경해 좌와 여히 정한다. 〈개정 1950. 3. 10.〉

1. 각 시읍면별로 각 지목별 표준 중 급농지를 선정해 차의 평년작 주산물 생산량의 15할을 당해 토지 임대차 가격과 대비해 당해 시읍면의 공통 배율을 정하고 차에 의해 동 지구 내 각 지번별의 보상액을 정한다.

2. 농지의 상황 변천, 기타로 인해 종래의 생산량 또는 임대차 가격에 의거하기 곤란한 농지는 인근 유사 농지에 준하거나 또는 기타 적당한 방법으로써 정한다.

3. 자영하지 아니하는 과수원, 상전, 종묘지 또는 기타 다년성 식물을 재배하는 농포와 제2조 제2항의 부속 시설은 시가에 의해 별로히 사정한다.

4. 개간, 간척, 기타 특수지에 대하여는 기실정을 심사해 특별 보상액을 첨가 작정한다.

5. 삭제 〈1950. 3. 10.〉

② 전 각 호에서 정한 보상액은 갱히 동일 피상자의 총면적급 가금고에 의한 체감률을 적용한다. 단, 정부가 인정하는 육영, 교화, 학술급 후생 재단에 대한 보상에는 본 항을 적용치 않고 또한 본 항 체감액에 해당한 자본 세액을 면제한다.

제8조

보상은 좌의 방법에 의해 정부는 피상자 또는 그가 선정한 대표자에게 지가증권을 발급한다. 이 지가증권을 기업 자금에 사용할 때는 정부는 융자의 보증을 한다. 〈개정 1950. 3. 10.〉

1. 증권 액면은 전조에서 결정된 보상액을 환산한 당해 연도 당해 농지 주산물 수량으로 표시한다.

2. 증권의 보상은 5년 균분년부로 하여 매년 액면 농산물의 결정 가격으로 산출한 원화를 지급한다. 단, 보상액이 소액이거나 또는 정부가 인정하는 육영, 교화, 학술 재단에 대한 보상은 일시불 또는 기간을 단축할 수 있다.

제11조

본 법에 의해 정부가 취득한 농지급 별도 법령에 의해 규정한 국유 농지는 자경할 농가에게 좌의 순위에 따라 분배 소유케 한다.

1. 현재 당해 농지를 경작하는 농가
2. 경작 능력에 비해 과소한 농지를 경작하는 농가
3. 농업 경영에 경험을 가진 순국열사의 유가족
4. 영농력을 가진 피고용 농가
5. 국외에서 귀환한 농가

제12조

① 농지의 분배는 농지의 종목, 등급급 농가의 능력, 기타에 기준한 점삭제에 의거하되 1가당 총 경영 면적 3정보를 초과하지 못한다.
② 제6조 말항은 전항 면적에 준용한다.
③ 제6조 제1항 제1호의 농지와 제11조 제1항 제1호의 농지는 점삭제에 의거하지 아니한다. 〈개정 1950. 3. 10.〉

제13조

분배받은 농지에 대한 상환액급 상환 방법은 다음에 의한다. 〈개정 1950. 3. 10.〉

1. 상환액은 제7조에 의해 결정한 당해 농지의 보상액과 동액으로 한다. 단, 제7조 제1항 제4호의 특별 보상액은 부담하지 아니한다.
2. 상환은 5년간 균분년부로 하고 매년 정부에 납입해야 한다.
3. 농가의 희망과 정부가 인정하는 사유에 따라서 일시 상환 또는 상환 기간을 신축할 수 있다.

제15조

분배받은 농지는 분배받은 농가의 대표자 명의로 등록하고 가산으로서 상속한다.

제16조

분배받은 농지에 대하여는 상환 완료까지 좌의 행위를 제한한다.

1. 매매, 증여, 기타 소유권의 처분
2. 저당권, 지상권, 선취특권 기타 담보권의 설정

Chapter 03

산업 환경이 변하면
법률도 변한다

우리나라는 1970년대 들어 본격적인 산업화가 시작된다. 정부 주도의 공업화 정책은 좁은 국토 안에서 가용 토지가 필요하게 되고, 급기야 농지 잠식 또한 불가피하게 된다. 이렇게 농업 경제에서 공업 경제로 국가의 생산력이 이동하면서 등장한 법률이 바로 '농지의 보전 및 이용에 관한 법률'이다. 이 법은 급속한 공업화 정책에 따른 농지의 전용을 막고 농지를 적절히 보존해서 농업 생산력을 높이기 위해 1973년에 만들어졌다. 지금은 농업진흥지역으로 그 이름이 바뀌었지만, 우리가 흔히 알고 있는 '절대농지'라는 개념도 이때 생겨났다. 농지의 3대 지목인 전이나 답, 과수원이 아니더라도 실제로 농사를 짓고 있으면 사실상 농지로 간주하는 규정은 농지개혁법 때부터 등장하며 이 법에서도 그대로 적용된다. 그 후 농지법에서는 전·답·과수원이 아닌 토지에 3년 이상 연속적으로 농지로 사용할 경우만 농지법 대상이 된다.

이 법에서 우리가 주목해야 할 점은 농지 전용에 관한 규정이다. 토지의 가치를 높이는 가장 빠른 길 중 하나가 토지의 전용이다. 이 법에 따라 농지를 전용하고자 하는 사람은 농수산부 장관의 허가를 받아야 하고, 허가를 받은 사람은 대체농지조성비를 납부해야 한다는 규정이 최초에 만들어진 농지의 보전과 이용에 관한 법률에서는 없었으나, 1981년에 추가되었다.

다시 말해 이 법이 시행된 1973년 이전에는 농지개혁법의 규정을 받았기 때문에 주무관청으로부터 농지전용허가를 받지 않아도 농지에 집을 짓거나 건축을 할 수 있었다는 것이다. 또한, 같은 농지의 보전과 이용에 관한 법률에서도 1973~1981년 사이에 다른 지목으로 전용된 농지는 농지조성금을 내지 않아도 전용할 수 있었기 때문에 농지조성금을 내지 않아도 된다. 즉 1981년 이전에 합법적으로 건축물을 건축한 후 지목변경신청을 하지 않아 지금까지 전·답·과수원 등으로 있는 경우 관할 관청의 지적과에서 건축물관리대장을 제출하며 지목을 대지로 바꿔달라고 요구할 때 대부분 공무원은 농지전용부담금을 내는 조건부로 지목을 변경해준다. 담당 공무원이 자진해서 농지전용부담금을 면제해주는 경우는 여태껏 보지 못했다.

이러한 규정을 알아두면 농지를 경매로 투자할 때 매우 유익하다. 경매로 농지를 취득할 경우 읍·면·동사무소로부터 반드시 농지취득자격증명원을 받아 제출해야 한다. 농지에 불법 건축물이 지어져 있으면 농지취득자격증명원은 미발급되거나 발급되더라도 원상복구를 전제로 한 조건부 발급이 대부분이다. 하지만 그 건물이 1973년 이전에 지어졌고, 그것을 입증할 수 있다면 농지취득자격증명원을 합법적으로 받을 수 있다(농지취득자격증명원에 대해선 다음 장에서 다시 자세히 설명할 예정이다). 또한, 지목이 전·답·과수원인 농지에 1981년 이전에 합법적으로 건축물이 건축된 것을 지목을 대지로 전환하면 농지전용부담금의 의무도 없다.

농지의 보전과 이용에 관한 법률에서는 농지엔 반드시 경작해야 한다는 규정도 처음 만들어졌다. 농지의 소유자 또는 이용자는 농지의 지력 증진을 도모하고 그 용도에 맞게 성실하게 농작물을 경작하거나 다년성 식물을 재배하도록 규정하고 있다. 지목이 답이거나 경사도가 15% 이하 전의 농지엔 다년성 식물이나 관상수를 재배할 수 없다는 규정도 이 법에 따라 만들어졌다. 이러한 강제 규정을 보다 강화한 강제이행금 규정은 1994년 이 법이 농지법으로 대체되면서 등장한다. 이러한 농지법의 변화 과정을 알아두어야 비로소 농지 경매에 자신 있게 나설 수 있다.

필자는 지난 10여 년 동안 수도 없이 많은 농지 경매를 하면서 생생한 실전 사례들을 경험했다. 과거의 농지 법률을 다시 뒤지기 시작한 것은 이러한 규정들이 여전히 지금의 농지 경매에 영향을 미치고 있기 때문이다.

관련 법규

농지의 보전 및 이용에 관한 법률

[시행 1973. 1. 1.] [법률 제2373호, 1972. 12. 18., 제정]

제1조 【목적】
이 법은 농지의 전용을 적절히 규제하여 이의 보전을 도모하고 그 이용도를 높여 농업 생산력의 증진에 기여함을 목적으로 한다.

제2조 【정의】
① 이 법에서 '농지'라 함은 그 법적 지목에 불구하고 경작 또는 다년성 식물이나 목초의 재배에 사용되는 토지와 다른 법률의 규정에 의해 농지로 사용하기로 결정, 고시된 토지를 말한다.

② 이 법에서 '전용'이라 함은 농지를 경작 또는 다년성 식물이나 목초의 재배 이외의 목적에 사용하기 위해 그 형질을 변경하거나 농경에 장애가 되는 시설, 구조물 등을 설치하는 것을 말한다.

제3조 【농지전용의 제한】
① 농지를 전용하고자 하는 자는 다음 각 호의 1에 해당하는 용지로 사용할 경우를 제외하고는 대통령령이 정하는 바에 의해 그 농지의 소재지를 관할하는 서울특별시장, 부산시장 또는 도지사의 허가를 받아야 한다. 다만, 동일인이 동일 사업에 사용하기 위해 2정보 미만의 농지를 전용하는 경우에는 그 농지의 소재지를 관할하는 구청장, 시장 또는 군수의 허가를 받아야 한다.

  1. 농지개량시설용지

  2. 국토보존시설용지

  3. 농가주택 및 그 부속시설용지

  4. 농막, 퇴비사, 기타 대통령령으로 정하는 영농시설용지

  5. 제5조의 규정에 의한 허가를 받은 자가 그 허가받은 목적에 사용하는 토지

② 도지사 또는 군수가 전항의 허가를 함에 있어서는 그 전용면적을 감축하거나 농지 또는 농수산업의 보호상 필요하다고 인정되는 조건을 붙일 수 있다.

제9조 【사유 농지의 지목 변환】

도시계획구역 등 밖에 있는 사유 농지의 지목은 다음 각 호의 1에 해당하는 경우를 제외하고는 농지 아닌 지목으로 변환하지 못한다.

1. 제3조 또는 제5조의 규정에 의한 허가를 받아 전용한 때
2. 제3조 제1항 제1호 내지 제4호에 해당하는 목적에 전용한 때
3. 천재지변, 기타 불가항력의 사유로 그 농지의 형질이 현저하게 변경되어 원상회복의 가망이 없을 때

제13조 【경작자의 지정】

① 군수는 다음 각 호의 1에 해당하는 농지에 대해 그 소유자에 갈음해 경작할 자를 이를 희망하는 자 중에서 지정할 수 있다.

1. 소유자가 분명한 유휴 농지
2. 소유자가 없거나 있어도 분명하지 아니한 유휴 농지
3. 재해, 기타 불가항력의 사유 없이 그 연간 수확량이 2년 이상 계속해 전조의 규정에 의한 최저 기준 수확량에 미달된 농지

② 군수는 전항의 규정에 의한 지정을 한 때는 농림부령으로 정하는 통지서를 그 농지를 경작할 자와 소유자에게 송부해야 하고 전항 제2호의 농지의 경우에는 그 뜻을 리·동별로 공시해야 한다.

③ 제1항의 규정에 의한 지정을 받아 농지소유자에 갈음해 경작을 하는 자는 토지과세기준조사법의 규정에 의한 당해 농지의 기준 수확량에서 농지세 상당량을 공제한 양의 2할을 초과하지 아니하고 경작자의 농업 경영의 안정을 기할 수 있는 범위 안에서 군수가 미리 정하는 수량의 곡물을 당해 연도의 정부 관리 양곡 매입 가격으로 환가해 농지소유자에게 토지 사용료로 지급한다. 다만 재해, 기타 불가항력의 사유로 실지 수확량이 그 기준 수확량에 미달된 경우에 농림부령이 정하는 바에 의해 군수의 확인을 받은 때는 실지 수확량을 기준 수확량으로 나눈 수치를 그 환가액에 곱한 것을 토지 사용료로 한다.

④ 군수는 전항의 농지가 황폐되어 다른 농지에 비해 과다하게 노력을 들이거나 비료를 쓰지 아니하고는 효율적인 경작이 불가능하다고 인정할 때는 제1항 제1호 또는 제2호의 농지에 한해 일정한 기간 토지 사용료를 지급하지 아니하게 할 수 있다.

※ 1978년 농지의 보전과 이용에 관한 법률

제3조 【절대농지의 고시】

농수산부 장관은 농지의 전용을 합리적으로 규제하고 그 이용을 조정하기 위해 대통령령이 정하는 바에 따라 절대농지를 지정해 고시한다.

제12조 【다년성 식물 등의 재배 금지】

답 및 경사 15% 이하의 전에는 다년성 식물·목초 또는 관상수를 재배하거나 식재할 수 없다. 다만, 대통령령이 정하는 바에 의해 농수산부 장관과 협의를 했거나 승인 또는 허가를 받은 경우나 신규 개간지를 조성해 다년성 식물·목초 또는 관상수를 재배하거나 식재할 경우에는 그러하지 아니하다.

제14조 【농지 카아드 및 농지원부의 작성·비치】

① 구청장, 시장 또는 읍·면장은 농지의 소유 및 이용 실태를 파악해 이의 효율적인 이용 관리를 도모하기 위해 필지별 농지 카아드와 농가별 농지원부를 작성·비치해야 한다.

② 구청장, 시장 또는 읍·면장은 제1항의 농지 카아드 및 농지원부의 작성, 정리와 기타 농지의 이용 실태의 파악을 위해 필요한 때는 농지의 소유자 또는 이용자로 하여금 필요한 사항을 보고하게 하거나 관계 공무원으로 하여금 그 상황을 조사하게 할 수 있다.

③ 제2항의 규정에 의해 관계 공무원이 조사를 할 때는 그 권한을 표시하는 증표를 휴대하고 관계자에게 이를 제시해야 한다.

④ 농지 카아드 및 농지원부의 서식과 이의 작성, 관리에 관해 필요한 사항은 농수산부령으로 정한다.

※ 1981년 농지의 보전과 이용에 관한 법률

시행령 제6조 【전용 허가와 조성비의 납입】

농수산부 장관은 법 제4조 제4항의 규정에 의해 농지의 조성에 소요되는 비용을 납입해야 하는 자에 대해 농지전용의 허가를 할 때는 조성비를 미리 납입하게 하거나 조성비의 납입을 허가의 조건으로 해야 한다. 〈전문 개정 1982. 9. 18.〉

제6조의 2 【농지기금의 설치】

농지의 전용에 따른 대체농지의 조성에 필요한 재원을 확보하기 위해 농지기금

을 설치한다. 〈본 조 신설 1981. 3. 7.〉

시행규칙 제8조 【농지전용의 허가 등】

농수산부 장관은 농지전용의 허가를 한 때는 별지 제4호 서식의 허가대장에 이를 기재하고 별지 제5호 서식의 농지전용허가증을 신청인에게 교부해야 한다. 다만, 농지의 조성에 소요되는 비용의 납입을 조건으로 하는 농지전용의 허가를 한 때는 제8조의 4의 규정에 의해 수납 통보를 받은 후에 농지전용허가증을 교부해야 한다. 〈전문 개정 1983. 3. 28.〉

제8조의 2 【조성비의 부과 통지 등】

① 영 제8조 제1항의 규정에 의한 조성비를 미리 납입하게 하거나 조성비의 납입을 조건으로 하는 농지전용허가를 한 사실의 통지는 별지 제5호의 2 서식의 통지서에 의한다.

② 영 제8조 제2항의 규정에 의한 조성비 납입의 고지는 별지 제5호의 3 서식의 납입고지서에 의한다.

③ 법 제6조의 4의 규정에 의한 농지기금을 운용·관리하는 자(이하 '기금관리자'라 한다)는 납입고지서가 주소 불명 등의 사유로 반송된 때는 지체 없이 관할청의 확인을 받아 납입고지서를 다시 발행해야 한다. 이 경우 납입 기간은 납입고지서를 다시 발행한 날로부터 기산한다.

④ 기금관리자는 별지 제5호의 4 서식의 수납대장을 기록·관리해야 한다. 〈본 조 신설 1983. 3. 28.〉

※ 1982년도 농지의 보전과 이용에 관한 법률
제4조 【농지전용의 제한】

① 농지를 전용하고자 하는 자는 다음 각 호의 1에 해당하는 경우를 제외하고는 대통령령이 정하는 바에 의해 농수산부 장관의 허가를 받아야 한다. 〈개정 1977. 12. 31., 1981. 3. 7., 1982. 12. 31.〉

② 대통령령이 정하는 일정 면적 이하의 상대농지를 농가주택 및 그 부속 시설의 부지로 사용하는 경우

1. 농지 조성비에서 농지 전용부담금으로 변천과정

※ 절대농지 전용에만 부과(1976년)

농지의 보전 및 이용에 관한 법률 시행령

제9조 절대농지 전용에 따른 조성비용의 납부[1976. 4. 21 전부개정]

① 농수산부장관은 법 제4조제4항의 규정에 의하여 절대농지의 전용을 허가함에 있어 전용농지에 상당하는 농지의 조성에 소요되는 비용을 납부하게 한 때에는 그 징수할 금액을 결정하여 당해 농지의 관할 도지사에게 통지하여야 하며, 통지를 받은 도지사는 지체 없이 전용허가를 받은 자에게 납입의 고지를 하여야 한다.

※ 전체 농지전용 시에 부과 시작(1982년)

농지의 보전 및 이용에 관한 법률 시행령

제8조 조성비의 납입절차 및 감면 등[전문개정 1982. 9. 18]

① 농수산부장관은 조성비를 미리 납입하게 하거나 조성비의 납입을 조건으로 하는 농지전용의 허가를 할 때에는 그 사실을 농수산부령이 정하는 바에 의하여 법 제6조의 4의 규정에 의하여 농지기금을 운용 관리하는 자에게 통지하여야 한다.

※ 농어촌공사에서 농지전용부담금 관리

농지법

제40조 농지조성비[1994. 12. 22 제정]

① 다음 각 호의 1에 해당하는 자는 그 전용하고자 하는 농지에 상당하는 농지의 조성에 소요되는 비용을 농지관리기금을 운용·관리하는 자에게 납입하여야 한다.

2007년부터 농지조성비에서 농지보전부담금으로 명칭변경

제38조 농지보전부담금 [법률 제8352호, 2007. 4. 11, 전부개정]

① 다음 각 호의 어느 하나에 해당하는 자는 농지의 보전·관리 및 조성을 위한 부담금을 농지관리기금을 운용·관리하는 자에게 내야 한다.

농지법 시행령

[시행 2007. 6. 29.] [대통령령 제20136호, 2007. 6. 29, 전부개정]

제53조 부과기준

① 법 제38조제6항에 따른 농지보전부담금의 제곱미터당 금액은 '부동산 가격 공시 및 감정평가에 관한 법률'에 따른 해당 농지의 개별공시지가의 100분의 30으로 한다.

② 제1항에 따라 산정한 농지보전부담금의 제곱미터당 금액이 농림부장관이 정하여 고시하는 금액을 초과하는 경우에는 농림부장관이 정하여 고시하는 금액을 농지보전부담금의 제곱미터당 금액으로 한다.(㎡=50,000원)

2. 창업 중소기업에 대한 농지보전부담금 면제 절차 관련 업무 처리 지침 송부

– 농지과–1811(2020. 04. 07)호

----

1. 농림축산식품부 감사담당관실–3564(2019. 9. 16)호 및 법제처 법령해석 총괄과–3662(2019. 9. 2)

2. 농지보전부담금 사전납부제* 시행(2016. 1. 21) 이후 창업 중소기업에 대한 부담금면제 시 지자체마다 면제 절차를 상이하게 운영함에 따라 우리 부는 감사원으로러터 이에 대한 제도 개선을 요청(2019. 9. 16)을 받은 바 있습니다.

   농지법 제38조 : (기존)주 인·허가, 사업승인 후 납부 → (변경)농지전용허가 전 납부지자체별로 ① 사업 승인(전용협의) 단계에서 바로 감면 또는 ② 일단 납부하도록 한 후 이를 환급해주는 방식으로 다르게 제도 운영

   이에 따라 농지보전부담금 면제 절차에 대한 업무처리기준을 마련하여 다음과 같이 알려드리니 시·도지사는 관할 시·군·구에 이 내용을 알리는 등 농지업무처리 최선을 하여 주시기 바랍니다.

   가. 법제처 의견* 및 중소벤처기업부와의 협의 결과를 감안, '사업승인 단계'인 '농지전용협의 단계'에서 사업계획 승인을 받는 조건으로 면제(= 조건부 면제)하되, 창업 중소기업의 경우 사업계획 승인 과정에서 부담금 면제 대상임을 알 수 있고 면제받게 되는 경우 사전 납부할 농지보전부담금이 없는 것으로 보아 체납의 가능성도 없으므로 사전 납부 대상이 아니라고 봄.

나. 면제 조건을 명확히 하기 위해 협의요청기관을(부서)을 '중소기업창업지원법' 제33조에 따라 '사업계획을 승인'할 수 있는 부서로 한정

    ① 사업계획승인 의제 총괄부서(지자체 기업지원과 등)에서 창업 중소기업 적격 여부를 확인하여 농지전용협의 요청(사업승인부서 → 농지부서)

    ② 농지부서는 상기 사업계획승인 의제 총괄부서(지자체 기업지원과 등)에서 요청한 협의 건에 대하여만 농지보전부담금 조건부*면제(농지부서 → 사업승인부서)

    * '중소기업창업 지원법' 제33조에 따른 사업계획 승인을 받는 조건으로 사전 면제

〈유의사항〉

① 사업계획승인 의제 총괄부서(지자체 기업지원과 등)에서 창업 중소기업 적격 여부를 확인하여 농지전용협의 요청(사업승인부서 → 농지부서)

② 농지부서는 상기 사업계획승인 의제 총괄부서(지자체 기업지원과 등)에서 요청한 협의 건에 대하여만 농지보전부담금 조건부*면제(농지부서 → 사업승인부서)

  * '중소기업창업 지원법' 제33조에 따른 사업계획 승인을 받는 조건으로 사전 면제

※ 아울러, 중소벤처기업부에서는 상기 업무처리지침을 지자체(기업지원과 등)에 통보하여 향후 농지보전부담금 면제 절차 이행 시 혼선이 없도록 조치하여 주시기 바랍니다. 끝.

3. 농지를 불법전용한 경우 양성화 조치를 받을 수 있는 경우는?

답변 1988년 10월 말 이전에 건축물을 설치한 사실이 확인되는 경우

- 1988년 10월 말 이전에 농지를 불법전용한 경우 중 생계유지 차원에서 고의성이 없으며, 해당 시설을 농지로 원상복구하는 것이 비용이 많이 들고 사회통념상 맞지 않다고 판단될 때에는 원상복구 없이도 농지전용허가를 신청할 수 있습니다.

- 이 경우 '건축법' 등 다른 법령의 규정에도 위반되지 않고 농지법 시행령 제3조에 따른 심사기준에 적합한 경우에 한해 양성화 추인이 가능하며

– 앞의 사항에 한하여 농지전용 양성화 추인을 받았을 경우에는 양성화 추인을 받는 날이 농지보전부담금 부과기준일(농지전용 허가 받은 날)에 해당됩니다.

• 이는 1988년 10월 말 이전에 농지를 전용하여 건축물을 설치한 사실이 건축물 관리대장, 건축물 과세대장, 건축물 재산세 영수증, 항공사진 등 관련 공부상 증명이 가능한 경우에만 해당됩니다.

Chapter 04

농지법을 모르면
농지 투자는 '금물'

1990년 문민정부가 들어서면서 세계 경제는 급변한다. 각 나라의 문호가 개방되면서 세계는 갈수록 글로벌화하고, 세계 경제는 국경 없는 자유경쟁 시대로 돌입한다.

이러한 세계 경제의 환경 변화는 우리나라의 농업은 물론, 산업 전반에 큰 변화를 몰고 온다. 외국의 값싼 농산물이 제약 없이 밀려들어 오는 FTA 시대를 맞아 농지법도 변화를 맞게 된다. 그동안 농지에 관해 엄격한 규제를 가해왔던 '농지의 보전과 이용에 관한 법률'은 1994년 농지법으로 대체 입법되고, 1996년부터 본격적으로 시행된다.

농지법은 초대 정부의 농지개혁법은 물론 농지개혁사업정리에 관한 특별조치법, 농지의 보전 및 이용에 관한 법률, 농지임대차관리법, 지력증진법이 모두 폐지되면서 각 법률에 산재해 있던 농지에 관한 규정들을 모아 농지에 대해 종합적으로 규정한 법이다.

총 6장 62개의 조문으로 이루어진 농지법은 세계화 추세를 반영해 농지를 보다 효율적으로 이용·관리하고, 생산성 향상을 통해 농지의 경쟁력을 높이는 데 기여하게 된다.

또한, 시대의 변화에 따라 '자유무역협정 체결에 따른 농어업인 등의 지원에 관한 특별법'도 2004년에 제정되어 시행하게 된다. 이 법은 FTA에 의해 피해를 보는 농·축산·어업인 등을 보호하고 지원하기 위한 것이 대부분이다.

또한, 이 법을 근거로 농어업인을 보호하기 위한 새로운 법도 만들어지고 기존의 농지법도 대대적으로 바꾸어 현재의 새로운 농지법이 만들어지게 된다.

자유무역협정 체결에 따른 농어업인 등의 지원에 관한 특별법에 따라 새로 만들어진 법을 보자면 다음과 같다.

> ▶ 농어업경영체 육성 및 지원에 관한 법률
> ▶ 도시와 농어촌 간의 교류 촉진에 관한 법률
> ▶ 여성 농어업인 육성법
> ▶ 농어촌정비법
> ▶ 농어촌 마을 주거 환경 개선 및 리모델링 촉진을 위한 특별법
> ▶ 농업인 등의 농외소득 활동 지원에 관한 법률
> ▶ 농업·농촌 및 식품산업 기본법

FTA에 의해 피해를 보는 농·축산·어업인 등을 보호하기 위한 새로운 법과 바뀐 농지법의 목적을 요약하자면 다음과 같다.

▶ 농지를 소유한 사람과 경작하는 사람을 정확히 구분해, 농지가 없더라도 농사를 경작하는 사람을 지원한다(농지를 임대하여 농사를 경작해도 농업인확인서 발급).

▶ 농업 경작을 대규모로 유도해 가능한 생산원가를 낮춘다(농지은행을 통한 농지 임대합법 및 농지임대차보호법 제정).

▶ 생산되는 농수산 식품을 고급화로 유도해 고가에도 팔릴 수 있는 정책을 수립한다('농·어업경영체 육성 및 지원에 관한 법률' 의한 모든 농업 경영체의 생산수단 및 생산 방법 등 모든 정보를 등록해 품질을 지방자치단체가 직접 관리한다).

▶ 고령화 농업인의 조기 은퇴를 유도한다(도시와 농어촌 간의 교류 촉진에 관한 법률로 직업 전환. 예 : 마을해설가 등).

▶ 농업을 경작하지 않고 경영하도록 한다(농·어업경영체 육성 및 지원에 관한 법률에 의한 농업회사법인 및 농업조합 법인 설립).

▶ 농지의 생산 경쟁력이 떨어지는 농지는 개발을 유도한다(농어촌정비법에 의한 한계농지 및 영농여건불리농지 지정).

자유무역협정 체결에 따른 농어업인 등의 지원에 관한 특별법

제1조 【목적】

이 법은 자유무역협정을 이행할 때에 농어업 등의 경쟁력을 높이고 피해를 입거나 입을 우려가 있는 농어업인 등에 대한 효과적인 지원 대책을 마련함으로써 농어업인 등의 경영 및 생활의 안정에 기여하는 것을 목적으로 한다.

제2조 【정의】

이 법에서 사용하는 용어의 뜻은 다음과 같다.

1. '자유무역협정'이란 무역자유화를 내용으로 하여 대한민국이 다른 나라나 지역무역연합체와 체결한 국제협정으로서 농산물 또는 수산물 등에 대한 관세의 감축 및 철폐, 시장 접근의 확대 등에 관한 사항을 포함하는 협정을 말한다.

2. '농업 등'이란 「농어업·농어촌 및 식품산업 기본법」 제3조 제1호 가목에 따른 농업과 같은 법 제3조 제8호에 따른 식품산업을 말한다.

3. '어업 등'이란 「수산업법」 제2조 제1호에 따른 수산업을 말한다.

4. '농어업 등'이란 농업등과 어업등을 말한다.

5. '농업인 등'이란 「농어업·농어촌 및 식품산업 기본법」 제3조 제2호 가목에 따른 농업인과 농어업경영체 육성 및 지원에 관한 법률」 제2조 제2호에 따른 농업 법인을 말한다.

6. '어업인 등'이란 「수산업법」 제2조 제13호에 따른 어업자와 「농어업경영체 육성 및 지원에 관한 법률」 제2조 제5호에 따른 어업 법인을 말한다.

7. '농어업인 등'이란 농업인 등과 어업인 등을 말한다.

8. '생산자단체'란 「농어업·농어촌 및 식품산업 기본법」 제3조 제4호에 따른 생산자단체와 수산업협동조합법」 제2조에 따른 수산업협동조합을 말한다.

9. '농산물'이란 「세계무역기구 설립을 위한 마라케쉬협정」 부속서 1.가.의 「농업에 관한 협정」 제2조에 따른 품목으로서 제10호의 수산물이 아닌 것을 말한다.

10. '수산물'이란 「수산물품질관리법」 제2조 제1호의 수산물 및 같은 법 제2조 제4호의 수산가공품을 말한다.

제3조 【농어업인 등 지원의 기본 원칙】

정부는 자유무역협정(이하 '협정'이라 한다)의 이행으로 발생하는 농어업인 등의 피해를 최소화하기 위해 농어업 등의 경쟁력을 높이고 원활한 구조조정과 경영 안정을 도모하는 등 「세계무역기구 설립을 위한 마라케쉬협정」이 허용하는 범위에서 필요한 조치를 해야 한다.

제4조 【농어업인 지원 종합 대책의 수립】

① 정부는 협정의 이행으로 피해를 입거나 입을 우려가 있는 농어업인 등을 효과적으로 지원하기 위해 자유무역협정 이행에 따른 농어업인 등 지원에 관한 종합 대책을 수립해야 한다.

② 농어업인 지원 종합 대책에는 다음 각 호의 사항이 포함되어야 한다.

  1. 농어업인 등의 피해에 대한 보전 대책

  2. 농어업인 등의 지원을 위한 관련 제도의 개선 방안

  3. 그 밖에 농어업인 지원 종합 대책을 추진하기 위해 필요한 사항

③ 정부는 농어업인 지원 종합 대책을 수립하거나 변경하는 경우에는 제19조의 자유무역협정 이행에 따른 농어업인 등 지원위원회의 심의를 거쳐 국회 소관 상임위원회에 보고해야 한다.

④ 정부는 농어업인 지원 종합 대책을 수립할 때는 협정의 이행이 농어업 생산 감소 및 농어가 소득 감소 등 농어업 분야에 미치는 영향을 미리 조사·분석하여 그 결과를 충분히 반영해야 한다.

⑤ 농어업인 지원 종합 대책의 수립 및 변경의 기준, 절차 등과 제4항에 따른 조사, 분석의 구체적인 시기 및 방법 등에 필요한 사항은 대통령령으로 정한다.

제5조 【농어업 등의 경쟁력 향상을 위한 지원】

① 정부는 협정의 이행으로 피해를 입거나 입을 우려가 있는 농어업 등의 경쟁력을 높이기 위해 다음 각 호의 사항에 대해 보조 또는 융자로 특별 지원할 수 있다.

  1. 농지의 구입, 임차 등 농업 경영, 어업 경영 규모의 확대

  2. 용수 공급 및 배수로, 경작로 등 생산 기반 시설의 정비

3. 우량종자, 우량종축의 공급 및 농자재 지원 등을 통한 고품질 농산물 또는 수산물의 생산 촉진

4. 친환경 농산물 또는 수산물의 생산, 유통 촉진

5. 농산물 또는 수산물 가공·유통 시설의 설치 및 운영

6. 농산물 또는 수산물의 품종 개발, 품질 향상, 가공 촉진 등을 위한 연구·개발 및 보급

7. 농어업 등의 생산 시설 현대화 및 규모 확대 촉진

8. 농어업 등의 경영·기획·유통·광고·회계·기술 개발·작목 전환 등을 위한 상담 및 기법 개발촉진

9. 그 밖에 농어업 등의 경쟁력을 높이기 위해 농림수산식품부 장관이 필요하다고 인정하는 사업

② 농어업 등의 피해 산정 기준과 방식, 보조 또는 융자의 구체적인 기준과 기간 및 절차 등에 필요한 사항은 대통령령으로 정한다.

경매를 포함한 모든 농지 거래는 이 농지법 및 FTA에 의해 새로 생긴 법규 모두를 종합적으로 규제받는다. 또한, 빠른 시대의 변화에 따라 농지법은 1996년 이후 거의 매년 개정을 거듭하고 있다. 매번 새롭게 변화하는 이 농지에 관한 법을 모르고 농지 투자나 경매에 나선다는 건 총알 없이 전장에 나서는 것처럼 무모한 일이다. 이번 기회에 농지법의 주요 내용만큼은 반드시 파악해두자.

먼저 농지의 강제처분이다. 앞에서 잠깐 설명한 대로 농지의 강제처분 조항(제10조)은 농지 취득 후 농사를 짓지 않으면 시장, 군수 또는 구청장은 일정 기간을 두고 농지를 강제처분할 것을 명할 수 있도록 했다. 이에 불응할 경우 토지가의 20%에 해당하는 이행강제금이 부과된다. 농지의 강제처분에 대해선 다음에 좀 더 자세히 알아볼 예정이다.

2002년에 개정된 농지법에서는 농지 분할에 관한 규정이 새로 도입되었다. 농지의 세분화 방지를 위해 불가피한 경우를 제외하고는 농지를 분할할 수 없다. 그러나 법으로 분할할 수 없는 농지도 공유지 분할 또는 판결문으로는 분할이 가능하다는 것도 알아야 한다. 필자의 경우 농지를 분할해야 되는 농지는 입찰 때부터 공유자로 낙찰받아 공유지로 분할한 경우도 있다. 그러나 현재의 농지법에서는 농지 구획 정리, 농지 개량, 인근 농지와의 합병, 불합리한 경계 시정, 농지의 교환 분합 등의 경우에 분할을 허용한다.

2002년 개정에서 주목해야 할 점은 주말 체험 영농 목적의 농지 취득이다. 개정 농지법에 따라 도시민들은 주말 체험 영농을 목적으로 1,000㎡(300평) 미만의 농지를 구입할 수 있게 되었다. 물론 1,000㎡ 이상의 농지도 구입할 수 있지만, 농지취득자격증명원을 발급받을 때 별도로 농업경영계획서를 제출하지 않아도 되게 된 것이다. 이 조항이 얼핏 별것 아닌 것처럼 보여도 우리나라 농지법 역사에서 매우 획기적인 의미가 있다. 우리나라 헌법은 물론 1949년 농지개혁법의 제정 이후 비농업인에 대해 처음으로 농지 소유를 허용했기 때문이다. 주말 체험 영농 목적의 농지 매입은 최근 도시민들의 많은 관심을 끌고 있다.

이 제도를 좀 더 자세히 살펴보면, 우선 1,000㎡(300평) 미만이라는 면적 제한이 있다. 이 면적은 기존 소유 농지에 주말 체험 영농 목적으로 추가로 구입하는 농지 면적을 합한 총면적을 일컫는다. 여기서 주의할 점은 총면적은 지역과 관계없이 전 지역의 소유 농지가 모두 해당한다는 점이다. 또한, 세대원 1인의 총면적이 아니라 세대를 구성하고 있는 세대원이 소유하고 있는 모든 농지를 합한 면적이다. 예를 들어, 4인 가족의 세대원 중 세대주가 이미 600㎡의 농지를 소유하고 있다면, 세대주를 포함한 다른 세대원이 주말 체험 영농 목적으로 구입할 수 있는 농지는 400㎡ 미만이다. 물론 농업인이 되어 자경하겠다는 의사 표시로 간주하는 농업경영계획서를 제출하고, 농지취득자격증명원을 발급받으면 이러한 면적 제한의 저촉을 받지 않는다.

주말 체험 영농은 개인에게만 해당하며, 법인 명의로는 취득할 수 없다. 구입 후 정당한 사유 없이 농사를 짓지 않으면 농지법에 따라 이행강제금과 처분명령의 대상이 될 수 있으며, 취득 시기와 관계없이 농지 전용을 신청할 수 있다는 점도 알아두면 도움이 된다.

이처럼 농촌 인구 감소와 농업 경영의 영세화로 인해 농지법은 갈수록 비농업인의 합법적인 투자를 유도하는 쪽으로 개정이 이루어지는 추세다. 농지의 위탁 경영이나 농지임대차계약 확인제도도 이러한 추세를 반영하는 것이다. 농지 위탁 경영은 헌법이 정한 경자유전의 원칙에 어긋나 원칙적으로 금하고 있지만, 변화하는 농촌 현실을 반영해 제한적으로 위탁 경영이나 농업 임대차를 허용하는 쪽으로 농지법이 개정되고 있다. 농지를 전용했을 때 내는 농지보전부담금도 농지법의 주요 내용이다. 농지보전부담금은 비슷한 용어들이 많아 자주 혼선을 빚는 용어 중하나다.

먼저 농지보전부담금이 농지전용부담금이나 농지조성비, 개발부담금, 기반시설부담금과 같은 용어들과 어떻게 다른지 살펴보자. 농지보전부담금이란 현행 농지법 제38조의 규정에 따라 농지의 보전 관리 및 조성을 위해 농지를 다른 용도로 전용하는 사람에게 부과하는 부담금이다. 1981년 농지의 보전과 이용에 관한 법률에 의한 농지조성비가 만들어졌으며, 그 후 1992년부터 농지임대차보호법에 의한 농지전용부담금이 만들어졌고, 그 후 다시 통합해, 농지법에서 2002년부터 농지보전 부담금이 만들어졌다. 그러니까 농지전용부담금이나 농지조성비는 이미 사어(死語)가 된 용어이며, 현행 법률로는 '농지보전부담금'이 정확한 용어임을 알아두자.

개발부담금은 1989년에 제정된 개발이익 환수에 관한 법률에 따라 부과하는 부담금이다. 개발부담금은 농지보전부담금과는 별도로 내야 하는 부담금이다. 대지가 아닌 토지를 대지로 전용한 이후 내는 부담금이 개발부담금이다.

예를 들어, 임야나 농지를 대지로 전용해 토지의 공시지가가 올라간다면 올라간 지가의 30%가 개발부담금으로 별도로 부과된다. 농지보전부담금은 농지에만 해당되지만, 개발부담금은 모든 토지에 적용된다. 개발부담금은 대도시에서는 200평 이상, 중소도시는 300평 이상, 비도시지역에서는 500평 이상의 모든 (대지 제외) 토지를 개발할 경우 부과되며, 건축 후 지목이 대지로 전환된 공시지가와 전용되기 전의 공시지가의 차이의 30%로 부과된다. 이때 전용하기 위한 필요비용은 제외해준다. 개발부담금은 농지가 아닌 다른 지목을 개발해 지목이 대지로 바뀐 경우 내는 부담금이다.

경매로 낙찰받은 토지가 건물이 합법적으로 건축되었으나 지목이 전·답·과수원인 농지를 낙찰받아 대지로 지목변경을 신청하는 경우 농지보전부담금 부과 처분을 받기도 한다. 이 경우 해당 농지의 전용이 언제 이루어졌는지 확인하면 부담금을 피할 수 있다. 농지보전부담금은 1996년부터 적용되기 시작했기 때문에 1996년 이전에 해당 농지에 건물이 지어졌다거나 전용이 이루어졌다면 농지조성비를 내야 한다. 1982년에 농지조성비가 만들어졌기에 이전에 건물이 합법적으로 건축물이 건축되었다면 농지조성비도 대상이 아니게 된다. 그래서 법률의 제정과 개정, 적용이 언제부터 이루어졌는지 알아두면 괜한 금전적 손해를 줄일 수 있다. 그러나 앞에서도 말했듯이 대부분 공무원은 농지전용부담금을 납입하는 조건으로만 대지로 전용해준다. 이러한 경우는 행정소송을 해야 한다.

농지법에 따른 농지보전부담금의 규모는 개별공시지가의 30%다. ㎡당 개별공시지가가 5만 원을 넘으면 5만 원을 상한으로 하고 있다. 예를 들어, 700㎡의 농지를 전용할 경우 납부해야 할 농지보전부담금은 얼마가 될까? 이 농지의 ㎡당 공시지가가 16만 원이라고 할 경우, $700 \times (160,000 \times 0.3) = 33,600,000$원이 부담금에 해당한다. ㎡당 공시지가의 30%가 4만 8천 원이기 때문에 이 금액이 납부해야 할 부담금이 된다. 만약 ㎡당 공시지가가 17만 원이라고 가정하면, ㎡당 공시지가의 30%가 5만 1천 원이 되므로 이때는 상한선인 5만 원을 적용해 $700 \times 50,000 = 35,000,000$원이 농지보전부담금이 되는 것이다.

2016년부터는 농지보전부담금의 분할 납부도 가능해졌다. 개정된 농지법에 따르면, 부담금 규모가 개인은 2천만 원, 법인은 4천만 원을 넘으면 분할 납부가 가능하다. 농지와 달리 임야를 전용할 경우 산지관리법에 따라 대체산림자원조성비를 내게 된다. 참고로 2016년도 기준 대체산림자원조성비는 ㎡당 준보전산지의 경우 4,010원, 보전산지의 경우 5,210원, 산지전용제한지역의 경우 8,020원이다. 전용부담금만 놓고 보면 임야가 농지보다 훨씬 저렴한 편이다.

PART 2

농지란 무엇인가?

Chapter 01

농지에 대한 정의

　이번 장에서는 농지란 무엇인지에 대해 집중적으로 살펴보고 자 한다. 먼저 농지에 대한 정의를 익혀두는 게 무엇보다 중요하다. 즉, 농지법 적용을 받는 토지는 어떤 토지인가가 중요하다. 농지에 대한 정의는 농지법(제2조)에서 정하고 있는데, 농지는 전·답, 과수원, 그 밖에 법적 지목을 불문하고 실제로 농작물 경작지 또는 다년생 식물 재배지로 이용되는 토지를 말한다. 여기서 주목해야 할 점은 우리나라 농지는 '현황주의'를 채택하고 있다는 점이다. 농지에 대한 보다 구체적인 정의는 농지법 시행령에서 자세하게 열거하고 있다. 예를 들어 다년생 식물 재배지의 경우, 목초·종묘·인삼·약초·잔디 및 조림용 묘목과 과수·뽕나무·유실수, 그 밖의 생육 기간이 2년 이상인 식물 등으로 정해놓고 있다.

농지법에서는 농·축산물 시설 또한 농지의 범위에 포함하고 있는데, 유지, 배수 시설, 수로, 농로, 제방 등의 시설을 말한다. 또 농·축산물 시설 가운데 고정식 온실, 버섯재배사, 비닐하우스, 축사, 곤충사육사, 농막, 간이 저온저장고 등도 농지의 범위에 포함된다. 하지만 앞 장에서 언급했듯이 주요 법률의 제정과 법 조항의 개·수정에 따라 농지의 정의 또한 바뀔 수 있다는 점을 유념해야 한다.

예를 들면 좁은 의미의 농지는 지적법에서 정한 전·답·과수원 등 세 가지 지목을 일컫는다. 하지만 1973년 농지의 보전과 이용에 관한 법률이 제정되기 이전에 해당 토지가 농지 외에 다른 용도로 사용된 것이 입증된다면 현재의 농지법에 따른 농지로 간주하지 않는다. 똑같은 농지라도 농지개혁법 때의 농지는 농지전용허가를 받지 않고 전용해도 불법이 아니었기 때문이다. 농지 경매를 하다 보면 이런 사례를 종종 접하게 된다. 예를 들어, 건축물이 지어진 농지(지목이 전, 답 또는 과수원)를 경매로 낙찰받았다고 가정해보자. 해당 토지는 농지이기 때문에 경락일로부터 7일 안에 농지취득자격증명원을 발급받아 법원에 제출해야 본인 명의로 등기 이전을 마칠 수 있다. 하지만 농지에 건축물이 지어져 있으므로 원상복구를 전제로 농지취득자격증명원을 발급받거나 아니면 농지취득자격증명원 발급을 거절당한다. 그런데 해당 건축물이 1973년 1월 1일 이전에 지어졌고, 또 이 사실을 입증할 수 있다면 현재의 농지법상의 농지가 아니고 농지개혁법 때의 농지다. 따라서 지목은 똑같이 전이지만 현재의 농지법 적용이 아닌 농지개혁법을 적용한다. 이런 경우 해당 토지는 현재의 농지법상 농지가 아니므로 해당 읍·면사무소로부터 농지취득자격증명원 발급 대상이 아니라는 증명원(또는 농지취득자격증명원 신청 반려통지서)을 발급받아 등기 이전을 완료할 수 있다. 이와 관련해 필자가 실전 경험을 통해 익힌 중요한 팁을 소개하겠다.

해당 농지에 1973년 이전에 건축물이 있었음을 증명할 방법은 두 가지가 있다. 이를 잘 활용하면 해당 농지를 경쟁자들보다 훨씬 저렴한 가격에 낙찰받을 수 있음은 물론이다. 먼저 농지 소재지 읍·면·동사무소의 무허가 건축물관리대장에 1973년 이전부터 건물이 존재하고 있는지, 또한 그 건축물에 관한 재산세를 언제부터 부과했는지를 확인해보는 것이다. 담당자에 따라 민원인의 요청을 거절하는 때도 왕왕 있으므로 이런 경우 성공 여부는 본인의 재량(才量)에 달려 있다고 해야겠다.

또 한 가지는 항공사진으로 확인하는 방법이다. 경기도 수원에 있는 국토지리정보원에 가면 1973년 이전의 항공사진을 확인하고, 일정액 수수료를 내면 사진으로 출력할 수 있다. 이 항공사진이 해당 농지가 농지법의 적용을 받는 농지가 아니라는 입증 자료가 될 수 있으므로 읍·면·동사무소에 이를 제출한 뒤, 농지취득자격 신청 반려통지서를 발급받을 수 있다. 농지법과 시행령에 농지의 범위를 자세하게 열거해놓았다 하더라도 농지에 대한 해석을 놓고 분쟁이 자주 발생한다. 이 때문에 농지 분쟁에 관한 대법원 판례도 쌓여가고 있어 판단이 모호한 경우는 경매나 거래 전에 담당 부서에 미리 확인해보는 게 안전하다. 예를 들어 지목이 농지가 아니라도 실제로 3년 이상 농사를 지으면 농지로 간주한다고 규정하고 있지만, 임야의 경우 형질변경허가를 받지 않고 농사를 짓고 있는 경우(불법 전용에 해당) 농지가 아니라는 대법원 판례도 나와 있어 유념해야 한다.

임야에 유실수를 경작하더라도 그 형태를 변경하지 않고 경작할 경우 여전히 임야로 분류된다. 조경용 나무를 3년 이상 재배했다면 해당 토지는 농지로 분류된다. 그렇다면 집 안마당에 조경용 나무를 3년 이상 재배한다면 농지로 분류될까? 건축법에서 준공에 필요한 조경을 한 경우 해당 토지는 농지가 아니고 대지다. 건축법에 따라 지목이 대지로 전환되지 않은 농지에 건축주를 위한 관상용 나무를 재배했다면 이러한 행위는 불법행위로 간주한다. 그러나 매매를 하기 위한 관상용 나무를 재배하며 판매한다면 농지법에서 합법으로 간주한다.

농지에 대한 해석은 이처럼 관점에 따라 다양한 의견이 나올 수 있다. 재배라는 말만 놓고도 의견이 엇갈릴 수도 있다. 재배란 식물을 심어서 가꾸는 과정으로 제초·전지·수확 등 일련의 과정이 지속해야 하므로 그냥 심어놓기만 한다면 농지로 분류되지 않을 수도 있다는 것이다. 그러므로 농지 분류에 따라 보상 등의 이해관계가 발생하는 경우라면 농림부나 해당 지방자치단체 관련 부서에 반드시 미리 문의해보는 것이 좋다.

농지법

[시행 1996. 1. 1.] [법률 제4817호, 1994. 12. 22., 제정] → 농지법의 시작

[시행 2016. 1. 21.] [법률 제13405호, 2015. 7. 20., 일부 개정] → 현재의 농지법

법률 제2조 【정의】

이 법에서 사용하는 용어의 뜻은 다음과 같다. 〈개정 2009. 5. 27.〉

　1. '농지'란 다음 각 목의 어느 하나에 해당하는 토지를 말한다.

　가. 전답, 과수원, 그 밖에 법적 지목을 불문하고 실제로 농작물 경작지 또는 다년생 식물 재배지로 이용되는 토지. 다만, 「초지법」에 따라 조성된 초지 등 대통령령으로 정하는 토지는 제외한다.

　나. 가목의 토지 개량 시설과 가목의 토지에 설치하는 농축산물 생산 시설로서 대통령령으로 정하는 시설의 부지

법률 시행령 제2조 【농지의 범위】

① 「농지법」 제2조 제1호 가목 본문에 따른 다년생 식물 재배지는 다음 각 호의 어느 하나에 해당하는 식물의 재배지로 한다. 〈개정 2009. 11. 26.〉

　1. 목초·종묘·인삼·약초·잔디 및 조림용 묘목

　2. 과수·뽕나무·유실수 그 밖의 생육 기간이 2년 이상인 식물

　3. 조경 또는 관상용 수목과 그 묘목(조경 목적으로 식재한 것을 제외한다)

② 법 제2조 제1호 가목 단서에서 '「초지법」에 따라 조성된 토지 등 대통령령으로 정하는 토지'란 다음 각 호의 토지를 말한다. 〈개정 2009. 12. 14.〉

　1. 「측량·수로 조사 및 지적에 관한 법률」에 따른 지목이 전답·과수원이 아닌 토지로서 농작물 경작지 또는 제1항 각 호에 따른 다년생 식물 재배지로 계속해 이용되는 기간이 3년 미만인 토지

　2. 「측량·수로 조사 및 지적에 관한 법률」에 따른 지목이 임야인 토지로서 그 형질을 변경하지 아니하고 제1항 제2호 또는 제3호에 따른 다년생 식물의 재배에 이용되는 토지

3. 「초지법」에 따라 조성된 초지

③ 법 제2조 제1호 나목에서 '대통령령으로 정하는 시설'이란 다음 각 호의 구분에 따른 시설을 말한다. 〈개정 2008. 2. 29., 2009. 11. 26., 2012. 7. 10.〉

  1. 법 제2조 제1호 가목의 토지 개량 시설로서 다음 각 목의 어느 하나에 해당하는 시설

  가. 유지, 양·배수 시설, 수로, 농로, 제방

  나. 그 밖에 농지의 보전이나 이용에 필요한 시설로서 농림수산식품부령으로 정하는 시설

  2. 법 제2조 제1호 가목의 토지에 설치하는 농축산물 생산 시설로서 농작물 경작지 또는 제1항 각 호의 다년생 식물의 재배지에 설치한 다음 각 목의 어느 하나에 해당하는 시설

  가. 고정식 온실, 버섯재배사 및 비닐하우스와 그 부속 시설

  나. 축사, 곤충사육사와 농림수산식품부령으로 정하는 그 부속 시설

  다. 농막, 간이 저온저장고, 간이 퇴비장 또는 간이 액비저장조

법률 제41조【농지의 지목변경 제한】

다음 각 호의 어느 하나에 해당하는 경우 외에는 농지를 전·답·과수원 외의 지목으로 변경하지 못한다.

  1. 제34조 제1항에 따라 농지 전용 허가를 받거나 같은 조 제2항에 따라 농지를 전용한 경우

  2. 제34조 제1항 제4호 또는 제5호에 규정된 목적으로 농지를 전용한 경우

  3. 제35조 또는 제43조에 따라 농지 전용 신고를 하고 농지를 전용한 경우

  4. 「농어촌정비법」 제2조 제5호 가목 또는 나목에 따른 농어촌용수의 개발사업이나 농업생산기반 개량사업의 시행으로 이 법 제2조 제1호 나목에 따른 토지의 개량 시설의 부지로 변경되는 경우

  5. 시장, 군수 또는 자치구 구청장이 천재지변이나 그 밖의 불가항력(不可抗力) 사유로 그 농지의 형질이 현저히 달라져 원상회복이 거의 불가능하다고 인정하는 경우

Chapter 02

농업인은 누구인가

　법률에서 정한 농업인의 자격을 취득하면 농지를 거래할 때 여러모로 편리한 점이 많다. 농지 투자를 위해 일부러 농업인이 될 필요는 없지만, 귀농과 귀촌을 염두에 둔 사람이라면 농업인이 되는 방법을 알아두는 것도 나쁘지 않다. 농업인이란 농사를 주업으로 하는 사람을 말하는데, 법률적으로는 농지법뿐만 아니라 농업·어업 및 식품산업 기본법(약칭 농업식품기본법), 농업협동조합법 등 다양한 법률에서 그 자격을 정해놓고 있다.

　농업인의 기준과 범위는 이러한 농업 관련 법률뿐 아니라 다양한 법률의 규정을 받고 있다. 농림식품축산부가 농업인확인서 발급을 위해 정해놓은 규정을 보면 임업, 축산업, 심지어 곤충산업 종사자들까지 광범위하게 농업인에 포함하고 있다. 참고로 농업인확인서에 대해서는 다음 장에서 자세히 살펴볼 예정이다.

지금부터 우리나라에서 농업인이 되는 방법을 차례로 알아보겠다. 먼저 가장 기본이 되는 농지법에 따른 농업인의 자격 조건을 보자. 농업인의 범위는 농지법 시행령 제3조에 자세하게 규정되어 있는데, 다음과 같다.

> ▶ 1천㎡ 이상의 농지에서 농작물 또는 다년생 식물을 경작 또는 재배하거나 1년 중 90일 이상 농업에 종사하는 자
>
> ▶ 농지에 330㎡ 이상의 고정식 온실, 버섯재배사, 비닐하우스, 그 밖의 농림축산식품부령으로 정하는 농업 생산에 필요한 시설을 설치해 농작물 또는 다년생 식물을 경작 또는 재배하는 자
>
> ▶ 대가축 2두, 중가축 10두, 소가축 100두, 가금 1천 수 또는 꿀벌 10군 이상을 사육하거나 1년 중 120일 이상 축산업에 종사하는 자
>
> ▶ 농업 경영을 통한 농산물의 연간 판매액이 120만 원 이상인 자

열거한 조항 중 한 가지만 충족하더라도 본인의 직업과 관계없이 농업인의 자격을 얻을 수 있다. 예컨대, 1년 중 90일 이상 농업에 종사하는 사람도 농업인이다.

다음은 농업식품기본법에서 정한 농업인의 자격 조건을 보자. 농업식품기본법 시행령 제3조 농업인의 기준 조항을 보면 앞에서 언급한 농지법상 농업인 자격 조건 외에도 두 가지 방법이 더 나와 있다. 그 두 가지는 다음과 같다.

> ▶ 영농조합법인의 농산물 출하·유통·가공·수출 활동에 1년 이상 계속해 고용된 사람
>
> ▶ 농업회사법인의 농산물 유통·가공·판매 활동에 1년 이상 계속해 고용된 사람

여기서 말하는 영농조합법인과 농업회사법인은 '농어업경영체 육성 및 지원에 관한 법률'에 의해 설립된 법인이어야 한다. 이 법인에서 직책이나 직위와 관계없이 1년 이상 근무했다면 농업 인의 자격을 얻을 수 있다.

또한, 농업협동조합의 조합원이 됨으로써 농업인이 되는 방법 도 있다. 농업협동조합법은 제19조 제1항에서 조합원은 지역농 협의 구역에 있는 농업인으로 둘 이상의 지역농협에 가입할 수 없다고 정하고 있다. 여기서 말하는 농업인의 구체적인 범위는 시행령 제4조에 열거되어 있는데, 기본적인 농업인 기준 이외 이 법률이 추가로 정하고 있는 농업인의 범위는 다음과 같다.

▶ 잠종 0.5상자(2만 립 기준 상자)분 이상의 누에를 사육하는 자
▶ 대가축 2마리, 중가축 5마리 등 지역농업협동조합 조합원의 가축 사육 기 준 이상의 가축을 사육하는 자와 그 밖에 농림축산식품부 장관이 정해 고 시하는 기준 이상을 사육하는 자
▶ 농지에서 330㎡ 이상의 시설을 설치하고 원예작물을 재배하는 자
▶ 660㎡ 이상의 농지에서 채소 과수 또는 화훼를 재배하는 자

이처럼 양잠·원예·화훼·축산에 종사하는 사람들도 일정 기준 을 갖추어 지역농협에 조합원으로 가입하면 농업인이 될 수 있 다. 지역농업협동조합 조합원의 가축 사육 기준은 뒤에 자세히 열거했다.

농업인의 범위가 얼마나 광범위한지 필자조차 놀란 적이 있다. 필자가 농지 경매와 관련한 강의를 할 때였다. 강의 말미에 한

수강생으로부터 "지렁이를 키우는 사람도 농업인이 될 수 있나요?"라는 질문을 받고선 당시엔 그냥 웃어넘기고 말았다.

강의를 마치고 나서 혹시 싶어 찾아보니 지렁이를 사육하는 사람도 농업인의 자격이 있다는 사실을 뒤늦게 알게 되었다. 이처럼 농업인의 범위는 우리가 생각하는 것보다 훨씬 광범위하다.

넓은 의미의 농업인 기준은 정부의 농업인확인서 발급 규정에 자세하게 나와 있다. 규정 제4조를 보면 지금까지 살펴본 농지법, 농업식품기본법, 농업협동조합법에 따른 농업인 이외에도 여러 조건이 추가로 정해져 있다.

먼저 산지관리법에 따른 농업인으로, 보전산지에서 육림업, 임산물 생산 채취업과 임업용 종자 묘목 재배업에 종사하는 사람 가운데 다음 기준을 충족하는 자는 농업인확인서를 신청할 수 있다.

> ▶ 대추나무 호두나무 1천㎡ 이상
> ▶ 밤나무 5천㎡ 이상
> ▶ 잣나무 1만㎡ 이상
> ▶ 연간 표고자목 20세㎡ 이상
> ▶ 산림용 종자 묘목 생산업자 : 산림자원의 조성 및 관리에 관한 법률에 의해 등록된 자
> ▶ 분재 소재를 생산하거나 산나물 야생버섯 등 산림 부산물을 재배하는 자 : 3백㎡ 이상의 포지 확보
> ▶ 상기 6항 이외 목본 및 초본식물 : 3만㎡ 이상

곤충산업의 육성 및 지원에 관한 법률에 따라 곤충을 사육하는 사람들도 농업인확인서 발급 대상이다. 곤충의 종류와 마릿수는 다음에 별도의 표를 마련했다. 이 밖에 축산법에 따른 부화업이나 종축업을 등록한 사람, 농지에 3천㎡ 이상의 조경수를 식재 생산하는 사람 등도 농업인확인서 발급 대상에 속한다.

농업인에 대한 정의를 이처럼 여러 가지 법률로 까다롭게 해둔 것은 농업인에게 주어지는 여러 가지 혜택 때문이다. 농촌에 주민등록을 이전해 농지원부를 작성하거나 농업 경영체에 등록해 정식 농업인이 되면 정부로부터 다양한 혜택을 받을 수 있다.

정부는 농업인 자녀를 위해 만 5세 이하 영유아의 보육시설이나 유치원에 보내면 보조금을 지원하고, 고등학생 자녀의 경우 학자금을 면제해주며, 대학생의 경우 등록금을 무이자로 융자해준다. 농지원부를 작성하고 나서 2년이 지난 뒤부터 농지를 구입할 경우 취·등록세를 50% 경감받을 수 있고, 자경과 재촌을 모두 갖추면 8년이 지난 뒤 농지를 팔 경우, 1년에 2억 원, 5년 합계 3억 원까지 양도소득세를 감면받는다. 이 밖에 건강보험료 감면과 국민연금 지원, 농업인 안전보험 지원은 물론, 농업용 차량이나 농자재 구입 때 감세 혜택 등 다양한 세제 감면과 지원을 받을 수 있다.

지방자치단체별 지원 정책도 눈길을 끈다. 전남 화순군은 농업 인구 잔류나 유치를 위해 군내에 1년 이상 거주한 만 30세 이상 50세 이하 농업인에게 5백만 원의 국제결혼 자금을 지원하는 정책을 내놓기도 했다. 귀촌을 염두에 두고 있거나 농지 경매나 투자를 고려하고 있는 사람은 이러한 혜택보다는 아무래도 농지에 주택을 짓는 쪽에 더 많은 관심이 가게 된다. 일정한 농업인의 자격을 갖추고 나면 농지법 시행령 제29조에 따라 관리지역은 물론, 녹지지역이나 농업진흥구역의 농지에도 주택을 지을 수 있다. 이때 비농업인이 내야 하는 농지보전부담금은 100% 면제된다. 다만 주택을 짓는 농지의 총면적은 660㎡(200평), 주택의 건평은 150㎡(45평) 이하로만 가능하다.

  농지법에 따라 농업인이 농업진흥지역에 농가주택을 건축하는 경우, 해당 지역에 6개월 이상 거주해야 하며, 농업 경영을 통한 수익이 50% 이상이어야 하고, 다른 곳에 농업인의 존비속 이름으로 주택이 없어야 건축할 수 있다. 또한, 농업인이 농업인의 주택을 건설한 후 5년 이내에는 또다시 건축할 수 없다. 이렇게 어렵게 농지보전부담금을 면제받으며 건축한 농업인의 주택에 일반인이 거주하지 못하도록 하는 규정이 농지법에 있다. 따라서 비농업인이 농업인의 주택을 거래하려면 문제가 있다고 생각하는 때도 있다. 그러나 건축법에서는 농업인의 주택이라는 것이 없다. 따라서 농업인의 주택을 건축한 후 건축물관리대장에는 그냥 주택으로 등재되며 농업인의 주택이라는 것은 건축물대장에 등재되지 않는다. 즉 농업인이 농업인의 주택을 건축하기 위해서는 농지법 적용을 받지만, 일단 건축하고 난 후에는 농업인의 주택이 건축물대장에 그냥 주택으로 등재되기에 현실적으로는 농업인의 주택 거래에 문제가 되지는 않는다. 앞으로 건축법에 농업인의 주택이라는 용어가 새로 생기고 건축물관리대장에 농업인의 주택이라고 기재된다면 농업인의 주택 거래를 신중히 해야 한다.

마지막으로 논 농사를 짓는 농업인에게 지급하는 논 농업 직불제가 있다. 이 제도는 논 농사를 짓는 사람에게 ha당 일정액을 정부가 보조금으로 지원하는 것으로, 직접지불금·변동직불금 두 가지가 있다. 직접지불금은 김영삼 정부 당시 논 농업에 이용되고 있는 농지를 전부 조사해 등록했으며, 이때 등록된 논 농지가 현재에도 논 농업으로 이용되고 있는 경우에만 지불된다. 이후에 만든 논 농지는 지불하지 않는다.

직접지불금은 일정 금액을 무조건 지불하며, 변동직불금은 유기농으로 생산하고 있는 농지에 지방자치단체에 유기농으로 생산한다고 미리 신고하고 확인을 받으면 지불된다.

그러나 노무현 정부 당시 농업인이 논 농업 직불금의 혜택을 받을 수 있는 조건은 1년 총수입이 농사와 관련 없는 수입으로, 연간 3천 7백만 원이 넘으면 직불금 혜택을 받을 수 없게 개정되었다.

농지법 시행령 제3조 【농업인의 범위】

농지법 제2조 제2호에서 '대통령령으로 정하는 자'란 다음 각 호의 어느 하나에 해당하는 자를 말한다. 〈개정 2008. 2. 29., 2009. 11. 26.〉

1. 1천㎡ 이상의 농지에서 농작물 또는 다년생 식물을 경작 또는 재배하거나 1년 중 90일 이상 농업에 종사하는 자

2. 농지에 330㎡ 이상의 고정식 온실, 버섯재배사, 비닐하우스, 그 밖의 농림수산식 품부령으로 정하는 농업 생산에 필요한 시설을 설치해 농작물 또는 다년생 식물을 경작 또는 재배하는 자

3. 대가축 2두, 중가축 10두, 소가축 100두, 가금 1천 수 또는 꿀벌 10군 이상을 사육하거나 1년 중 120일 이상 축산업에 종사하는 자

4. 농업 경영을 통한 농산물의 연간 판매액이 120만 원 이상인 자

농업·농촌 및 식품산업 기본법(약칭 농업식품기본법) 시행령 제3조 【농어업인의 기준】

법 제3조 제2호 가목에서 '대통령령으로 정하는 기준에 해당하는 자'란 다음 각 호의 어느 하나에 해당하는 사람을 말한다. 〈개정 2009. 12. 15.〉

1. 1천㎡ 이상의 농지를 경영하거나 경작하는 사람

2. 농업 경영을 통한 농산물의 연간 판매액이 120만 원 이상인 사람

3. 1년 중 90일 이상 농업에 종사하는 사람

4. 「농어업경영체 육성 및 지원에 관한 법률」 제16조 제1항에 따라 설립된 영농조합법인의 농산물 출하·유통·가공·수출 활동에 1년 이상 계속해 고용된 사람

5. 「농어업경영체 육성 및 지원에 관한 법률」 제19조 제1항에 따라 설립된 농업회사법인의 농산물 유통·가공·판매 활동에 1년 이상 계속해 고용된 사람

농업협동조합법 시행령 제4조 지역농업협동조합의 조합원의 자격

① 법 제19조 제1항에 따른 지역농업협동조합 조합원의 자격 요건인 농업인의 범위는 다음 각 호와 같다.

1. 1천㎡ 이상의 농지를 경영하거나 경작하는 자

2. 1년 중 90일 이상 농업에 종사하는 자

3. 잠종 0.5상자(2만 립 기준 상자)분 이상의 누에를 사육하는 자

4. 별표 1에 따른 기준 이상의 가축을 사육하는 자와 그 밖에 「축산법」 제2조 제1호에 따른 가축으로서 농림수산식품부 장관이 정해 고시하는 기준 이상을 사육하는 자

5. 농지에서 330㎡ 이상의 시설을 설치하고 원예작물을 재배하는 자

6. 660㎡ 이상의 농지에서 채소, 과수 또는 화훼를 재배하는 자

② 제1항 제2호에 해당하는지를 확인하는 방법 등에 관해 필요한 사항은 농림수산식품부 장관이 게재한다.

[별표 1] 〈개정 2009. 12. 11.〉

지역농업협동조합 조합원의 가축 사육 기준(제4조 제1항 제4호 관련)

구분	가축의 종류	사육 기준
대가축	소, 말, 노새, 당나귀	2마리
중가축	돼지(젖 먹는 새끼 돼지는 제외한다), 염소, 면양, 사슴, 개	5마리 (개의 경우는 20마리)
소가축	토끼	50마리
가금	닭, 오리, 칠면조, 거위	100마리
기타	꿀벌	10군

[별표 3] 〈개정 2009. 12. 11.〉

지역축산산업협동조합 조합원의 가축 사육 기준(제10조 제1호 관련)

가축의 종류	사육 기준	가축의 종류	사육 기준
소	2마리	산란계	500마리
착유우	1마리	오리	200마리
돼지	10마리	꿀벌	10군
양	20마리	염소	20마리

가축의 종류	사육 기준	가축의 종류	사육 기준
사슴	5마리	개	20마리
토끼	100마리	메추리	1,000마리
육계	1,000마리	말	2마리

※ 비고 : 돼지의 경우 젖 먹는 새끼 돼지는 제외

곤충산업의 육성 및 지원에 관한 법률에 의한 농업인

「곤충산업의 육성 및 지원에 관한 법률」 제12조에 따라 곤충의 사육 또는 생산에 대해 신고확인증을 받은 자로서 별표 4의 사육 규모 이상으로 대상 곤충을 사육하는 사람

[별표 4]

농업인확인서 발급 대상 곤충 사육 규모(제4조 제2호 다목(6) 관련)

구분	종류	수량(마리)
천적	고치벌류, 잠자리류, 칠성풀잠자리붙이, 호리꽃등애	10,000
	노린재류, 무당벌레류, 반날개류	20,000
	진디벌류	30,000
	혹파리류	40,000
	좀벌류	200,000
	알벌류	500,000
	포식응애류	700,000
화분 매개	뒤영벌류	5,000
	뿔가위벌류	15,000
	파리류	120,000
	꿀벌류	10군체

구분	종류	수량(마리)
환경 정화	소똥구리류	1,000
	동애등에류	10,000
	파리류	120,000
식용·약용	메뚜기	1,000
학습·애완	물방개류, 사슴벌레류, 하늘소류, 풍뎅이류, 나비류, 반딧불이류, 수서곤충류	500
	매미류, 꽃무지류, 노린재류, 메뚜기류, 여치류	1,000
	귀뚜라미류	15,000
	개미류	6군체
사료용	동애등에류	10,000
	귀뚜라미류	15,000
	거저리류	60,000
	파리류	120,000
기타	거미류, 지네류	500

* 곤충산업의 육성 및 지원에 관한 법률 시행령 별표 1의 곤충 중 상기 외 기타 곤충은 각 각의 구분 중 가장 큰 수량 적용

1년 중 90일 이상 농업에 종사하는 농업인

「농업협동조합법시행령」 제4조 제2항에 따라 '1년 중 90일 이상 농업에 종사하는 자 확인에 필요한 서류의 종류'를 다음과 같이 제정·고시합니다.

2009년 12월 ○일

농림수산식품부 장관

1년 중 90일 이상 농업에 종사하는 자 확인에 필요한 서류의 종류

시행령 제4조 제1항 제2호의 자격 기준으로 지역농업협동조합의 조합원으로 가입하고자 하는 사람은 다음 각 호의 서류를 조합에 제출해야 한다.

1. 가족원인 농업 종사자

   가. 시행령 제4조 제1항 제1호부터 제6호까지의 농업인의 자격 기준 중 어느 하나에 해당하는 농업인(이하 '농업 경영주'라 한다)의 가족원으로 등록된 주민등록등본 또는 초본.

   나. 「국민연금법」 제9조의 지역가입자이거나 제10조의 임의가입자(「국민연금법」 제13조 제1항의 임의계속가입자 중 지역임의계속가입자를 포함한다) 또는 「국민건강보험법」 제6조 제3항의 지역가입자임을 확인할 수 있는 서류.

2. 가족원이 아닌 농업 종사자 : 농업 경영주와 1년 중 90일 이상 농업 경영이나 농지 경작 활동의 고용인으로 종사한다는 것을 내용으로 체결한 서면계약서

산지관리법에 따른 농업인

「산지관리법」 제4조 제1항 제1호의 보전산지에서 육림업(자연휴양림·자연수목원의 조성·관리·운영업을 포함한다), 임산물 생산·채취업 및 임업용 종자·묘목 재배업을 다음의 기준 중 어느 하나에 따라 경영하는 사람

1. 대추나무, 호두나무 : 1천㎡ 이상

2. 밤나무 : 5천㎡ 이상

3. 잣나무 : 1만㎡ 이상

4. 연간 표고자목(표고자목) : 20세㎡ 이상

5. 산림용 종자·묘목 생산업자 : 「산림자원의 조성 및 관리에 관한 법률」 제16조 제1항 및 같은 법 시행령 제12조 제1항 제1호에 따라 등록된 자

6. 분재 소재를 생산하거나 산나물, 야생버섯 등 산림 부산물을 재배하는 자 : 3백㎡ 이상의 포지를 확보

7. 1에서 6까지 이외 목본 및 초본식물 : 3만㎡ 이상

Chapter 03

농업인확인서

앞에서 설명한 대로 농업인이 되면 정부로부터 세제 감면이나 지원금 등 각종 혜택을 받을 수 있다. 이러한 혜택을 받기 위해서는 본인이 농업인임을 정부 기관으로부터 인증을 받아 제출해야 하는데, 이 인증서가 바로 농업인확인서다. 농업인확인서는 농업회사법인을 설립하는 데도 필요하다. 농업회사법인을 만들려면 농업인 1인 이상이 발기인으로 참여해야 하는데, 그 사람이 농업인임을 입증해주는 농업인확인서를 제출해야 한다.

농업인확인서는 농업·농촌 및 식품산업 기본법(농업식품기본법) 시행령 제3조에서 농업인의 확인 방법 등에 관해 필요한 사항은 농림축산식품부 장관이 정해 고시한다는 조항에 따른 것이다. 이에 따라 2008년에 농림축산식품부 장관의 고시 때문에 '농업인확인서 발급 규정'이 제정되어 2009년부터 시행되고 있다.

농업인확인서는 국립농산물품질관리원(농관원, www.naqs.go.kr)에서 담당하고 있다. 확인서 신청은 연중 가능하며, 신청서 접수 후 심사를 거쳐 10일 이내에 발급하도록 규정하고 있다. 만약 심사를 통해 농업인 자격 조건 중 어느 하나에도 맞지 않을 때는 접수한 날로부터 10일 안에 발급 거절을 통보한다.

발급 규정을 살펴보면 앞에서 설명한 대로 농업인확인서를 받을 수 있는 대상이 매우 광범위하다는 걸 알 수 있다. 1,000㎡ 이상의 농지에 대한 농지원부를 갖고 자경하는 사람은 물론, 농지를 소유하고 있지 않더라도 1,000㎡ 이상의 농지에 대한 임대차계약 또는 사용대차계약을 맺고 대리 경작하는 사람도 농업인확인서를 받을 수 있다.

또한, 가축을 판매하는 사람이나 서면계약을 통해 농산물 판매를 하는 사람도 농업인 혜택을 받을 수 있도록 다양하게 길을 열어놓았다. 농지원부를 갖추지 않아 자경이 확인되지 않거나 기타 농업인 자격의 확인이 필요한 경우, 농관원 지원은 해당 읍·면·동사무소를 통해 확인 절차를 거치기도 한다.

농업인확인서는 발급일로부터 3개월 동안 유효하며, 3개월이 지나면 다시 발급받아 필요한 기관에 제출해야 한다.

농업인확인서 발급 규정

[시행 2009. 9. 16.] [농림수산식품부 고시 제2009-365호, 2009. 9. 16., 전부 개정]

제1조 목적

이 고시는 「농업·농촌 및 식품산업 기본법 시행령(이하 '법 시행령'이라 한다)」 제3조 제1항의 농업인 기준에 해당하는 사람을 확인하는 데 필요한 농업인의 확인 신청, 확인 방법, 확인 절차 및 확인서 발급 등에 관한 사항을 정하는 것을 목적으로 한다.

제3조 농업인확인 신청

① 법 시행령 제3조 제2항에 따라 농업인확인을 받고자 하는 사람은 별지 제1호 서식에 따라 농업인확인을 농관원의 출장소장에게 신청할 수 있다.

② 제1항에 따른 농업인확인 신청은 「주민등록법」에 따라 주민등록표에 등록된 신청자의 거주지를 관할하는 농관원의 출장소장에게 해야 한다.

제6조 농업인확인서 발급

① 농관원의 출장소장은 제3조에 따라 농업인확인신청서가 접수되면 제4조의 농업인확인 방법 중 어느 하나에 해당하는 때는 농업인확인 신청서를 접수한 날부터 10일 내에 별지 제3호 서식에 따라 농업인확인서를 발급한다.

② 농관원의 출장소장은 제3조에 따른 농업인확인신청서가 제4조의 농업인확인 방법 중 어느 하나에도 맞지 않은 때는 농업인확인신청서를 접수한 날부터 10일 내에 이 고시에 따른 농업인확인서를 발급할 수 없다는 통지를 별지 제4호 서식에 따라 해야 한다.

③ 제1항에 따른 농업인확인서는 발급한 날부터 3개월이 되는 날까지 유효하며, 이 기한이 지나면 다시 신청해서 발급받아야 한다.

④ 농관원의 출장소장은 제1항 및 제2항의 기한까지 필요한 조치를 취할 수 없는 때는 그 이유와 연장 기한을 정해 신청인에게 통지해야 하며 이 경우 가능한 한 빨리 필요한 조치를 하도록 노력해야 한다.

제11조 농업인확인신청서의 첨부 서류 등

제3조 및 제4조에 따라 농업인확인서를 발급받으려면 다음 각 호의 서류를 첨부하거나 기타 요건도 충족해야 한다.

1. 제4조 제1호 다목 : 해당 농지의 농지원부등본·토지등기부등본·토지대장등본 중 어느 하나를 첨부

2. 제4조 제1호 라목 : 각 목의 농지 관련 증빙 자료를 첨부

3. 제4조 제2호 가목 : 해당 토지의 농지원부등본·토지등기부등본·토지대장등본·임야대장등본 중 어느 하나를 첨부

4. 제4조 제2호 가목(3) : 가축시장의 개설·관리자인 축산업협동조합장의 확인서를 첨부(다만, 가축시장을 관할하는 축산업협동조합장이 직인으로 매매 사실을 확인한 매매 계약서를 첨부할 수 있다)

5. 제4조 제2호 나목 : 해당 산지의 임야대장등본과 「토지이용규제 기본법」 제10조 제1항의 토지이용계획확인서를 첨부(다만, 임차의 경우에는 서면 계약서를 첨부한다)

6. 제4조 제2호 나목 : 이 목의 각 보전 산지 기준의 충족 여부는 기준 미만의 각 보전 산지를 합산해서 계산

7. 제4조 제2호 나목(4) : 주민등록표상 주소지를 관할하는 산림조합장의 확인서를 첨부

8. 제4조 제2호 나목(7) : 「임업 및 산촌 진흥 촉진에 관한 법률」 제17조에 따라 임업 후계자 또는 독림가로 선발되거나 선정된 사람은 「산지관리법」 제4조 제1항 제2호의 준보전산지 15,000㎡까지 합산해서 계산

9. 제4조 제2호 다목 : 해당 토지의 농지원부등본·토지등기부등본· 토지대장등본·임야대장등본 중 어느 하나 및 해당 건축물의 건물등기부등본·건축물대장등본 중 어느 하나를 첨부

10. 제4조 제3호 가목(2) : 「토지이용규제 기본법」 제10조 제1항에 따라 해당 지역의 토지이용계획확인서를 첨부

11. 제4조 제3호 가목(3) : 「국민연금법」 제8조의 사업장가입자 또는 「국민건강보험법」 제6조 제2항의 직장가입자가 아니라는 확인서를 첨부

제4조 농업인 확인 방법

이 고시에 따라 농업인확인서를 발급받기 위해서는 농업인 확인을 신청한 사람이 다음 각 호의 어느 하나에 해당해야 한다.

1. 법 시행령 제3조 제1항 제1호의 농업인 기준은 다음 각 목의 어느 하나를 충족한 경우

   가. 농지법 제50조에 따라 1천㎡ 이상의 농지에 대한 농지원부등본을 교부받아 제출한 사람

   나. 농지법 제20조에 따라 1천㎡ 이상의 농지에 대한 대리경작자지정통지서를 제출한 사람

   다. 농지법 제23조 및 제24조에 따라 1천㎡ 이상의 농지에 대한 임대차계약 또는 사용대차계약을 체결하고 서면 계약서를 제출한 사람

   라. 가목과 나목, 가목과 다목, 가목·나목·다목 및 나목과 다목에 따른 각 농지의 합계가 1천㎡ 이상인 사람

   마. 기타 다음의 요건을 충족한 사람
   신청인의 주소지(주민등록표상 주소를 말한다) 또는 농지의 소재지를 관할하는 읍면동장이 법 시행령 제3조 제1항 제1호의 농업인임을 별지 제2호 서식으로 확인한 경우

2. 법 시행령 제3조 제1항 제2호의 농업인 기준은 다음 각 목의 어느 하나를 충족한 경우

   가. 다음의 자와 연간 120만 원 이상의 농산물 판매 계약을 체결하고 서면 계약서를 제출한 사람

   (1) 「농수산물 유통 및 가격 안정에 관한 법률」 제2조에 규정된 도매시장법인·시장도매인·중도매인·매매참가인·산지유통인 및 농수산물종합유통센터

   (2) 「축산물가공처리법」 제22조, 제24조 및 제26조에 따라 영업을 허가받거나 신고·승계한 자

   (3) 「축산법」 제34조에 따라 개설된 가축시장을 통하여 가축을 구매하는 자

   (4) 「농업·농촌 및 식품산업 기본법(이하 '법'이라 한다)」 제3조 제4호

의 생산자단체(이 고시에서 생산자단체는 이를 말한다).

    (5) 「유통산업발전법」 제8조 및 같은 법 시행규칙 제5조에 따라 등록해 영업을 개시한 대규모 점포 개설 법인

나. 「산지관리법」 제4조 제1항 제1호의 보전 산지에서 육림업 임산물 생산·채취업 및 임업용종자·묘목 재배업을 다음의 기준 중 어느 하나에 따라 경영하는 사람

    (1) 대추나무, 호두나무 : 1천㎡ 이상

    (2) 밤나무 : 5천㎡ 이상

    (3) 잣나무 : 1만㎡ 이상

    (4) 연간 표고자목 : 20세㎡ 이상

    (5) 산림용 종자·묘목 생산업자 : 「산림자원의 조성 및 관리에 관한 법률」 제16조 제1항 및 같은 법 시행령 제12조 제1항 제1호에 따라 등록된 자

    (6) 조경수 또는 분재 소재를 생산하거나 산나물·야생버섯 등 산림 부산물을 재배하는 자 : 3백㎡ 이상의 포지를 확보

    (7) (1)에서 (6)까지 이외 목본 및 초본식물 : 3만㎡ 이상

다. 기타 다음의 요건 중 어느 하나를 충족한 사람

    (1) 330㎡ 이상의 농지에 고정식 온실, 버섯재배사, 비닐하우스의 시설을 설치해 식량·채소·과실·화훼·특용·약용작물, 버섯, 양잠 및 종자·묘목을 재배하는 사람

    (2) 660㎡ 이상의 농지에 채소·과실·화훼작물(임업용은 제외한다)을 재배하는 사람

    (3) 330㎡ 이상의 농지에 「농지법 시행규칙」 제3조에 규정된 축사 관련 부속 시설을 설치해 별표 2 기준 이상의 가축 규모나 별표 3 기준 이상의 가축 사육 시설 면적에 별표 2 기준 이상의 가축을 사육하는 사람

    (4) 기타 신청인의 주소지(주민등록표상 주소를 말한다) 또는 토지의 소재지를 관할하는 읍면동장이 법 시행령 제3조 제1항 제2호의 농업인임을 별지 제2호 서식으로 확인한 경우

3. 법 시행령 제3조 제1항 제3호의 농업인 기준은 다음 각 목의 어느 하나를 충족한 경우

가. 가족원인 농업 종사자로서 다음의 요건을 모두 충족한 사람

(1) 제1호에서 제2호까지의 농업인 충족 기준 중 어느 하나에 해당되는 농업인의 가족원으로서 주민등록표에 함께 등록된 사람

(2) (1)의 농업 경영주의 주소가 법 제3조 제5호의 농촌이나 법 제62조의 준농촌에 위치하고 농업 경영주와 가족원인 농업 종사자가 실제 함께 거주하는 사람

(3) 「국민연금법」 제9조의 지역가입자이거나 제10조의 임의가입자 (「국민연금법」 제13조 제1항의 임의계속가입자 중 지역임의계속가입자를 포함한다) 또는 「국민건강보험법」 제6조 제3항의 지역가입자

나. 가족원이 아닌 농업종사자의 경우에는 농업 경영주와 1년 중 90일 이상 농업 경영이나 농지 경작 활동의 고용인으로 종사한다는 고용계약을 체결하고 서면 계약서를 제출한 사람

다. 기타 다음의 요건을 충족한 사람

신청인의 주소지(주민등록표상 주소를 말한다) 또는 토지의 소재지를 관할하는 읍면동장이 법 시행령 제3조 제1항 제3호의 농업인임을 별지 제2호 서식으로 확인한 경우

4. 법 시행령 제3조 제1항 제4호 및 제5호의 농업인 기준은 다음 각 목의 어느 하나를 충족한 경우

가. 법 제28조 제1항에 따라 설립된 영농조합법인의 농업 생산 및 농산물 출하·가공·수출 활동에 고용된 사람이 1년 이상(계속 종사를 말한다)의 고용계약을 체결하고 서면 계약서를 제출한 사람

나. 법 제29조 제1항에 따라 농업회사법인의 농업 생산 및 농산물의 유통·가공·판매 활동에 고용된 사람이 1년 이상(계속 종사를 말한다)의 고용계약을 체결하고 서면 계약서를 제출한 사람

국립농산물품질관리원	출장소	년	접수번호	번	처리 기간
농업인확인신청서					10일

신청자	①성명			②주민등록번호	
	③주소				
	④우편번호				
	⑤전화번호	(집/사무실 전화) :		(휴대전화)	

⑥농업인 충족 기준	○ 농업·농촌 및 식품산업 기본법 시행령 제3조 제1항 제1호[ ]
	○ 농업·농촌 및 식품산업 기본법 시행령 제3조 제1항 제2호[ ]
	○ 농업·농촌 및 식품산업 기본법 시행령 제3조 제1항 제3호[ ]
	○ 농업·농촌 및 식품산업 기본법 시행령 제3조 제1항 제4호[ ]
	○ 농업·농촌 및 식품산업 기본법 시행령 제3조 제1항 제5호[ ]

⑦농업 경영·경작 규모	○ 농작물재배업 : 농지 소유 ㎡, 임차 ㎡
	○ 축산업 : 초지·토지 소유 ㎡, 임차 ㎡
	○ 임업 : 산지소유 ㎡/㎥, 임차 ㎡/㎥

⑧연간 농업 종사일수	○ 가족원인 농업 종사자 : 일
	○ 가족원이 아닌 농업 종사자 : 일

⑨연간 농산물 판매액		원	⑩농업인 해당일	년 월 일
⑪농업인확인서의 용도		요구 기관·주소		
		용도		

「농업·농촌 및 식품산업 기본법 시행령(이하 '법 시행령'이라 한다)」 제3조 제2항 및 농림수산식품부 고시 2008-94호(이하 '고시'라 한다)의 제3조에 따라 농업인 확인을 받고자 신청합니다.

년   월   일

신청자 (서명 날인/인)

국립농산물품질관리원 출장소장 귀하

신청자의 첨부 서류	1. 주민등록표등본(농업 경영주인 농업인은 주민등록증 제시 가능) 1부(공통 제출 서류)
	2. 이 고시 제4조의 농업인 확인 방법 중 신청자에게 해당되는 규정에서 필요로 하는 관계 증빙 자료(이 고시 제11조의 첨부 서류)

본인은 이 건 업무 처리와 관련하여 「전자정부법」 제21조 제1항에 따른 행정정보의 공동 이용을 통하여 담당 직원이 위의 확인 사항을 확인하는 것에 동의합니다.

신청자   (서명 날인/인)

이 신청서는 다음과 같이 처리됩니다.

신청자	국립농산물품질관리원 출장소장
(신청서 작성/제출) (확인서/반려통지 수령)	(신청서 접수 및 농업인확인서 발급/농업인확인신청서 반려통지)

[작 성 요 령]

1. ①·②·③·④ : 주민등록표상의 내용을 적으십시오.

2. ⑤ : 문의·연락을 하기에 편리한 것을 선택하여 적으십시오.

3. ⑥ : 신청자의 농업인 충족 기준을 선택하여 ☑ 표시를 하십시오.

○ 법 시행령 제3조 제1항 제1호 : 1천㎡ 이상의 농지(「농어촌정비법」 제84조에 따라 비농업인이 분양이나 임대받은 농어촌 주택 등에 부속된 농지는 제외한다)를 경영하거나 경작하는 사람

○ 법 시행령 제3조 제1항 제2호 : 농업 경영을 통한 농산물의 연간 판매액이 120만 원 이상인 사람

○ 법 시행령 제3조 제1항 제3호 : 1년 중 90일 이상 농업에 종사하는 사람

○ 법 시행령 제3조 제1항 제4호 : 「농업·농촌 및 식품산업 기본법(이하 '법'이라 한다)」 제28조 제1항에 따라 설립된 영농조합법인의 농산물 출하·가공·수출 활동에 1년 이상 계속해 고용된 사람

○ 법 시행령 제3조 제1항 제5호 : 법 제29조 제1항에 따라 설립된 농업회사법인의 농산물 유통·가공·판매 활동에 1년 이상 계속해 고용된 사람

4. ⑦ : 법 시행령 제2조의 농업 범위 중 하나를 선택하여 적고, 농지·초지·산지 등의 소유·임차면적 등을 적으십시오.

○ 농작물재배업(법 시행령 제2조 제1호) : 식량작물 재배업, 채소작물 재배업, 과실작물 재배업, 화훼작물 재배업, 특용작물 재배업, 약용작물 재배업, 버섯 재배업, 양잠업 및 종자·묘목 재배업(임업용은 제외한다)

○ 축산업(법 시행령 제2조 제2호) : 동물(수생동물은 제외한다)의 사육업·증식업·부화업 및 종축업(種畜業)

○ 임업(법 시행령 제2조 제3호) : 육림업(자연휴양림·자연수목원의 조성·관리·운영업을 포함한다), 임산물 생산·채취업 및 임업용 종자·묘목 재배업

5. ⑧ : 해당되는 곳을 선택하여 연간 농업 종사일수를 적으십시오(법 시행령 제3조 제1항 제3호의 농업인).

6. ⑨ : 연간 농산물 판매액을 적으십시오(법 시행령 제3조 제1항 제2호의 농업인).

7. ⑩ : 신청자가 ⑥에 ☑ 표시한 농업인 기준을 충족한 연·월·일을 적으십시오.

8. ⑪ : 농업인확인서의 제출을 요구하는 기관명(단체·법인 등을 포함한다)·주소 및 사용 용도를 적으시고, 이 신청서에 작성한 용도 이외로 사용할 수 없습니다.

[유 의 사 항]

신청자가 농업인 확인과 관련하여 허위 그 밖에 부정한 방법으로 농업인확인서를 발급받은 사실이 판명되면 이 고시 제8조에 따라 법 시행령 제3조 제2항에 따른 농업인 확인은 유효하지 않습니다.

210 × 297mm(보존용지(2종) 70g/㎡)

국립농산물품질관리원   출장소   년 제   호

농업인확인서

<table>
<tr><td rowspan="4">농
업
인</td><td>①성명</td><td></td><td>②주민등록번호</td><td></td></tr>
<tr><td>③주소</td><td colspan="3"></td></tr>
<tr><td>④우편번호</td><td colspan="3"></td></tr>
<tr><td>⑤전화번호</td><td colspan="3">(집/사무실전화) :   (휴대전화) :</td></tr>
<tr><td rowspan="5">⑥농업인 충족 기준</td><td colspan="4">○ 농업·농촌 및 식품산업 기본법 시행령 제3조 제1항 제1호[   ]</td></tr>
<tr><td colspan="4">○ 농업·농촌 및 식품산업 기본법 시행령 제3조 제1항 제2호[   ]</td></tr>
<tr><td colspan="4">○ 농업·농촌 및 식품산업 기본법 시행령 제3조 제1항 제3호[   ]</td></tr>
<tr><td colspan="4">○ 농업·농촌 및 식품산업 기본법 시행령 제3조 제1항 제4호[   ]</td></tr>
<tr><td colspan="4">○ 농업·농촌 및 식품산업 기본법 시행령 제3조 제1항 제5호[   ]</td></tr>
<tr><td rowspan="3">⑦농업 경영·경작 규모</td><td colspan="4">○ 농작물재배업 : 농지 소유   ㎡, 임차   ㎡</td></tr>
<tr><td colspan="4">○ 축산업 : 초지/토지 소유   ㎡, 임차   ㎡</td></tr>
<tr><td colspan="4">○ 임업 : 산지 소유   ㎡/㎥, 임차   ㎡/㎥</td></tr>
<tr><td rowspan="2">⑧연간 농업 종사일수</td><td colspan="4">○ 가족원인 농업 종사자 :   일</td></tr>
<tr><td colspan="4">○ 가족원이 아닌 농업 종사자 :   일</td></tr>
<tr><td colspan="2">⑨연간 농산물 판매액</td><td colspan="3">원</td></tr>
<tr><td colspan="2">⑩농업인 해당일</td><td colspan="3">년   월   일</td></tr>
<tr><td colspan="2">⑪용도</td><td colspan="3"></td></tr>
</table>

위의 사람은 「농업·농촌 및 식품산업 기본법 시행령(이하 "법 시행령"이라 한다)」 제3조 제1항의 농업인임을 같은 법 시행령 제3조 제2항 및 농림수산식품부 고시 2008-94호의 제6조 제1항에 따라 위와 같이 확인합니다.

년   월   일

국립농산물품질관리원 출장소장 [인]

[작성·확인 사항]

1. ①·②·③·④ : 주민등록표상의 내용을 적으십시오.

2. ⑤ : 농업인이 작성한 내용을 적으십시오.

3. ⑥·⑦·⑧·⑨·⑩ : 농업인이 작성한 내용 및 첨부 증빙 자료, 관련 기관 등을 통하여 법 시행령 제3조 제1항에 따른 농업인임을 확인한 내용을 적으십시오.

4. ⑥은 신청자에게 해당되는 농업인 충족기준에 ☑ 표시를 하십시오.

5. ⑩농업인 해당일은 ⑥농업인 충족 기준을 농업인이 충족한 연·월·일을 적으십시오.

6. 이 농업인확인서는 ⑪용도 이외로 사용할 수 없으며, 유효기간은 농업인확인서의 발급일로부터 3개월이 되는 날까지입니다.

때로는 농업법인이 유리하다

　농지 투자의 관점에서 보면 앞에서 설명한 농업인이 비농업인보다 훨씬 유리하다. 여기에 농업 경영의 관점을 더하면 농업인보다 농업법인을 설립하는 게 더 효율적일 수 있다.

　농업법인은 농업인과 똑같은 자격으로 농지를 소유할 수 있을 뿐만 아니라 농업 생산성 제고를 목적으로 한 정부의 세제 혜택 등 다양한 지원을 받을 수 있기 때문이다. 이런 점 때문에 최근 들어 농업법인에 관한 관심이 높아지고 있다. 농업법인의 설립을 염두에 두고 있는 사람들을 위해 내용을 살펴보겠다.

　우리나라는 농사를 직접 짓지 않으면 근본적으로 농지를 소유하지 못하는 '경자유전'이라는 헌법상의 원칙을 지금까지 견지하고 있다. 물론 비농업인에게 주말 체험 영농을 목적으로 한 3백 평 이하 소규모 농지의 취득을 허용하긴 했으나 농지 소유에 대한 제약은 여전하다.

하지만 농업법인을 설립할 경우 농지 소유에 제약이 없다. 이에 반해 종주이나, 일반주식회사 등은 농지의 취득과 소유를 엄격히 제한하고 있다. 일반인은 농업법인의 주식 소유를 통해 농지를 간접적으로 취득하고 소유할 수 있다.

현재 우리나라 법률이 허용하고 있는 농업법인은 농업조합법인과 농업회사법인 두 가지가 있다. 두 법인은 2009년에 제정된 농어업경영체 육성 및 지원에 관한 법률에 그 근거를 두고 있다. 두 법인은 농업을 기업적으로 경영한다는 점과 정부로부터의 세제 혜택 측면에서는 유사하지만, 주주 구성이나 운영 측면을 들여다보면 서로 다른 점이 많다.

두 법인이 어떻게 다른지 살펴보자. 먼저 설립 목적에서부터 차이가 난다. 영농조합법인은 농업인으로 구성된 조합원 개개인의 이익 도모가 목적이지만, 농업회사법인은 자본금을 출자한 주주들의 이익을 극대화하는 데 그 목적이 있다. 두 법인 모두 농어업경영체 육성 및 지원에 관한 법률에 설립 근거를 두고 있지만, 운영 측면에서 준용하는 법률은 각각 민법과 상법으로 나뉜다. 영농조합법인은 민법의 조합에 관한 규정을 준용하고 있어 전반적으로 민법의 규정을 받으며, 농업회사법인은 상법상 주식회사에 관한 규정을 받는다. 농업회사법인은 주식회사 외에도 합명회사·합자회사·유한회사 형태로도 설립할 수 있으며, 이 경우 회사 운영은 각각의 형태에 따른 회사의 규정에 따른다. 준용되는 법률이 서로 다르므로 법인의 경영을 결정하는 의결 방식도 다르다. 영농조합법인은 조합 규정에 따라 기본적으로 조합원 1인당 1의결권을 갖게 된다. 의결권이 없는 준조합원(비농업도 가능)의 출자도 가능하며, 이 경우 출자 한도에 제한은 없다. 협의에 따라 출자 지분에 따른 조합원끼리 차등 의결권도 도입할 수 있으나, 1인 1의결권 방식으로 인해 법인의 주요한 의사 결정이 쉽게 이루어지지 않는 단점이 있다.

이에 반해 농업회사법인은 농업인과 비농업인 구분 없이 상법에 따른 출자 지분에 따라 의결 권한이 주어져 일반 주식회사처럼 신속하게 의사 결정을 할 수 있다. 법인의 구성에도 차이가 있다. 영농조합법인은 농업인 또는 농업생산자단체 최소 5인 이상으로 설립 가능하며, 농업회사법인의 경우 최소 농업인 한 명만으로도 설립할 수 있다.

회사 구성원의 경영 책임 또한 서로 다르다. 영농조합법인은 경영 적자나 부채가 발생할 경우 조합원이 해당 채무를 변제해야 하는 책임을 지지만, 농업회사법인은 주식회사 또는 유한회사의 경우 출자금에 대한 책임만 지게 된다.

두 법인 모두 지분의 양도는 가능하지만, 영농조합법인은 농업인에게만 허용되며, 농업회사법인은 아무에게나 양도할 수 있다. 다만 양도 후에도 농업인 1인 이상과 농업인 지분 10% 이상은 유지되어야 한다.

회사의 업무 범위도 약간씩 차이가 있다. 영농조합법인의 경우 농업 경영 및 부대사업, 공동이용시설의 설치 또는 운영, 농산물의 공동 출하·가공·수출, 농작업 대행 등의 업무를 할 수 있다. 농업회사법인은 농업 경영, 농산물의 유통·가공·판매, 농작업 대행 이외에 부대사업으로 영농 자재 생산·공급, 종묘 생산 및 종균배양사업, 농산물의 매취·비축사업, 농기계 장비의 임대·수리·보관, 소규모 관개시설의 수탁관리사업 등의 업무를 할 수 있도록 정해져 있다.

농업법인을 설립할 경우 다양한 혜택을 누릴 수 있다는 게 장점이다. 앞서 설명한 대로 두 법인 모두 농지를 취득하고 소유할 수 있다. 하지만 주식회사 농업법인의 경우 이사 중 한 명 이상이 농업인이어야 한다.

세제 혜택은 두 법인 모두 비슷하게 받고 있지만, 법인세나 양도소득세 등 세부적인 내용을 따져보면 영농조합법인이 농업회사법인보다 좀 더 유리하다. 자세한 세제 감면 내용은 표로 정리했다.

농업법인은 갈수록 영세화하는 농업 현실을 고려해 농업의 생산성을 높이고 농수산물의 가공·유통·수출의 효율성을 높이기 위해 정부가 도입한 기업형 농업 경영 제도다. 농지 투자의 관점에서 보면 법의 맹점도 눈에 띈다. 예를 들자면 현행법률상 미성년은 농지를 소유할 수 없으며, 이에 따라 미성년 자녀에게 농지를 증여하는 건 불법이다. 그러나 농업회사법인을 만들어 법인의 주식을 미성년 자녀에게 증여하게 되면 미성년 자녀도 농지를 간접 소유할 수 있게 된다. 이러한 변칙 거래는 상법상 합법이라 하더라도 바람직한 사회 현상은 아니다. 그래서 농업법인은 꼭 농지 투자의 효율 측면에서만 바라볼 일은 아니다.

정부가 대규모 과학 영농이나 기업형 영농을 위해 마련한 농업법인의 원래 취지를 잘 살려 세계적으로도 경쟁력을 갖춘 농업법인이 우리나라에도 등장하기를 기대해본다.

영농조합법인과 농업회사법인의 비교

구분	영농조합법인	농업회사법인
형태	조합	주식회사
목적	조합원 이익 극대화	주주 이익 극대화
설립 요건	농업인 5인 이상 조합원	농업인 1인 이상 이사 참여
책임	조합원 책임	유한 책임
회계 감사	내부 감사	공인회계사 감사
준용 법률	민법	상법
의결권	1인 1의결권	출자 지분별 의결권
농업인 참여	농업인 5인 이상	농업인 1인 이상
비농업인 참여	의결권 없는 준조합원	출자액의 90%까지 가능

제도 도입 배경 및 필요성

가. 제도 발족

1989년 '농어촌발전종합대책'에서 영농조합법인 및 위탁영농회사의 육성 방침을 정하고, 1990년 4월 '농어촌발전특별조치법'을 제정, 동년 11월에 시행령을 공포함으로써 농업법인경영의 제도적 기반이 마련됨

* '농어촌발전특별조치법'은 '09.5.27자로 폐지(농업·농촌 및 식품산업 기본법 참조)

나. 농업법인 육성 필요성

규모화된 경영체 육성을 통한 농업의 경쟁력 제고

- 규모화에 의한 생산비 절감과 소규모로는 실현 불가능한 자본·기술집약형 농업의 실현

복합산업으로서의 기반을 구축해 농산물의 부가가치 제고

- 농산물의 생산에서 가공·유통·판매 등으로 사업 영역을 확대해 농기업적 자력 성장 유도

- 참여 농가의 농업노동력 분화를 통한 농외소득 증대 기회 부여

지역 농업의 안정적 유지를 위한 지속성 있는 경영체 유지 존속

- 조합원 중심 조직 경영체를 통한 신규 사원 영입으로 경영의 지속성 유지

※ 가족농은 후계자 단절 시 지속적 농업 경영 곤란

현행 농업법인제도의 특징

가. 근거 법령

현행 농업법인제도의 근거법령은 「농어업·농어촌 및 식품산업 기본법」으로서 영농조합법인(제28조)과 회사법인(제조)으로 구분해 법인의 설립 목적, 설립자 또는 조합원의 자격, 사업 범위, 설립·등기·해산 등에 관한 사항을 규정하고 있음

나. 법인 성격

농업농촌기본법에서 영농조합법인은 '협업적 농업 경영체'로, 농업회사법인은 '기업적 경영체'로 규정하고 있으며, 영농조합법인은 민법상 조합에 관한 규정을, 농업회사법인은 상법상 회사에 관한 규정을 준용하도록 하고 있음

다. 설립 주체

기본적으로 농업인을 주축으로 설립할 수 있으며, 구체적 요건은 다음과 같음

- 발기인 : 영농조합법인은 농업인 5인 이상, 회사법인은 상법상의 발기인 규정에 의함(합명·합자회사 2인 이상, 유한회사 2~50인, 주식회사 1인 이상)
- 비농업인 출자 : 영농조합법인은 의결권이 없는 준조합원의 자격으로 출자가 가능하며 출자 한도는 없음. 농업회사법인은 비농업인의 출자를 허용하되 총출자액의 3/4을 초과할 수 없음

라. 사업 범위

- 영농조합법인 : 농업 경영 및 부대사업, 공동 이용 시설의 설치 또는 운영, 농산물의 공동 출하·가공·수출, 농작업 대행, 기타 등
- 농업회사법인 : 농업 경영, 농산물의 유통·가공·판매, 농작업 대행 이외에 부대사업으로 영농 자재 생산·공급, 종묘생산 및 종균배양사업, 농산물의 매취·비축사업, 농기계 장비의 임대·수리·보관, 소규모 관개시설의 수탁관리사업 등

- ※ 농지 소유 : 영농조합법인과 농업회사법인 모두 농지 소유 가능. 단, 농업회사법인은 대표자가 농업인이고 업무 집행사원의 1/2 이상이 농업인이어야 함(농지법 제2조 3호)

마. 의결권

영농조합법인은 1인 1표, 농업회사법인은 출자 지분에 의함

- 영농조합법인은 기본 성격이 민법상의 조합이기 때문에 조합원은 출자액에 따라 의결권의 수에 차이가 없이 모두 1인 1표씩 동일
- 농업회사법인은 회사 형태이기 때문에 출자 지분에 의해 의결권이 달라지며, 비농업 인도 출자 지분에 따른 의결권을 인정

농업법인의 설립 절차

정관의 작성

가. 정관의 정의

정관은 농업법인의 조직, 사업, 관리, 운영 등 법인에 관한 기본적인 사항을 정하는 자치규범으로서 법인 설립 시 발기인 공동으로 작성해야 한다.

나. 정관 기재사항

정관은 법인의 운영에 있어 기준이 되므로 개별 법인의 사업, 규모, 운영방식에 따라 적절히 규정하되 다음 사항은 반드시 정관으로 정해야 한다(농업·농촌 기본법 시행령 제14조).

① 명칭(법인의 명칭은 ○○영농조합법인, 농업회사법인 ○○합자·합명·유한·주식회사라는 명칭을 사용)

② 목적

③ 사업

④ 사무소의 소재지

⑤ 조합원(준조합원 포함) 등의 자격에 관한 사항

⑥ 조합원 등의 가입·탈퇴 및 제명에 관한 사항

⑦ 조합원 등의 탈퇴 및 제명 시 지분의 계산에 관한 사항

⑧ 출자액의 납입방법·산정방법과 조합원 등의 1인이 출자할 수 있는 출자액의 최고한도에 관한 사항

⑨ 이익금 및 손실금의 처리에 관한 사항

⑩ 적립금의 비율과 그 적립방법에 관한 사항

⑪ 회계연도와 회계에 관한 사항

⑫ 총회 기타 의결기관과 임원의 정수·선출 및 해임에 관한 사항

⑬ 해산 사유를 정한 때는 그 사유에 관한 사항

다. 기타 설립에 필요한 행위

정관을 작성하고 다음과 같이 「기타 설립에 필요한 행위」를 해야 한다.

- 조합원 결성 : 정관과 설립 취지에 찬성하고 법인에의 가입을 원하는 농업인, 농산물의 생산자단체 및 비농업인을 대상으로 조합원 모집
- 명부의 작성 : 설립 시 조합원의 명부 작성

- 출자 1좌당 금액과 총출자 좌수의 결정
- 설립 당해 연도의 사업계획 수립
- 설립에 필요한 자산의 취득 등

창립총회

가. 창립총회의 구성

발기인 및 창립 당시의 조합원 등

나. 창립총회에서 의결할 사항

① 정관의 승인

② 정관에서 정한 임원의 선임(이사회의 구성/임원은 조합원 중에서 선임한다)

③ 출자 납입에 관한 사항

④ 설립 당해 연도 사업계획의 승인 등

다. 창립총회의사록 작성

- 창립총회의 의결은 법인 설립의 기본이 되는 중요사항이므로 회의경과를 명확히 하기 위해 '창립총회의사록'을 반드시 작성하고 참석자들이 기명 날인해 보관해야 한다.
- 창립총회의사록은 공증인의 인증을 받아 설립등기 시 첨부(공증인법 제 66조의 2)

출자

가. 출자의 유형 및 범위

법인에의 출자는 농지·현금·기타 현물로 출자할 수 있으며, 농업회사법인은 비농업인의 출자액이 총출자액의 3/4을 초과할 수 없다.

나. 출자의 불입 및 출자증서의 발행

- 조합원은 출자의 목적인 재산을 양도하고 등기, 등록 기타 권리의 설정이나 이전에 필요한 경우에는 이에 관한 서류를 완비해 교부해야 한다.
- 출자를 불입한 조합원 등에게 대표이사 명의로 출자증서를 발급하고 출자증서에 출자좌수, 출자액, 출자재산의 표시(토지의 경우 지번, 지목, 면적을 기재)등을 기재
- 현물출자의 경우 출자액 산정방법, 출자 최고한도, 출자액의 납입방법 등

을 정관으로 반드시 작성해야 한다.

설립등기

가. 등기 시 필수 기재사항

　① 명칭

　② 목적

　③ 사업

　④ 사무소의 소재지

　⑤ 출자액의 납입방법, 출자액의 산정방법 및 조합원 1인이 출자할 수 있는 출자액의 최고한도에 관한 사항

　⑥ 해산 사유를 정한 때는 그 사유에 관한 사항

　⑦ 법인을 대표하는 자의 성명과 주소

　⑧ 공동으로 법인을 대표(공동대표) 할 것을 정한 때는 그 규정

　※ 기타 등기 시 기재사항은 상법상 관련 규정을 준용함

나. 등기 신청 시 첨부 서류(농업농촌기본법시행령 제8조 제2항)

　① 창립총회의사록

　② 정관

　③ 출자자산의 내역을 기재한 서류

　④ 법인의 대표자임을 증명하는 서류

　⑤ 시장, 군수가 농업인임을 확인하는 서류(향후 시행령 개정 시 반영 예정, 등기소 확인 협조)

농업법인의 세제 지원 내용

가. 소득에 대한 감면

구 분	영농조합법인	농업회사법인
농업소득에 대한 법인세 면제	◇ 농업소득에 대해 전액 면제 ◇ 기타 대통령령이 정한 소득에 대하여서는 조합원 1인당 연간 1천 2백만 원에 대해 법인세 면제(조세특례제한법 제66조)	◇ 농업소득에 대해 전액 면제 ◇ 기타 대통령령이 정한 소득에 대해서는 소득이 발생한 연도와 그다음 연도부터 3년간 법인세 50% 감면(조세특례제한법 제68조) 농업소득에 대해서는 최저한세가 적용되지 않으나 농업 외 소득에 대한 감면은 최저한세 적용
조세특례 제한법상 최저한세	각종 감면은 감면 전 과세표준의 15%(중소기업 10%)까지만 가능함 중소기업 10%, 일반기업 13%로 인하함. 다만, 과세표준 1천억 원 초과 금액은 기존과 같이 15% 적용(2005개시사업년도분 적용) (조세특례제한법 시행령 제2조가 개정되어 작물재배업도 중소기업 대상에 포함되어 작물재배업, 축산업, 종자 및 묘목 생산업이 조세특례제한법상 중소기업 대상 업종에 포함되게 되었음)	
농업소득세〈과세 대상〉 대통령령이 정한 작물재배로 인해 소득이 있는 자(법인, 개인 포함)	◇ 출자 조합원이 지분별로 배분받거나 배분받을 금액에 대해 납세의무 있음 〈지방세법 부칙〉(2005.1.5.) 제5조(농업소득세의 과세 중단) 제3장 제4절의 규정(제197조 또는 제214조)은 이 법 시행이 최초로 신고 기한이 도래하는 분부터 5년간 적용하지 아니한다. 따라서 2004년도 농업소득세분부터 5년간 농업소득세 납부 의무가 없음	◇ 농업회사법인이 납세의무가 있음. 따라서 과세표준 8백만 원 초과 시 주민세 포함 44% 세율 적용되어 세 부담이 과도함 다만, 현재 농업소득세가 과세 중단되어 2008년도 과세분까지는 농업소득세에 대한 부담이 없음

나. 양도소득세 및 배당소득에 대한 감면

구분	영농조합법인	농업회사법인
양도소득세 면제	◇ 법인에 농지 및 초지 현물출자 시 양도세 면제 단, 3년 내 출자 지분을 양도 시 세액을 추징함 (조세특례제한법 제66조 제4항) (주) 농지 및 초지에 한해 양도세가 면제되므로 임야, 대지 등을 현물출자할 경우에는 양도세가 과세됨. 다만 아래의 이월과세제도가 도입되어 양도세가 법인에서 현물출자한 부동산을 양도하는 시점까지 이월이 가능하게 됨	좌 동 (조세특례제한법 제68조 제2항)
양도소득세 이월과세	대통령령이 정하는 농업인이 2009년 12월 31일 이전에 농업·농촌기본법 제3조 제1호의 규정에 의한 농작물생산업, 축산업 및 임업에 직접 사용되는 부동산(농지, 초지는 제외)을 현물출자 하는 경우 이월과세를 적용받을 수 있다(조세특례제한법 제66조 제7항).	좌 동 (조세특례제한법 제68조 제3항)
배당소득세 면제	◇ 농업소득에 대한 배당금액에 대하여서는 전액 면제 ◇ 기타 농업 외 소득 　　연간 조합원당 1천 2백만 원 면제, 1천 2백만 원 초과하는 금액에 대하여서는 5% 저율분리과세되며 주민세가 부과되지 않음. (주) 분리과세는 종합소득세에 합산하지 않고 원천징수로 세무 의무가 종결되는 제도임	◇ 좌 동 ◇ 기타 농업 외 소득 14% 분리과세(주민세 포함 15.4% 원천징수)

다. 부가가치세 면세

구분	영농조합법인	농업회사법인
부가가치세 면제 (조특법 제106조 제1항 제3호)	◇ 농업 경영 및 농작업대행요역에 대한 부가가치세 면제 (주) 농작업대행, 선별, 포장용역은 면제되나 운반, 저온저장 수수료는 부가가치세가 과세됨	좌 동
부가가치세 사후 환급 (조세특례제한법 제105조의 2)	◇ 농업에 사용하기 위해 일반과세사업자로부터 구입하는 기자재에 대한 부가가치세 환급 ○ 대상 품목 1. 농업용 필름(비닐하우스용, 보온못자리용, 밭작물 피복용에 한한다) 2. 농업용 파이프(작물 재배용 및 축산업용 비닐하우스와 과수 재배용에 한한다) 3. 농업용 포장 상자(종이 재질의 농·축산물 포장용에 한한다) 4. 농업용 폴리프로필렌 포대(곡물 포장용에 한한다) 5. 과일 봉지(과일의 병충해 방지 및 상품성 향상을 위해 열매에 씌우는 봉지에 한한다) 6. 인삼 재배용 지주목·차광망·차광지와 은박지 7. 연초 건조용 차광망 8. 농업용 부직포(작물 재배용 및 축산업용에 한한다) 9. 농업용 배지(양액·버섯 재배용에 한한다) 10. 축산업용 톱밥(친환경농업육성법 시행규칙 별표1의 규정에 따른 사용 기준을 충족하는 것에 한한다)(2006. 2. 9. 신설) 11. 이양기용 멀칭 종이(논 농사 피복용에 한한다)(2006. 2. 9. 신설) 12. 동력파종기(2006. 2. 9. 신설)	좌 동

구분	영농조합법인	농업회사법인
부가가치세 사후 환급 (조세특례제한법 제105조의 2)	13. 농업용양수기(2006. 2. 9. 신설) 14. 볍씨발아기(2006. 2. 9. 신설) 15. 동력배토기 16. 동력예취기(2006. 2. 9. 신설) 17. 가축급여 조사료 생산용 필름 　　(2007. 2. 28. 신설) 18. 화훼용 종자류(2007. 2. 28. 신설) (주) 부가가치세 사후 환급은 농업법인이 직접 작물 재배 및 축산업을 영위하는 경우에 적용됨. 따라서 공동 구매, 도·소매업의 경우에는 환급은 농업인이 직접 받아야 함	좌 동
부가가치세 영세율 적용 (조특법 제105조 제1항 제5호)	◇ 비료관리법에 의한 비료, 농약관리법에 의한 농약, 농업용기계, 축산업용기자재, 사료법에 의한 사료, 임업용기자재 〈신설〉 친환경농업육성법에 의한 친환경농산물 생산을 위한 자재로서 대통령이 정한 것에 대해 영세율 적용 〈키토산, 목초액, 천적 등〉	좌 동

라. 지방세법에 의한 감면 및 면제

구분	영농조합법인	농업회사법인
취득세, 등록세, 재산세, 종합토지세 경감	◇ 영농, 유통, 가공에 직접 사용하기 위해 취득하는 부동산에 대해 50% 경감하고 당해 용도에 직접 사용하는 부동산에 대해 재산세 50%를 경감 단, 취득일로부터 1년 이내에 정당한 사유 없이 그 용도에 직접 사용하지 아니하는 경우 또는 그 사용일로부터 2년 이상 그 용도에 직접 사용하지 않고 매각하거나 다른 용도에 사용하는 경우 그 해당 부분에 대하여는 경감된 취득세와 등록세의 추징(지방세법 제266조 제7항) (주) 지방세법 제266조 제7항에 의한 취득세 및 등록세의 감면 및 면제의 경우에는 농어촌 특별세(감면액의 20%)가 비과세됨	좌 동
취득세, 등록세 면제 (266조 제7항)	◇ 농업법인이 창업 후 2년 내 취득하는 농업용 부동산에 대해 전액 면제 * 2005년 1월 1일 이후 창업 취득하는 농업용 부동산에 대해 적용됨	◇ 좌 동 ◇ (주)가공, 유통에 직접 사용하는 부동산의 경우에는 50%만 적용.
설립등록세 면제 (지방세법 제266조 제7항)	◇ 법인의 설립등기 시 자본금에 대한 등록세 면제 (주)유상증자 시에는 면제되지 않음	좌 동

구분	영농조합법인	농업회사법인
담보물 등기에 대한 등록세 면제 (지방세법 제264조 제1항)	◇ 농업협동조합, 산림조합, 신용협동조합, 마을금고가 농업인에게 융자할 때 받는 담보물에 관한 등기에 대해 등록세 면제. 다만, 중앙회 및 연합회의 경우에는 영농자금, 축산자금 또는 산림개발자금을 융자하는 경우에 한한다.	좌 동
사업소세 면제	◇ 사업소세가 면제에서 과세로 2001년부터 전환됨. 다만, 농업, 임업, 축산업 및 수산업에 대해 사업소세를 면제함 (지방세법 제267조 제2항) 따라서 유리하우스의 경우에는 사업소세 면제가 계속 유효함	좌 동

※ 세법은 항상 변화가 있으므로, 책 내용과 다른 점이 있음을 항상 확인해야 한다.

농업회사법인 주식회사 정관(예)

농림부 고시 제2004-47호

농업·농촌 기본법 제22조의 규정에 의거 설립된 농업회사법인 주식회사 정관 (예/농림수산부 고시 제1995-71호, 1995. 8. 4.)을 다음과 같이 개정해 고시합니다.

2004년 7월 12일

농림부 장관

농업회사법인 주식회사 정관(예)

제1장 총칙

제1조(상호) 본 회사는 농업·농촌 기본법에 의해 설립된 회사로서 그 명칭은 농업회사법인 ○○주식회사라 칭한다.

제2조(목적) 본 회사는 기업적 농업 경영을 통해 생산성을 향상시키거나, 생산된 농산물을 유통·가공·판매함으로써 농업의 부가가치를 높이고 노동력 부족 등으로 농업 경영이 곤란한 농업인의 농작업의 전부 또는 일부를 대행해 영농의 편의를 도모함을 목적으로 한다.

제3조(주주의 자격) 본 회사의 주주는 농업인, 농산물의 생산자단체로 하되 제10조에서 정한 출자 한도 내에서 출자한 비농업인도 주주가 될 수 있다.

제4조(사업) ① 본 회사는 생산성 향상을 위한 기업적 농업 경영과 ○○사업을 주 사업으로 한다.

② 본 회사는 다음 각 호의 사업을 부대사업으로 한다.

1. 농산물의 유통·가공·판매
2. 농작업의 전부 또는 일부 대행
3. 영농에 필요한 자재의 생산·공급
4. 영농에 필요한 종묘생산 및 종균배양사업
5. 농산물의 매취·비축사업
6. 농업기계 기타 장비의 임대·수리·보관사업
7. 소규모 관개시설의 수탁·관리사업

제5조(본점의 소재지 및 지점의 설치)

① 본 회사의 본점은 ○○시·도 ○○시·군에 둔다.
② 본 회사는 필요한 경우에 주주총회의 결의로 지점, 영업소, 출장소를 둘 수 있다.

제6조(공고 방법) 본 회사의 공고사항은 ○○시·도에서 발간되는 ○○신문에 게재한다.

제7조(존립 기간) 본 회사의 존립 기간은 회사 성립일로부터 만 ○○년으로 한다.

　〔유례〕 본 회사는 ○○특허권의 기간이 만료할 때까지 존속한다.

제2장 주식과 주권

제8조(회사가 발행할 주식의 총수 및 각종 주식의 내용과 수) 본 회사가 발행할 주식의 총수는 ○○만 주로서 보통주식으로 한다.

　〔유례〕 본 회사가 발행할 주식의 총수는 10만 주로서 그중 보통주식은 6만 주, 우선주식은 2만 주, 후배주식은 2만 주로 한다.

　제○조(우선주식의 내용) 우선주식의 이익배당률은 연 1할로서 당해 결산기의 이익배당률이 그에 미달할 때는 다음 결산기에 그를 우선해 배당받는다.

　제○조(후배주식의 내용) 후배주식은 보통주식에 대해 연○푼의 이액배당을 하고 잉여가 있는 경우에 한해 이익배당을 받을 수 있다.

　제○조(의결권 없는 주식) 우선주식의 주주는 의결권이 없는 것으로 한다.

　제○조(상환주식) 상환주식은 주식발행 후 ○년 이내에 주주에게 배당할 이익으로서 상환할 수 있다. 이때 상환가액은 1주당 금○○원으로 한다.

제9조(1주의 금액) 본 회사가 발행하는 주식 1주의 금액은 금 ○○만 원으로 한다.

제10조(비농업인의 출자한도) 농업인, 농산물의 생산자단체가 아닌 자가 출자하는 출자액의 합계는 본 회사의 총출자액의 ¾을 초과할 수 없다.

제11조(회사설립시 발행하는 주식의 총수) 본 회사가 회사설립 시에 발행하는 주식의 총수는 ○만주로 한다.

제12조(주권) 본 회사의 주식은 기명주식으로서 주권은 1주권, 10주권, 100주

권 3종으로 한다.

제13조(주권의 명의개서) 주식의 양도로 인해 명의개서를 청구할 때는 본 회사 소정의 청구서에 주권을 첨부해 제출해야 한다. 상속, 유증 기타 계약 이외의 사유로 인해 명의개서를 청구할 때는 본 회사 소정의 청구서에 주권 및 취득원인을 증명하는 서류를 첨부해 제출해야 한다.

[유례] 명의개서대리인을 두기로 한 때

제○조 본 회사는 주주명부의 기재에 관한 사무를 처리하기 위해 명의개서 대리인을 둔다. 명의개서대리인은 이사회의 결의에 의해 선정한다.

제14조(주식의 양도제한)

① 본 회사의 주식은 이사회의 승인이 없으면 양도할 수 없다.

② 전항과 관련 비농업인인 주주에게 양도하여 비농업인의 총출자액이 제10조에서 규정한 제한을 초과하는 경우에는 그 양도는 효력이 없다.

③ 상속 또는 유증에 의해 비농업인의 총출자액이 제10조에서 규정한 한도를 초과하는 경우에는 그 초과지분을 지체 없이 농업인에게 양도해야 한다.

제15조(주권의 재발행) 주권의 재발행을 청구할 때는 본 회사 소정의 청구서에 다음 서류를 첨부해 제출해야 한다.

1. 주권을 상실한 때는 확정된 제권판결정본

2. 주권을 훼손한 때는 그 주권, 다만 훼손으로 인해 그 진위를 판별할 수 없는 때는 전호에 준한다.

제16조(주주의 주소신고 등) 주주나 등록질권자 및 그 법정대리인은 성명주소 및 인감을 신고해야 한다. 그 변경이 있는 때에도 역시 같다.

제17조(주주명부의 폐쇄) 본 회사는 매 결산기 종료일 익일부터 그 결산에 관한 정기 주주총회 종료일까지 주주명부기재의 변경을 정지한다.

제3장 주주총회

제18조(정기총회와 임시총회) 정기주주총회는 매 결산기 종료 후 1월 내에 이를 소집하고 임시주주총회는 필요한 경우에 수시로 이를 소집할 수 있다.

제19조(의장) 주주총회의 의장은 대표이사가 된다. 대표이사가 유고인 때는 이사회에서 정한 순서에 따라 다른 이사가, 다른 이사 전원이 유고인 때는 출석한 주주 중에서 선임된 자가 그 직무를 대행한다.

제20조(결의사항) 주주총회는 법령에서 정한 사항 이외에 다음 사항을 결의한다.

    1. 신주발행사항의 결정

    2. 주식의 분할

    3. 영업의 전부 또는 일부의 양도

제21조(결의) 주주총회의 결의는 법령에 별도의 규정이 있는 경우를 제외하고는 발행주식총수의 과반수에 해당하는 주식을 가진 주주의 출석과 그 의결권을 과반수로 한다.

제22조(의결권의 대리행사) 주주는 본 회사의 주주 중에서 정한 대리인으로 하여금 대리행사하게 할 수 있다. 이 경우에는 총회개회 전에 그 대리권을 증명하는 서면을 제출해야 한다.

제4장 이사와 감사

제23조(이사와 감사의 수) 본 회사의 이사는 3인 이상 5인 이내, 감사는 1인 이상 3인 이내로 한다.

제24조(선임) 이사와 감사는 주주총회에서 선임하되 이사의 과반수는 농업인으로 한다.

제25조(업무집행과 회사대표) 본 회사의 업무집행과 회사대표는 이사회의 결의로 이사 중에서 선임한 대표이사가 행한다. 대표이사는 농업인 1인으로 한다(註12).

제26조(임기) 이사와 대표이사의 임기는 2년, 감사의 임기는 1년으로 한다. 다만 재임 중 최종결산기에 관한 정기주주총회 이전에 그 임기가 만료될 때는 그 총회 종결 시까지 그 임기를 연장할 수 있다.

제27조(보선) 이사와 감사에 결원이 생긴 경우에는 임시주주총회에서 그를 보선한다. 다만 그 법 정원수를 결하지 아니하는 때는 그러하지 아니할 수 있다. 보선된 이사나 감사의 임기는 전임자의 잔여기간으로 한다.

제28조(보수) 이사와 감사의 보수는 주주총회에서 이를 정한다.

제5장 이사회

제29조(이사회) 본 회사의 이사회는 정기이사회와 임시이사회로 한다. 정기이사회는 매월 최초의 월요일에, 임시이사회는 필요에 따라 수시로 이를 소집한다.

제30조(지배인의 임면) 이사회의 결의로 회사의 영업전반에 걸쳐 포괄적인 대리권을 갖고 보조하기 위한 지배인(혹은 지점장, 영업부장)을 둘 수 있다.

제31조(소집권자와 의장) 이사회는 대표이사가 소집하고 그 의장이 된다. 다만 대표이사의 유고중에는 제19조의 순서에 따라 다른 이사가 의장의 직무를 대행한다.

제32조(결의) 이사회의 결의는 이사 전원의 과반수로 하고, 가·부동수인 때는 의장이 결정한다.

제33조(고문) 본 회사는 이사회의 결의로 고문 약간명을 둘 수 있다.

제6장 계 산

제34조(영업년도) 본 회사의 영업연도는 매년 ○월○일부터 ○월○일까지로 하여 결산한다.

제35조(이익배당) 이익배당금은 매 결산기 말일 현재의 주주명부에 기재된 주주 또는 등록질권자에게 이를 지급한다.

위 배당금은 지급개시일로부터 3년 이내에 지급청구를 하지 아니한 때는 그 청구권을 포기한 것으로 간주하고 이를 본 회사에 귀속시킨다.

제7장 해 산

제36조(해산사유) 본 회사는 다음 사유로 인해 해산한다.

1. 제7조에서 정한 존립기간의 만료
2. 합병
3. 파산
4. 법원의 명령 또는 판결
5. 주주총회의 결의

제37조(해산의 결의) 해산의 결의는 발행주식 총수의 과반수에 해당하는 주식을 가진 주주의 출석으로 그 의결권의 3분의 2이상의 다수로써 해야 한다.

제38조(회사계속) 회사가 존립기간의 만료, 주주총회의 결의에 의해 해산한 경우에는 제37조의 규정에 의한 결의로 회사를 계속할 수 있다.

제39조(해산의 통지) 회사가 해산한 때는 파산의 경우외에는 대표이사는 지체없이 주주에 대해 그 통지를 한다.

제40조(합법계약서와 그 승인의결) 회사가 합병을 함에는 합병계약서를 작성하여 주주총회의 승인을 얻어야 한다.

제8장 청　산

제41조(청산방법) 본 회사가 해산한 경우, 회사재산의 처분은 주주총회의 동의로써 정한 방법에 의한다.

제42조(청산인의 임면) 청산인의 선임 및 해임은 주주총회의 결의에 의한다.

제43조(잔여재산의 분배) 잔여재산은 각 주주가 가진 주식의 수에 따라 주주에게 분배한다.

제9장 부　칙

[유례] 현물출자가 있는 경우

제〇조(현물출자) 본 회사의 설립당시 현물출자를 하는 자의 성명, 출자목적인 재산, 그 가격과 이에 대해 부여하는 주식의 종류와 수는 다음과 같다.

1. 출자자

발기인　〇〇〇(　　　　) 주민등록번호 :　　　　　　　　-

2. 출자재산

〇〇시도　〇〇시군　〇〇읍면　〇〇리동　〇〇번지

대 〇〇㎡

위 지상 철근 콘크리트 3층 사무소

1층 〇〇㎡

2층 〇〇㎡

3층 〇〇㎡

3. 출자재산의 평가액 : 금〇〇〇원

4. 이에 부여하는 주식의 종류와 수 : 보통주식 〇〇주

※ 위 성명 다음의 (　) 내는 농업인인 경우 '농업인', 생산자단체인 경우 생산자단체명, '비농업인'인 경우 '비농업인'을 기재하고, 주민등록번호 란에는 사업자인 경우 사업자등록번호를 기재

제44조(적용범위) 본 정관에 규정되지 않은 사항은 농업·농촌기본법과 상법 및 기타 법령에 정한 규정에 따른다.

제45조(세부내규) 본 회사는 필요에 따라 주주총회의 결의로써 업무추진 및 경영상 필요한 회사 세부내규를 정할 수 있다.

제46조(최초의 영업년도) 본 회사의 제1기 영업년도는 본 회사 설립일로부터 서기 년월일까지로 한다.

제47조(최초의 이사 및 감사의 임기) 본 회사의 최초 이사와 감사의 임기는 그 취임 후 최초의 정기주주총회의 종료일까지로 한다.

제48조(발기인의 성명과 주소) 본 회사 발기인의 성명과 주소는 이 정관 말미의 기재와 같다.

 위 농업회사법인 ○○주식회사를 설립하기 위해 본 정관을 작성하고 사원 전원이 이에 기명날인한다(註14).

서기   년 월 일

발기인 ○ ○ ○ ㉰

시도 시군 읍면 리동 번지

발기인 ○ ○ ○ ㉰

시도 시군 읍면 리동 번지

발기인 ○ ○ ○ ㉰

시도 시군 읍면 리동 번지

(발기인 전원 연기명 날인한다)(註15)

농업 경영에 이용하지 않는 농지의 처분

농지 투자를 할 때 강제처분 제도가 있다는 점을 유념해야 한다.

농지를 취득한 뒤 원래 목적대로 농업 경영 등에 이용하지 않으면 강제처분 명령을 받을 수 있다. 농지 소유에 대한 규제를 완화해주는 대신 주말 체험 영농이나 농업경영계획서에서 밝힌 취득 목적대로 사용하게 하고, 그렇지 않으면 처분하겠다는 것이 정부의 방침이다. 농지법의 목적대로 투기적인 요소를 차단하겠다는 것이다.

농지가 있는 관할 읍·면·동사무소는 매년 9~11월 사이에 농지이용실태조사를 벌인다. 이때 농사를 짓지 않는 유휴 농지를 적발해내 소유자에게 처분의무 통지를 보낸다. 이 처분을 받고 나서 농지를 처분하지 않으면 공시지가의 20%에 해당하는 이행강제금을 물린다. 이행강제금은 1996년부터 시행된 농지법에 따라 1년 이상 농지를 처분하지 않으면 과태료 형식으로 부과해 오다 2006년 3월부터 매년 부과하는 지금의 제도로 전환해 시행하고 있다.

농지의 강제처분에 해당하는 사유는 농지법 제10조에 자세하게 나와 있다. 그 사유는 다음과 같다.

▶ 자연재해, 농지개량, 질병 등의 정당한 사유 없이 농업 경영에 이용하지 않은 경우

▶ 농지를 소유하고 있는 농업회사법인이 설립 요건에 맞지 않게 되고 나서 3개월이 지난 경우

▶ 농지를 취득한 자가 해당 목적사업에 이용하지 않게 되었다고 시장 군수 또는 구청장이 인정한 경우

▶ 주말 체험 영농의 목적으로 농지를 취득한 자가 그 목적대로 이용하지 않은 경우

▶ 농지 전용 허가를 받아 농지를 취득한 자가 2년 안에 목적사업에 착수하지 않는 경우

▶ 농지 소유 상한을 초과해 소유한 것이 판명된 경우

▶ 거짓이나 부정한 방법으로 농지취득자격증명원을 발급받아 농지를 소유한 경우

해당 관청은 농지 처분의무를 결정하기 전에 농지소유자가 농사를 짓지 않은 합리적인 사유가 있는지를 소명할 수 있는 청문 기회를 제공한다.

또한, 처분의무 통지서를 받고 나서도 농지소유자는 이의를 제기할 수 있다. 이때 시장 군수 또는 구청장은 농사를 짓지 않은 합리적인 사유가 있었다고 판단하게 되면 처분명령을 유예할 수

있다. 명령을 유예받을 수 있는 휴경 사유에 대해선 농림식품축산부의 '농업 경영에 이용하지 않는 농지 등의 처분 관련 업무처리 요령'에 자세히 나와 있다.

휴경 사유에는 자연재해나 농지개량과 같은 환경적인 이유는 물론, 농지소유자가 입대하거나 질병에 걸리는 개인적 이유도 해당한다. 교도소 수감, 공직 취임, 국외 여행 등도 정당한 사유에 해당하므로 처분명령을 유예받을 수 있다.

농지법에서도 처분명령을 유예할 수 있는 조항을 마련해두고 있다. 먼저 처분명령을 받고 나서 대상 농지를 처분하지 못하고 그 대신 3년 동안 농사를 짓거나 농업 경영에 이용할 경우 처분명령을 유예받을 수 있다. 또한, 명령을 받고 나서 한국농어촌공사와 해당 농지의 매도위탁계약을 체결한 때도 처분명령을 유예하도록 하고 있다.

처분명령을 받고 나서 일반 매매로 처분이 어려우면 매수청구를 활용할 수도 있다. 처분명령을 받은 농지소유자는 한국농어촌공사에 농지의 매수를 청구할 수 있으며, 한국농어촌공사는 공시지가를 기준으로 농지를 매수해준다. 공시지가가 실제 거래가보다 낮으면 실거래가로 매수한다.

공시송달 공고

2009년 농지이용실태조사 결과 자기의 농업 경영에 이용하지 않은 농지에 대해 농지법 제10조의 규정에 의거 농지의 처분의무통지 결정에 앞서 당사자의 의견을 듣기 위해 청문 통지했으나 수취인불명·주소불명 등의 사유로 등기우편 전달이 불가해「행정절차법」제14조 제4항의 규정에 의거 다음과 같이 공시송달 공고합니다.

1. 공고기간 : 2010. 3. 18 ~ 2010. 4. 1. (15일간)

2. 공고내용 : 처분대상농지 청문통지서 송달 불능에 따른 공시송달 공고

3. 처분대상농지 및 청문대상자 현황 : 붙임 참조

4. 청문 및 의견제출

　가. 청문 및 의견제출 : 2010. 3. 18 ~ 2010. 4. 1.

　나. 장　소 : 파주시청 산림농지과 농지관리담당(2층)

　　　　(전화 031-940-4511, 팩스 031-940-4629)

　다. 대 상 : 본인 또는 대리인(대리인의 경우 위임장 지참)

　라. 의견진술방법 : 서면 또는 구술

5. 기타사항

　가. 위 공고기간 내(2010. 4. 1까지)에 청문에 응하거나, 의견제출서를 작성·제출해주시기 바랍니다.

　나. 만약 기한 내 청문에 응하지 아니하거나 의견제출서를 제출하지 않을 경우 처분대상농지 결정에 이의가 없는 것으로 간주하고 농지법 제10조 제1항의 규정에 의거 처분의무를 통지합니다.

　다. 기타문의사항이 있으시면 파주시 산림농지과 농지관리담당(031-940-4511)으로 문의해주시기 바랍니다.

2010. 3. 18.

파 주 시 장

PART 3

나도 농지의 주인이
될 수 있다

Chapter 01

농지의 소유

　농지는 원칙적으로 농사를 짓는 사람이 아니면 소유할 수 없다. 하지만 농지법 제6조에 따르면 본인의 농업 경영에 이용하지 않더라도 다음의 경우, 농지 소유를 허용하고 있다.

▶ 국가나 지방자치단체가 농지를 소유하는 경우

▶ 학교, 공공단체, 농업연구기관, 농입생산자단체 또는 종묘나 그 밖의 농업기자재 생산자가 그 목적사업을 수행하는 데 필요한 시험지·연구지·실습지·종묘생산지 또는 과수 인공수분용 꽃가루 생산지로 쓰기 위해 농지를 취득해 소유하는 경우

▶ 주말 체험 영농을 목적으로 농지를 소유하는 경우

▶ 상속으로 농지를 취득해 소유하는 경우

▶ 농업 경영을 하던 자가 이농한 후에도 이농 당시 소유하고 있던 농지를 계속 소유하는 경우

> ▶ 농업협동조합이나 수산업협동조합 또는 농촌진흥공사나 은행법에 의한 금융기관 등이 담보 농지를 취득해 소유하는 경우
>
> ▶ 농지전용허가를 받거나 농지전용신고를 한 자가 그 농지를 소유하는 경우
>
> ▶ 농지전용협의를 마친 농지를 소유하는 경우
>
> ▶ 농업진흥지역 밖의 농지 중 최상단부부터 최하단부까지 평균 경사율이 15% 이상인 농지(토지이용계획확인원에 '영농여건불리지역'으로 명시되어 있다)를 소유하는 경우

이렇게 예외적인 경우를 제외하고선 원칙적으로 농업 경영을 목적으로 하지 않는 한 우리나라에서 농지 소유는 엄격하게 제한된다.

그렇다면 우리나라에서 농지의 소유 상한은 어떻게 될까? 먼저 농업 경영을 목적으로 하는 농업인의 소유 상한은 사실상 사라졌다. 1949년에 제정된 농지개혁법에서는 농가의 농지 소유 한도를 3ha(3정보, 3만㎡)로 제한했다. 이는 소작이나 임대차 등 당시 농촌 문제를 해결하는 데 기여했으나, 1986년대 들어 우루과이라운드나 FTA, 세계화 및 농촌인구 감소 등으로 농업환경이 변하면서 소유 상한도 변화를 맞게 되었다.

정부는 1993년 농가의 농지소유 상한을 농업진흥지역에 한해 3ha에서 10ha로 늘렸다. 또한 농지관리위원회의 확인을 거쳐 관할 관청의 농지매매증명을 받는 경우 20ha까지 소유할 수 있게 되었으나, 2002년 농지법 제7조의 개정으로 인해 농지의 소유 제한은 없어졌다. 이에 반해 농업 경영을 목적으로 하지 않는 농지의 경우엔 소유 상한을 엄격하게 정해놓고 있다. 농지법

제7조에 따르면 상속으로 농지를 취득해 농업 경영을 하지 않을 경우나 8년 이상 자경을 한 이후 농사를 그만두면 1ha까지만 소유를 허용하고 있다.

　주말 체험 영농의 목적은 앞서 설명한 대로 세대원 소유 농지를 전부 합쳐 0.1ha를 상한으로 정해놓고 있다. 상한을 넘는 초과분은 앞서 설명한 대로 강제처분 명령을 받게 된다. 하지만 농지를 임대하거나 사용대차하는 경우에는 소유 상한을 초과할지라도 그동안 농지를 계속 소유할 수 있도록 허용하고 있다. 농지의 임대차나 사용대차는 뒤에서 설명할 예정이다.

농지의 위탁경영,
임대차, 사용대차

농지의 위탁경영은 경자유전의 헌법 이념에 따라 원칙적으로 금지되고 있으나, 다음의 경우(농지법 제9조)에는 허용하고 있다.

> ▶ 병역법에 따라 징집 또는 소집된 경우
> ▶ 3개월 이상 국외여행 중인 경우
> ▶ 농업법인이 청산 중인 경우
> ▶ 질병, 취학, 선거에 따른 공직취임 등으로 자경할 수 없는 경우
> ▶ 농지이용증진사업 시행계획에 따라 위탁경영하는 경우
> ▶ 농업인이 자기 노동력이 부족해 농작업의 일부를 위탁하는 경우

이러한 농지를 농지은행에 임대 수탁하는 방법도 있다.

농지은행은 한국농어촌공사가 국내 쌀시장 개방에 대비해 2005년부터 시행한 농지관리사업이다. 직접 농사를 짓기 어려

운 농지소유자로부터 임대 위탁을 받아 농사를 짓는 농가나 농업법인에 임대하는 방식이다. 농지은행에 임대수탁할 경우, 그 기간은 5년 이상이다.

농지의 임대차 또는 사용대차 또한 위탁경영처럼 원칙적으로 금지되고 있다.

하지만 경작인구의 감소 등 농촌 환경이 변함에 따라 불가피한 경우를 정해 임대차를 허용하고 있다. 농지의 임대차를 민법 제618조를 준용해 설명하면 농지를 소유하고 있는 임대인이 임차인에게 농지를 사용, 수익하게 할 것을 약정하고, 임차인이 이에 대해 차임(지료)을 지급할 것을 약정함으로써 성립하는 계약을 말한다.

농지 사용대차는 농지의 사용, 수익을 허용하는 약정이라는 점에서는 임대차와 같지만, 지료의 지급 없이 무료로 사용하도록 약정하는 것이 임대차와 다르다(민법 제609조 참조). 그렇다면 임대차와 사용대차는 어느 경우에 가능한가? 임대차와 사용대차가 가능한 사유는 다음과 같다.

▶ 농지소유 제한의 예외규정에 의해 취득한 농지를 임대차 또는 사용대 하는 경우
▶ 농지이용증진사업 시행계획에 따라 농지를 임대하거나 사용대 하는 경우
▶ 질병, 징집, 취학, 공직취임 등 사유로 농업 경영을 할 수 없는 사람의 농지를 임대하거나 사용대 하는 경우
▶ 60세 이상이 되어 더 이상 농업 경영에 종사할 수 없게 된 사람의 농지 중에서 자경 기간이 5년 이상 넘은 농지를 임대하거나 사용대 하는 경우
▶ 주말 체험 영농을 하려는 자에게 임대하거나 사용대 하는 경우

▶ 개인이 소유하고 있는 농지를 한국농어촌공사 등에 위탁해 임대하거나 사용대 하는 경우

▶ 상속으로 농지를 취득해 농업 경영을 하지 않는 자의 소유 상한을 초과한 농지와 8년 이상 자경한 후 이농한 자의 소유 상한을 초과하는 농지를 임대하거나 사용대 하는 경우

Chapter 03

농지임대차보호 제도

농지임대차는 주택임대차보호법과 같이 법률에 의해 보호를 받는다. 농지임대차는 1986년에 제정된 농지임대차관리법에 의해 그 기본 내용이 정해져 시행되어오다가 1994년 농지법이 제정되면서 대체되었다.

농지임대차는 2015년 농지법의 개정으로 주택임대차보호법처럼 제삼자에 대해 대항력을 갖게 함으로써 임차인의 권리 보호가 보다 강화되었다. 농지임대차 기간은 원칙적으로 3년 이상으로 정하고 있다. 계약서에 임대차 기간을 정하지 않거나 3년보다 짧은 경우에는 3년으로 약정한 것으로 간주한다. 다만 임대인에게 질병·징집·수감 등 불가피한 사유가 있는 경우에는 임대차 기간을 3년 미만으로 정할 수 있다.

주택임대차처럼 묵시적 계약 갱신도 허용되고 있으므로 주의해야 한다. 임대인은 농지임대차계약을 해지하려고 하면 계약 종료일 3개월 전까지 임차인에게 갱신 거절 의사를 통지해야 한다.

임대차계약의 조건을 변경하려 할 때도 마찬가지다. 그렇지 않으면 묵시적 갱신으로 간주해 임대차계약은 이전의 계약과 같은 조건으로 임대차계약이 체결된 것으로 본다.

농지임대차에서 주택임대차의 확정일자와 같은 효력을 갖추기 위해서는 서면으로 체결한 계약을 농지임대차계약 확인대장에 기록해두어야 한다. 확인대장은 농지소재지 읍·면·동사무소에서 관리한다. 이런 절차를 거쳐 농지를 임대하게 되면 농지가 경매로 넘어가거나 다른 사람에게 팔리더라도 남은 계약기간만큼 대항력이 인정된다.

농지를 매입하려는 사람은 농지임대차에 특히 주의를 기울여야 한다. 경매로 농지를 낙찰받고자 하는 사람도 마찬가지다. 이 제도가 2015년부터 시행되어 낙찰자 입장에서 이 제도로 인한 피해 사례는 아직 보고되지 않고 있으나, 조만간 농지 임차인의 대항력으로 인한 명도 분쟁 등이 생겨날 것으로 보인다.

농지를 경매받을 때 아파트나 주택의 경매처럼 대항력 있는 임차인의 유무와 임대차계약 내용을 해당 읍·면·동사무소에서 확인한 뒤 경매에 임해야 한다.

농지법

제23조 농지의 임대차 또는 사용대차

① 다음 각 호의 어느 하나에 해당하는 경우 외에는 농지를 임대하거나 사용대할 수 없다. 〈개정 2008.12.29., 2009.5.27., 2015.1.20., 2015.7.20.〉

1. 제6조 제2항 제1호·제4호부터 제9호까지·제9호의2 및 제10호의 규정에 해당하는 농지를 임대하거나 사용대 하는 경우

2. 제17조에 따른 농지이용증진사업 시행계획에 따라 농지를 임대하거나 사용대 하는 경우

3. 질병, 징집, 취학, 선거에 따른 공직취임, 그 밖에 대통령령으로 정하는 부득이한 사유로 인해 일시적으로 농업 경영에 종사하지 아니하게 된 자가 소유하고 있는 농지를 임대하거나 사용대 하는 경우

4. 60세 이상이 되어 더 이상 농업 경영에 종사하지 아니하게 된 자로서 대통령령으로 정하는 자가 소유하고 있는 농지 중에서 자기의 농업 경영에 이용한 기간이 5년이 넘은 농지를 임대하거나 사용대 하는 경우

5. 제6조 제1항에 따라 소유하고 있는 농지를 주말·체험영농을 하려는 자에게 임대하거나 사용대 하는 경우, 또는 주말·체험영농을 하려는 자에게 임대하는 것을 업(業)으로 하는 자에게 임대하거나 사용대 하는 경우

6. 제6조 제1항에 따라 개인이 소유하고 있는 농지를 한국농어촌공사나 그 밖에 대통령령으로 정하는 자에게 위탁해 임대하거나 사용대 하는 경우

7. 다음 각 목의 어느 하나에 해당하는 농지를 한국농어촌공사나 그 밖에 대통령령으로 정하는 자에게 위탁해 임대하거나 사용대 하는 경우

   가. 상속으로 농지를 취득한 자로서 농업 경영을 하지 아니하는 자가 제7조 제1항에서 규정한 소유 상한을 초과하여 소유하고 있는 농지

   나. 대통령령으로 정하는 기간 이상 농업 경영을 한 후 이농한 자가 제7조 제2항에서 규정한 소유 상한을 초과하여 소유하고 있는 농지

8. 자경 농지를 농림축산식품부 장관이 정하는 이모작을 위해 8개월 이내로 임대하거나 사용대하는 경우

② 제1항에도 불구하고 농지를 임차하거나 사용 대차한 임차인 또는 사용 대차인이 그 농지를 정당한 사유 없이 농업 경영에 사용하지 아니할 때는 시

장·군수·구청장이 농림축산식품부령으로 정하는 바에 따라 임대차 또는 사용대차의 종료를 명할 수 있다. 〈신설 2015.7.20.〉

제24조 임대차·사용대차계약 방법과 확인

① 임대차계약과 사용대차계약은 서면계약을 원칙으로 한다.

② 제1항에 따른 임대차계약은 그 등기가 없는 경우에도 임차인이 농지소재지를 관할하는 시·구·읍·면의 장의 확인을 받고, 해당 농지를 인도받은 경우에는 그다음 날부터 제삼자에 대해 효력이 생긴다.

③ 시·구·읍·면의 장은 농지임대차계약 확인대장을 갖추어두고, 임대차계약 증서를 소지한 임대인 또는 임차인의 확인 신청이 있는 때는 농림축산식품부령으로 정하는 바에 따라 임대차계약을 확인한 후 대장에 그 내용을 기록해야 한다. 〈개정 2013.3.23.〉 [전문개정 2012.1.17.]

제24조의2 임대차 기간

① 제23조 제1항 제8호를 제외한 임대차 기간은 3년 이상으로 해야 한다. 〈개정 2015.1.20., 2015.7.20.〉

② 임대차 기간을 정하지 아니하거나 3년보다 짧은 경우에는 3년으로 약정된 것으로 본다.

③ 제1항에도 불구하고 임대인은 질병, 징집 등 대통령령으로 정하는 불가피한 사유가 있는 경우에는 임대차 기간을 3년 미만으로 정할 수 있다. 이 경우 임차인은 3년 미만으로 정한 기간이 유효함을 주장할 수 있다.

④ 제1항부터 제3항까지의 규정은 임대차계약을 연장 또는 갱신하거나 재계약을 체결하는 경우 그 임대차 기간에 대해서도 동일하게 적용한다. [본조신설 2012.1.17.]

제24조의3 임대차계약에 관한 조정 등

① 임대차계약의 당사자는 임대차 기간, 임차료 등 임대차계약에 관해 서로 협의가 이루어지지 아니한 경우에는 농지소재지를 관할하는 시장·군수 또는 자치구 구청장에게 조정을 신청할 수 있다.

② 시장·군수 또는 자치구 구청장은 제1항에 따라 조정의 신청이 있으면 지체 없이 농지임대차조정위원회를 구성하여 조정절차를 개시해야 한다.

③ 제2항에 따른 농지임대차조정위원회에서 작성한 조정안을 임대차계약 당

사자가 수락한 때는 이를 해당 임대차의 당사자 간에 체결된 계약의 내용으로 본다.

④ 제2항에 따른 농지임대차조정위원회는 위원장 1명을 포함한 3명의 위원으로 구성하며, 위원장은 부시장·부군수 또는 자치구의 부구청장이 되고, 위원은 「농업·농촌 및 식품산업 기본법」 제15조에 따른 시·군·구 농업·농촌 및 식품산업정책심의회의 위원으로서 조정의 이해당사자와 관련이 없는 사람 중에서 시장·군수 또는 자치구 구청장이 위촉한다. 〈개정 2013.3.23, 2015.6.22.〉

⑤ 제2항에 따른 농지임대차조정위원회의 구성·운영 등에 필요한 사항은 대통령령으로 정한다. [본조신설 2012.1.17.]

제25조 묵시의 갱신

임대인이 임대차 기간이 끝나기 3개월 전까지 임차인에게 임대차계약을 갱신하지 아니한다는 뜻이나 임대차계약 조건을 변경한다는 뜻을 통지하지 아니하면 그 임대차 기간이 끝난 때에 이전의 임대차계약과 같은 조건으로 다시 임대차계약을 한 것으로 본다. 〈개정 2012.1.17.〉 [제목개정 2012.1.17.]

민법

제303조 전세권의 내용

① 전세권자는 전세금을 지급하고 타인의 부동산을 점유해 그 부동산의 용도에 좇아 사용·수익하며, 그 부동산 전부에 대해 후순위권리자 기타 채권자보다 전세금의 우선변제를 받을 권리가 있다. 〈개정 1984.4.10.〉

② 농경지는 전세권의 목적으로 하지 못한다.

소득세법

제153조 농지의 비과세

① 법 제89조제1항제2호에서 "대통령령으로 정하는 경우"란 다음 각 호의 어느 하나에 해당하는 농지(제4항 각 호의 어느 하나에 해당하는 농지는 제외한다)를 교환 또는 분합하는 경우로서 교환 또는 분합하는 쌍방 토지가액의 차액이 가액이 큰편의 4분의 1이하인 경우를 말한다. 〈개정 1995.12.30., 2000.12.29., 2005.2.19., 2005.12.31., 2006.4.28., 2009.6.26., 2010.2.18.〉

　1. 국가 또는 지방자치단체가 시행하는 사업으로 인해 교환 또는 분합하는 농지

　2. 국가 또는 지방자치단체가 소유하는 토지와 교환 또는 분합하는 농지

　3. 경작상 필요에 의해 교환하는 농지. 다만, 교환에 의해 새로이 취득하는 농지를 3년이상 농지소재지에 거주하면서 경작하는 경우에 한한다.

　4. 「농어촌정비법」·「농지법」·「한국농어촌공사 및 농지관리기금법」 또는 「농업협동조합법」에 의해 교환 또는 분합하는 농지

② 삭제 〈2005.12.31.〉

③ 제1항제3호 단서에서 "농지소재지"라 함은 다음 각 호의 어느 하나에 해당하는 지역(경작개시 당시에는 당해 지역에 해당하였으나 행정구역의 개편 등으로 이에 해당하지 아니하게 된 지역을 포함한다)을 말한다. 〈개정 1995.12.30., 2001.12.31., 2005.12.31., 2008.2.22., 2013.2.15., 2015.2.3., 2016.1.22.〉

　1. 농지가 소재하는 시(「제주특별자치도 설치 및 국제자유도시 조성을 위한 특별법」 제10조제2항에 따라 설치된 행정시를 포함한다. 이하 이 항에서 같다)·군·구(자치구인 구를 말한다. 이하 이 항에서 같다) 안의 지역

　2. 제1호의 지역과 연접한 시·군·구 안의 지역

　3. 농지로부터 직선거리 30킬로미터 이내에 있는 지역

조세특례제한법 시행령

제67조(농지대토에 대한 양도소득세 감면요건 등)

① 법 제70조제1항에서 "대통령령으로 정하는 거주자"란 4년 이상 다음 각 호의 어느 하나에 해당하는 지역(경작을 개시할 당시에는 당해 지역에 해당하였으나 행정구역의 개편 등으로 이에 해당하지 아니하게 된 지역을 포함한다. 이하 이 조에서 "농지소재지"라 한다)에 거주한 자로서 대토 전의 농지 양도일 현재 「소득세법」 제1조의2제1항제1호에 따른 거주자인 자(비거주자가 된 날부터 2년 이내인 자를 포함한다)를 말한다. 〈개정 2008. 2. 22., 2010. 2. 18., 2012. 2. 2., 2013. 2. 15., 2014. 2. 21., 2015. 2. 3., 2016. 1. 22.〉

  1. 농지가 소재하는 시(특별자치시와 「제주특별자치도 설치 및 국제자유도시 조성을 위한 특별법」 제10조제2항에 따라 설치된 행정시를 포함한다. 이하 이 항에서 같다)·군·구(자치구인 구를 말한다. 이하 이 항에서 같다) 안의 지역

  2. 제1호의 지역과 연접한 시·군·구 안의 지역

  3. 해당 농지로부터 직선거리 30킬로미터 이내의 지역

② 법 제70조제1항 본문에서 "대통령령으로 정하는 방법으로 직접 경작"이란 다음 각 호의 어느 하나에 해당하는 것을 말한다. 〈개정 2006. 2. 9., 2012. 2. 2., 2015. 2. 3., 2016. 2. 5.〉

  1. 거주자가 그 소유농지에서 농작물의 경작 또는 다년생식물의 재배에 상시 종사하는 것

  2. 거주자가 그 소유농지에서 농작업의 2분의 1 이상을 자기의 노동력에 의해 경작 또는 재배하는 것

③ 법 제70조제1항에서 "대통령령으로 정하는 경우"란 경작상의 필요에 의해 대토하는 농지로서 다음 각 호의 어느 하나에 해당하는 경우를 말한다. 〈개정 2007. 2. 28., 2010. 2. 18., 2012. 2. 2., 2014. 2. 21.〉

  1. 4년 이상 종전의 농지소재지에 기주히면서 경작한 자가 종전의 농지의 양도일부터 1년(「공익사업을 위한 토지 등의 취득 및 보상에 관한 법률」에 따른 협의매수·수용 및 그 밖의 법률에 따라 수용되는 경우에는 2년) 내에 새로운 농지를 취득해, 그 취득한 날부터 1년(질병의 요양 등 기획재정부령으로 정하는 부득이한 사유로 경작하지 못하는 경우에는 기획재정부령으로 정하는 기간) 내에 새로운 농지소재지에 거주하면서 경작을 개시한 경우로서 다음 각 목의 어느 하나에 해당하는 경우. 다만, 새로운 농지의 경작을 개시한 후 새로운 농지소재지에 거주하면서 계속해 경작한 기간과 종전의 농지 경작기간을 합산한 기간이 8년 이상인 경우로 한정한다.

PART 4

한국농어촌공사 및
농지관리기금법

농지연금

 관련 법규

제24조의5 농지를 담보로 한 농업인의 노후생활안정 지원사업 등

① 공사는 농업인의 생활안정 지원을 위해 농업인이 소유한 농지를 담보로 노후생활안정자금을 지원할 수 있다.

② 제1항에 따른 노후생활안정자금을 지원받을 권리는 다른 자에게 양도하거나 담보로 제공할 수 없으며, 다른 자는 이를 압류할 수 없다. 〈신설 2011.7.25.〉

③ 제1항에 따른 지원기준·방법, 지원 대상자의 권리 보호, 농지의 저당권설정 등의 제한 및 자금의 회수방법, 가입비와 위험부담금의 징수방법, 그 밖에 필요한 사항은 대통령령으로 정한다. 〈개정 2011.7.25.〉

[본조신설 2008.12.29.]

다음의 농지연금에 대한 내용은 농지연금포탈에 공개된 내용을 주요 부분만 옮겨온 것이다. 농지연금에 대한 좀 더 정확한 내용은 농지연금포탈 사이트를 확인하기 바란다.

농지연금이란?

농지연금은 농업소득 외에 별도의 소득이 없는 고령농업인의 안정적인 노후생활을 보장하기 위해 도입된 세계 최초의 농지 담보형 역모기지제도다.

- ○ "농지연금"이란 만 65세 이상 고령농업인이 소유한 농지를 담보로제공하고 노후생활안정자금을 매월 연금방식으로 지급받고 수급자 사망시 연금채무를 상환하는 제도를 말한다.

- ○ 가입자는 담보농지가격과 가입연령에 따라 산정된 연금을 받으면서 담보농지를 자경 또는 임대할 수 있으며, 가입자가 사망한 경우 승계절차를 거쳐 배우자가 계속해서 연금을 받을 수 있다.

  가입자(배우자)가 사망한 경우에는 상속인이 그동안 지급받은 연금채무를 상환하고 담보권을 해지하거나, 공사가 담보권 실행으로 농지를 처분해 연금채권을 회수한다.

◦ 담보농지 처분 시 연금채무액은 농지 처분가액 내로 한정되므로 처분 잔여 액은 상속인에게 돌려주고부족액은 상속인에게 청구하지 않는다.

농지연금 상담 후 신청서 접수, 대상자 결정을 거쳐 약정이 체결(근저당권설정)되면 월지급금이 지급된다.

최초 월지급금은 약정체결(근저당권설정) 완료 후 도래하는 지급일(매월 15일)에 연금수령 예금계좌로 입금된다.

다만, 약정체결(근저당권설정)이 11일 이후인 경우는 다음 월 지급된다.

약정체결일이 전월 11일부터 당월 10일까지일 경우 당월 15일 지급된다.

농지연금제도의 장점은?

◦ 부부 모두 보장

- 농지연금은 가입자와 배우자 모두 종신까지 보장받을 수 있도록 설계되어 있다.

◦ 담보농지 자경 또는 임내 가능

- 수급자는 연금을 수령하면서 담보농지를 직접 경작할 수 있고 임대할 수도 있어 추가 소득을 얻을 수 있다.

◦ 공적 안정성 확보

- 정부예산으로 직접 시행하기 때문에 안정적으로 연금을 지급받을 수 있다.

◦ 농지연금채권 행사범위 제한

- 농지연금채권은 담보농지에 대해서만 행사하는 것이 원칙
  이다. 따라서 담보권 실행으로연금채무를 회수할 경우, 농
  지 처분가액이 연금채무액 보다 작더라도 잔여채무를 다
  른 농지나 재산에서 청구하지 않는다.

가입대상자의 농업인 판단기준 ?

농지연금은 고령농업인에게 지원하는 사업이다. 따라서 사업
신청 당시 농업인 자격을 갖추고 있어야 하며, "농업인"이란 「농
지법」 제2조제2호(농지를 소유한 농업인)에 따른 농업인을 말
한다.

신청자가 농업인인지 여부는 농지원부를 기준으로 판단하고 농
지원부로 판단할 수 없는 경우에는 현지 확인을 통해 판단한다.

◦ 농지원부의 작성대상

- 1,000㎡ 이상의 농지에서 농작물을 경작하거나 다년생
  식물을 재배하는 자.
- 농지에 330㎡ 이상의 농업생산에 필요한 시설(고정식온
  실·버섯재배사·비닐하우스 등)을 설치해 농작물 또는 다년
  생 식물을 경작 또는 재배하는 자.

농지연금 가입요건은?

농지연금 신청자는 농지소유자가 다음 조건에 해당하는 경우에 가입이 가능하다.

- 신청자는 신청연도 말일 기준으로 만 65세 이상이어야 한다.
- 신청자는 영농경력이 5년 이상이고 신청 당시 농업인이어야 한다.

  담보로 제공되는 농지는 공부상 지목이 전·답·과수원으로 실제 영농에 이용되고 있어야 한다. 또한, 저당권 등 제한물권 설정이 없고 압류·가압류·가처분 등의 목적물이 아니어야 농지연금은 농지를 소유하고 있으나 일정한 소득이 없거나 있더라도 부족해 노후생활이 불안정한 고령 농업인에게 노후생활안정자금을 지원해주는 데 의의가 있다.
- 따라서 신청자가 이미 국민연금, 개인연금 등 공·사적연금을 받고 있더라도 농지연금 가입이 가능하다.

농지연금 가입 시 배우자 및 자녀의 동의가 필요한가?

신청자 명의로 소유권 등기가 되어 있는 농지를 담보할 경우에는 배우자 및 자녀의 동의가 필요하지 않다.

- 다만, 농지의 소유가 부부 공동으로 등기되어 있는 경우에는 배우자의 동의를 받아 관련 서류에 서명·날인해야 한다.

국민연금을 받고 있는데 농지연금 가입이 가능한가?

농지연금은 농지를 소유하고 있으나 일정한 소득이 없거나 있더라도 부족해 노후생활이 불안정한 고령농업인에게 노후생활 안정자금을 지원해주는 데 의의가 있다.

- ◉ 따라서 신청자가 이미 국민연금, 개인연금 등 공·사적연금을 받고 있더라도 농지연금 가입이 가능하다.

주말 · 체험 영농의 경력이 5년 이상이면 가입할 수 있는가?

"주말 · 체험영농"이란 농업인이 아닌 개인이 주말 등 여유시간을 활용해 취미생활이나 여가활동으로 농작물을 경작하거나 다년생 식물을 재배하는 것을 의미한다.

따라서 주말 · 체험영농을 하는 자는 농업인이 아니므로 영농경력으로 인정할 수 없다.

가입대상 농지요건은?

가입대상 농지는 공부상 지목이 전·답·과수원으로서 실제 영농에 이용되고 있어야 하며, 제한물권이 설정되지 아니하고 압류, 가압류, 가처분 등의 목적물이 아닌 농지여야 한다. 농지연금 가입대상 농지는 공부상 지목이 전·답·과수원으로서 실제 영농에 이용되고 있는 농지여야 한다. 따라서 농업용 목적이 아닌 시설 및 불법 건축물이 있는 농지는 가입이 제한된다. 국토의 계획 및 이용에 관한 법률 제36조에 따른 주거·상업·공업지역 내 농지라도 연금가입이 가능하다.

- 다만, 해당 농지가 공공사업 등으로 인해 개발지역으로 편입될 경우는 해당 편입농지에 대한 연금지급은 정지되고 농지연금채권은 회수된다. 나머지 담보농지 부분에 대해 농지연금은 지급이 가능하다.

공부상 지목이 임야인 사실상 농지도 가입이 가능한가?

농지연금 가입대상 농지는 공부상 지목이 전·답·과수원으로서 실제 영농에 이용되고 있는 농지여야 한다.

- 다만, 사실상 농지이나 지목이 전·답·과수원이 아닌 경우는 부득이 지목을 변경해야 한다.

도시지역 내 주거·상업·공업지역의 농지는 가입이 가능한가?

국토의 계획 및 이용에 관한 법률 제36조에 따른 주거·상업·공업지역 내 농지라도 연금가입이 가능하다.

○ 다만, 해당 농지가 공공사업 등으로 인해 개발지역으로 편입
될 경우는 해당 편입농지에 대한 연금지급은 정지되고 농지
연금채권은 회수된다. 나머지 담보농지 부분에 대해 농지연
금은 지급이 가능하다.

농축산물 생산시설의 부지로 사용 중인 경우는?

농지연금 가입대상 농지는 공부상 지목이 전·답·과수원이고 실
제 영농에 이용되고 있는 농지로서 농축산물 생산시설(고정식
온실, 버섯재배사, 비닐하우스, 축사 등)의 부지로 사용 중인 경
우는 불법 시설물이 아니어야 가입이 가능하다.

○ 단, 농축산물 생산시설은 담보농지 가격평가 대상에서 제외
된다.

근저당권이 설정되어있는 농지인 경우 가입할 수 있는가?

농지연금 가입대상 농지는 해당 농지에 저당권, 지상권 등 제
한물권이 없어야 하며 또한 압류, 가압류, 가처분 등의 목적물이
아니어야 한다.

농지연금은 역모기지제도로 장기부동산담보대출상품이다. 따
라서 약정해지 시 발생되는 농지연금채권을 안정적으로 회수하
기 위해 해당 농지의 1순위 담보설정이 불가피하다.

○ 근저당권이 설정되어 있는 농지를 신청하고자 하는 경우에는 해당 근저당권을 말소해야 한다.

임대를 주고 있어도 가입이 가능한가?

농지연금 가입자는 신청 당시 영농에 종사하고 있는 농업인이어야 한다.

○ 따라서 가입신청 당시 소유농지 전부를 임대해 농업에 종사하지않는 경우는 농업인에 해당되지 않으므로 가입이 제한된다.

농지연금 가입 후 농지를 추가로 신청할 수 있나?

농지연금은 불가피한 사유를 제외하고는 담보농지의 변경이 불가하다. 따라서 현재 지급받고 있는 농지연금 담보농지에 필지를 합산해 가입할 수는 없으며 새롭게 추가로 농지연금 가입은 가능하다.

○ 다만, 추가 가입시 가입자격에 적합해야 하므로 가입자의 소유농지 총면적은 3만㎡ 이하여야 한다. 또한, 가입하고자 하는 담보농지는 저당권 등 제한물권이 설정되어 있지 않아야 한다.

담보농지가격은 어떻게 평가하나?

월지급금 산정을 위한 담보농지의 가격평가 방법은 「부동산 가격공시및 감정평가에 관한 법률」에 따른 개별공시지가 또는 지정감정평가법인에 의해 평가된 감정평가액에 농지면적을 곱해 산출한 금액으로 평가한다.

- 농지면적(m^2) × 개별공시지가(원/m^2)=농지평가가격(원)
- 농지면적(m^2) × 감정평가액(원/m^2)=농지평가가격(원)

담보농지의 개별공시지가가 공시되지 않은 경우는?

담보농지의 가격평가 시 「부동산 가격공시 및 감정평가에 관한 법률」에 따른 개별공시지가가 누락 등으로 결정, 공시되지 않은 경우에는 관할 시장, 군수, 구청장에게 동법 제11조에 따른 개별공시지가의결정, 공시를 의뢰해 당해 농지의 개별공시지가를 통보받아 평가한다.

가입자 사망 시 배우자가 연금을 계속 받으려면 어떻게 하나?

농지연금은 부부 모두 평생지급을 보장하도록 설계되어 가입자가 사망하더라도 배우자는 사망할 때까지 계속해 동일한 금액의 월지급금을 지급받을 수 있다.

다만, 가입자 사망일로부터 6개월 이내에 배우자 명의로 담보 농지의 소유권을 전부 이전하고 농지연금채무인수를 완료해야 한다.

농지연금채무는 언제, 어떻게 갚아야 하나?

농지연금채무는 가입자의 사망 등으로 지급정지 사유발생 시 아래와 같이 상환한다.

- 수급자의 사망 후 상속자가 연금채무를 전액상환할 수 있다.
- 수급자 사망 후 상속인의 의사에 따라 담보권을 실행했을 경우 농지연금채권을 회수하고 잔액이 있을 경우 상속자에게 돌려 드린다.
- 수급자가 농지연금 수급 중에 약정 해지를 위해 채무를 상환하고자 할 경우 농지연금채무 전액을 상환해야 하며, 상환하지 않을 경우는 경매 실행을 통해 상환받게 된다.

  ※ 농지연금수급자는 언제든지 채무를 상환하고 약정을 해지할 수 있다.

월지급금 지급방식에는 어떤 유형이 있나?

농지연금은 생존하는 동안 매월 지급받는 종신형 지급방식과 일정한 기간 동안 매월 지급받는 기간형 지급방식이 있다.

기간형은 지급기간 5년과 10년, 15년 중에서 선택할 수 있다.

종신형 지급방식은 수급자 사망 시까지 계속해 월 지급금이 지급된다. 가입자의 사망으로 농지소유권이전 및 농지연금채무인수 등을 통해 배우자에게 농지연금수급권이 이전된 경우 배우자에게도 사망 시까지 계속해 월지급금을 지급한다.

기간형 지급방식은 농지연금 약정체결 시 약정한 지급기간 동안만 월지급금이 지급되는 방식입니다. 배우자가 승계받을 경우는 남은 기간 동안만 수급이 가능하다.

담보농지평가가격이 높으면 그에 따라 월지급금이 많이 지급될 수 있다. 다만, 취약계층인 중·소농업인의 생활안정을 목표로 하는 제도의 취지상 일정 금액 이상의 월지급금 지급은 제한한다.

- ○ 지급상한액은 고령농가의 가계지출 비용 및 물가상승률 등을 고려해 월 3백만 원으로 제한한다.

♣ 기간형 농지연금의 월지급금은?

기간형 또한 종신형과 같이 가입자(배우자 포함)의 연령, 담보농지평가가격에 따라 월지급금이 달라진다.

- ○ 다만, 기간형의 경우에는 지급기간에 따라 가입 연령에 제한이 있다.

  담보농지평가가격 1억 원의 지급기간별, 가입연령별 월지급금은 다음과 같다.
- ○ 기간형의 경우도 지급상한액(월 300만 원 수준) 이상은 지급되지 않는다.

〈기간형 월지급금표〉

(단위 : 천 원)

지급기간별 연령	15년	10년	5년
65세	572	–	–
70세	581	–	–
75세	605	833	–
80세	635	863	1,586
85세	684	892	1,637
90세	759	937	1,683

- 기대이율 4%, 농지가격상승률 2.85%, 2011년 여자생명표 적용

♣ 종신형 농지연금의 월지급금은?

농지연금은 기본적으로 가입자(배우자 포함)의 연령, 담보농지 평가가격에 따라 달라진다. 즉, 월지급금은 가입연령이 높을수록, 담보농지평가가격이 높을수록 더 많이 수령하실 수 있다.

담보농지평가가격별 가입연령별 월지급금은 다음과 같다.

◎ 다만, 월지급금은 고령농업인의 생활안정이라는 제도의 취지를 감안해 월지급금의 상한액을 3백만 원 수준으로 정했다.

〈종신형 월 지급금표〉

(단위 : 천 원)

농지가격 연령	1억 원	2억 원	3억 원	4억 원	5억 원	6억 원
65세	364	728	1,092	1,456	1,820	2,184
70세	412	824	1,204	1,605	2,007	2,408
75세	472	945	1,417	1,890	2,362	2,835
80세	553	1,104	1,660	2,214	2,767	3,000
85세	674	1,348	2,021	2,695	3,000	3,000
90세	903	1,806	2,709	3,000	3,000	3,000

- 공시지가, 기대이율 4%, 농지가격상승률 2.85%, 2011년 여자생명표 적용

농지연금과 주택연금의 차이점은?

농지연금은 고령농업인의 소유농지를 담보로 노후생활자금을 매월 연금방식으로 지급하는 제도다.

주택연금은 주택금융공사가 고령자 소유의 주택을 담보로 금융기관을 통해 가입자에게 매월 연금방식으로 노후생활자금을 지급하는 제도다.

농지연금과 주택연금의 비교

구 분	농지연금	주택 연금
가입연령	농지소유자가 만 65세 이상	부부 모두 만 60세 이상
가입조건	영농경력 5년 이상 농업인	1세대 1주택 소유 9억 원 이하 주택 소유자
담보물	농지(전, 답, 과수원)	주택
연금지급방식	종신형, 기간형	종신형, 종신혼합형
담보물평가	개별공시지가, 감정평가	인터넷시세, 감정평가
연금지급기관	한국농어촌공사	금융기관
연금재원	농지관리기금	금융기관자금

※ 주택금융공사는 금융기관과의 보증계약을 통한 보증기능을 수행하나 농어촌공사는 가입부터 약정종료 후 농지처분까지 모든 절차를 일괄 수행한다.

일본도 벤치마킹한다는 농지연금… 3억 원 농지 담보로 월 100만 원 받는다

경기 고양시에서 한평생 벼농사를 지어온 이종혁 씨(74)는 농지연금에 가입하면서 노후 걱정을 덜었다. 쌀 수매가격이 갈수록 떨어지면서 이 씨가 17마시기 농지를 경작해 버는 돈은 매년 500만 원 수준에 불과했다. 경운기 사고를 당해 거동이 불편한 아내는 농사일을 돕기 어려워 이 씨 홀로 벼농사를 해왔는데 소득이 변변치 않았다. 자녀들은 모두 분가했지만 월 50만 원 남짓 수익으론 도무지 생활비, 아내 병원비를 감당하기 어려웠다. 고민 끝에 그는 농지연금을 신청했다. 2013년 3월 종신형 농지연금에 가입한 그는 매월 240만 원 연금을 받아 넉넉한 생활을 누리고 있다. 이 씨는 "벼농사 소득이 많지 않은 데다 국민연금조차 가입하지 않아 노후 생활 고민이 컸다. 하지만 농지연금 덕분에 아내 병원비도 부담하면서 손자 용돈까지 줄 수 있는 형편이 되니 하루하루가 즐겁다"고 털어놨다.

[매경이코노미]

'농지연금' 가입하면 재산세 감면
담보농지 평가기준 '실거래가'로 변경될 전망

올해부터 농지연금에 가입하면 담보농지에 대해 재산세가 감면된다. 이미 가입한 가입자에도 동일하게 적용된다.

농림수산식품부는 지난 3일 이같은 내용의 지방세특례제한법 개정안이 국회 의결을 거쳐 이달 1일부터 조세감면 혜택이 주어진다고 밝혔다.

식품부에 따르면 농지연금 담보로 제공한 농지의 공시가격이 6억 원 이하면 재산세가 면제되고, 6억 원이 초과되면 6억 원에 해당하는 재산세를 면제하고 초과분에만 부과된다.

농식품부 관계자는 "농지연금과 비슷한 주택연금의 경우 재산제가 25% 감면되고 있으나 농지연금은 이같은 감면규정이 없어 그동안 조세 형평성 문제가 꾸준히 제기되어왔다"라며 "이번 조치로 농지연금 가입자가 늘어날 것으로 기대한다"라고 말했다.

한편 한국농어촌공사는 농지연금 담보농지의 '실거래가' 평가기준 도입에 대한 연구용역을 실시한 결과, 최근 공시지가 대신 실거래가로 평가기준을 개선하는 쪽에 무게를 둔 연구결과가 도출되었으며, 올해 안에 농지연금 개선방안을 마련한다는 방침을 세우고 정부부처와 협의하고 있다고 밝혔다.

농지연금에는 지난 2011년부터 현재까지 2,202명이 가입했다.

[매경이코노미]

농업인의 노후와 농지연금

이상길 농림수산식품부 제1차관

급속한 경제성장과 함께 우리나라 인구 대부분이 도시지역에 몰려 있지만, 농촌에 부모님이 계신 도시민도 많다. 이들 중에는 바쁜 도시생활로 자주 고향에 찾아가 보지 못하고 농촌의 부모님 노후를 늘 걱정하는 이들 또한 적지 않다. 이런 분들에게 부모님의 여유 있고 안정된 노후를 보장해줄 선물을 추천하고 싶다. 농지연금이 바로 그것이다.

농지연금은 고령 농업인의 안정적인 노후생활을 보장하기 위해 작년부터 시행된 제도다. 농지연금에 가입한 농업인은 소유 농지를 담보로 생활자금을 매월 연금처럼 지급받는다. 연금을 받다 돌아가실 경우 담보농지를 처분해 그동안 받은 돈을 제외하고 남는 금액이 있으면 상속인에게 돌려주고 부족하면 국가가 부담한다.

농지연금은 올해 4월 말 기준 1,465명의 농업인이 가입했다. 가입자는 매월 평균 94만 원의 연금을 지급받으며, 평균 가입연령은 75세로 70대가 전체 가입자의 67%를 차지했다. 지난해 가입자를 대상으로 실시한 설문조사 결과, 농지연금의 가입만족도는 77%, 다른 사람에게 추천할 의향은 73%로 조사되어 농업인의 호응이 높은 것으로 나타났다.

농촌의 부모님 노후생활 안정을 위해서 자녀들의 농지연금에 대한 관심이 필요한 때다. 우리나라 농촌의 65세 이상 인구 비중은 31.8%로 고령화가 빠른 속도로 진행되고 있으나 이들 농업인의 상당수는 안정적 노후생활에 어려움을 겪고 있기 때문이다. 농지연금으로 노후를 건강하고 행복하게 보내는 농업인이 많아졌다는 희망적인 기사를 자주 볼 수 있기를 희망해본다.

[국민일보]

PART 5

농지 경매와
농지취득자격증명원

농지 경매의 기초

농지 경매는 그 자체가 특수물건

　지금까지 농지·농지법·농업인에 대해 살펴보았다. 복잡한 농지법의 역사를 살펴보고, 까다롭기 그지없는 농지의 정의와 농업인의 자격 조건까지 자세하게 다룬 이유는 바로 이 장에서 공부할 농지 경매 때문이다. 앞 장의 학습은 말하자면 농지 경매의 성공을 위한 필수 기초 과정이었던 셈이다.

　앞에서도 언급했듯이 이 책에선 경내에 필요한 기본 지식을 따로 다루지 않았다. 농지 경매에 관심을 가진 사람이라면 아파트나 주택과 같은 부동산 물건의 경매에 한두 번은 참여해보았으리라 생각되기 때문이다. 하지만 경매를 전혀 모른다고 해서 걱정할 필요는 없다. 농지에 대한 제반 규정과 지식은 경매뿐 아니라 농지 구입이나 농지 전용, 주택 건축 등을 염두에 두고 있는 사람에게도 반드시 필요한 지식이다.

경매를 조금이라도 접해본 사람이라면 법정지상권이나 지분경매, 유치권이라는 말을 들어보았을 것이다. 경매 전문가들은 별도의 법률 지식과 정보를 요구하는 이같은 물건을 특수물건이라 부른다. 경매와 관련지어 말하자면 농지는 그 자체가 특수물건이라고 필자는 생각한다. 그만큼 농지 경매는 까다롭다.

경매에 참여하는 일반인뿐 아니라 경매를 다루는 법원에게도 농지는 어려운 분야다. 법원은 해당 물건이 농지에 해당하는지 여부, 농지취득자격증명원이 필요한 농지인지의 여부, 관할 관청의 농지취득자격증명원 발급 여부, 농지취득자격증명원 발급이 거부되었을 때 거부 사유, 특별매각 조건의 설정 여부, 최고가매수신고인에게 매각허가 여부, 매각불허가 때 매수신청 보증금의 반환 여부 등을 종합적으로 고려해 법률적인 판단을 하고 결정을 내려야 하기 때문이다.

농지에 관한 법률 체계의 복잡함과 농지취득자격증명원이라는 독특한 제도로 인해 농지 경매를 올바르게 판단하고 결정하는 것이 말처럼 그렇게 쉬운 일이 아니다. 농지 경매는 이 때문에 어떤 사람에겐 절벽이 되기도 하고, 어떤 사람에겐 기회가 되기도 한다. 특히 농지가 법정지상권이나 유치권과 같은 특수물건과 합해져 경매에 나올 경우, 농지에 대한 지식과 투자 경험이 풍부한 사람에겐 더할 나위 없이 좋은 기회임은 말할 필요도 없다. 까다로운 농지 경매를 더욱 어렵게 만드는 농지취득자격증명원은 도대체 무엇인가. 농지취득자격증명원 제도에 대해 자세히 알아보자.

농지취득자격증명원은
왜 중요한가?

자경 조건과 농지 여부 심사

농지취득자격증명원은 농지 경매의 절반이라고 해도 과언이 아니다. 농지취득자격증명원은 사실상 발급 여부, 반려 여부, 또는 거절 여부가 농지 경매의 성패를 좌우한다. 농지취득자격증명원은 농지의 매수인이 농사를 지을 자격과 조건을 갖추었는지의 여부와 해당 토지가 실제로 농사를 지을 수 있는 농지인지의 여부를 확인하고 심사해, 비농업인의 투기적인 농지 매입을 차단하고 헌법 이념인 경자유전의 실현을 도모하기 위해 마련한 제도다. 법률적 근거는 농지법이다. 농지법 제8조는 농지를 취득하려는 사람은 농지 소재지를 관할하는 읍면 또는 구청으로부터 농지취득자격증명을 발급받아야 한다고 명시하고 있다.

앞에서 배운 대로 우리나라는 농사를 직접 짓는 사람만이 농지를 소유할 수 있기 때문에, 자경을 하겠다는 농업경영계획서를 작성해 제출해야 농지취득자격증명을 발급받을 수 있다. 농업경영계획서는 농지를 취득해 농업인의 자격을 갖추겠다는 공식적인 의사 표시이므로 취득 대상 농지의 면적과 세대원의 농업 경영 능력, 노동력 및 농업기계 확보 방안, 소유 농지의 이용 실태 등 전반적인 영농 계획을 작성해야 한다.

행정관청은 제출된 계획서를 보고 농지 매수인이 자경의 조건을 갖추었는지를 심사한다. 또한, 농사를 지을 수 있는 건강한 신체 조건을 갖추었는지도 확인한다. 미성년자나 종중, 교회, 일반법인 등과 같이 농사를 경작할 수 없는 개인이나 단체에게는 농지취득자격증명원을 발급해주지 않는다. 자경 여부를 따지기 때문에 제삼자에게 임대할 목적으로 매입한다고 하면 이는 당연히 거부 사유에 해당한다. 영농 계획은 미래에 실현될 일이므로 현재 거주하는 주소지와 취득 농지 소재지와의 거리는 관계없이 전국 어느 곳이라도 농지취득자격증명원을 발급받을 수 있다.

하지만 농지 취득엔 여러 가지 제약이 따른다. 농지를 취득한 뒤 영농계획서에 작성한 원래의 목적대로 농지를 이용하지 않을 경우, 강제처분 명령과 함께 이행강제금을 부과받을 수 있다. 또한, 농지소유 제한을 위반해 농지를 소유할 목적으로 거짓이나 그 밖의 부정한 방법으로 농지취득자격증명원을 발급받는 경우 3년 이하의 징역 또는 3천만 원 이하의 벌금에 처해질 수 있다는 점을 유념해야 한다. 아직 농지법을 위반해 징역형을 받은 사람은 주위에서 보진 못했지만, 강제 처분과 이행강제금을 부과받은 경우는 실제로 여러 사례를 목격했다. 이 때문에 농지 취득 후 사후 관리에도 주의를 기울여야 한다.

농지취득자격증명원의 연혁

농지취득자격증명 제도는 언제 어떻게 시작되었을까? 이 제도의 연혁을 알고 나면 농지취득자격증명원 제도를 이해하는 데 많은 도움이 된다. 농지취득자격증명 제도의 역사는 1949년에 제정된 농지개혁법으로 거슬러 올라간다. 농지개혁법 제19조 2호에 '본 법에 의해 분배받지 않은 농지 급 상환을 완료한 농지는 소재지 관서의 증명(즉 농지매매증명)을 얻어 당사자가 직접 매매할 수 있다'라는 규정이 바로 농지취득자격증명의 근원이다.

이 규정은 농지개혁법의 농지매매증명 발급에 관한 시행 규칙으로 시행되어 오다 농지임대차관리법이 이어받았다. 지금은 폐지된 농지임대차관리법 시행 규칙이 정하고 있는 '농지매매증명 신청'을 보면, 당시의 제도는 현행 농지취득자격증명보다 훨씬 복잡했다. 당시엔 매도인과 매수인의 인적사항은 물론, 매수 사유, 자경 목적 취득 여부를 일일이 확인했다. 이를 통해 매매대상 농지가 농지개혁법에 의해 분배받지 아니한 농지이거나 동법에 의해 분배된 농지로서 상환을 완료한 농지인지의 여부, 농지의 매수인이 농가인지의 여부, 자경하는지의 여부, 매수 결과 소유하게 될 농지면적이 농지소유 상한을 초과하는지 여부 등을 종합적으로 확인하고 심사했다.

그러다가 농지개혁법과 농지임대차관리법 법률이 차례로 폐지되고 농지에 관한 법규가 1996년부터 현행 농지법으로 일원화하면서 농지매매증명이 농지취득자격증명으로 바뀌었다. 농지법 부칙에 '이 법 시행 당시 종전의 농지개혁법 제19조 제2항 및 농지임대차관리법 제19조 규정에 의해 농지매매증명을 발급받은 자는 농지법에 의해 농지취득자격증명을 발급받은 것으로 본다'라는 경과 조치를 두면서 지금의 농지취득자격증명 제도가 시작된다.

지금의 농지취득자격증명 제도가 시행되면서 과거 농지매매증명에 비해 심사 내용이나 절차가 크게 간편해졌다. 과거의 농지개혁법은 당시 농촌의 주요 과제였던 경자유전의 실현과 소작농 제도를 방지할 목적으로 농지의 소유권 이전 단계부터 개입해 까다롭게 자격을 심사했다. 그래서 지금보다 더 복잡한 여러 단계의 확인 과정을 두었고, 실제로 농업인인지 여부와 자경할 의사가 있는지 여부를 중점적으로 심사했다.

이 때문에 농지매매증명 시절엔 직접 농사를 짓는 기존 농업인 또는 영농법인만이 농지를 취득할 수 있었다. 농지를 취득하려면 1차로 해당 농지가 속한 농지위원회로부터 매수인이 농업인이라는 확인을 받은 후, 2차로 소재지 관청으로부터 농지매매증명서를 발급받았다. 또한, 취득 대상 농지로부터 20km 거리 안에 6개월 이상 거주해야 한다는 등의 까다로운 부대 조건도 심사 대상이었다.

현행 농지취득자격증명에선 농지의 매수인이 굳이 농업인이 아니어도 된다. 매수인이 제출한 농업경영계획서를 심사해 농지의 이용계획이나 노동력의 확보 방안 등 농지 구입 후 농사를 지을 조건과 자격을 갖추었는지를 중점적으로 판단한다. 매수인이 농업인일 필요가 없어졌기 때문에 농업인인지 여부를 확인했던 농지위원회 확인 절차는 폐지되었다. 또한, 농지 매수인이 매수 농지의 소재지나 일정 거리 내에 거주하는지와 관계없이 농지취득자격증명원 발급이 가능하다.

농지취득자격증명원 제도는 앞으로 더 간소화할 것으로 보인다. 농촌 환경의 급속한 변화로 인해 농지매매의 절차 또한 계속 변화할 것으로 보이기 때문이다. 하지만 과거보다 절차가 간편해졌다고 해서 농지취득자격증명원 발급이 간편해지거나 쉬워졌다는 건 결코 아니다. 농지취득자격증명원의 두 가지 주요 심사 대상 중에서 해당 토지가 농지인지 여부를 심사하고, 이를 처리하는 과정에서 농지취득자격증명원 발급기관과 법원이 매우 다양한 판단을 내놓고 있어 농지취득자격증명은 여전히 민원과 법적 다툼이 많이 발생하고 있다.

Chapter 03

실전 경매에서
농지취득자격증명원의 역할

농지취득자격증명원 미제출은 매각불허가 사유

농지 경매는 그 형식 면에서 일반 경매와 크게 다를 바 없다. 하지만 농지 경매에서 주의할 점은 바로 이 농지취득자격증명이다. 법원은 농지취득자격증명원이 필요한 농지 경매의 경우 특별매각조건으로 설정해 반드시 농지취득자격증명원을 제출하라는 사항을 매각물건명세서에 기입해 공고한다. 이 때문에 농지 경매에 참여할 경우, 매각물건명세서에 농지취득자격증명원 제출 요구가 있는지 살펴보아야 한다.

농지취득자격증명원 제출을 요구하는 농지 경매에서 최고가매수신고인이 되었다면 일주일이 주어지는 매각결정 기일 안에 관할 관청으로부터 농지취득자격증명원을 발급받아 법원에 제출해야 한다. 만약 농지취득자격증명원을 제출하지 못하면 민사집행법 제121조 제2호의 '최고가매수신고인이 부동산을 매수할 능력이나 자격이 없는 때'에 해당되어 매각불허가결정을 받게 된다. 주변에서 흔히 농지 경매가 위험하다고 하는 까닭은 매각불허가결정을 받을 경우, 경매가의 10%에 해당하는 입찰 보증금을 몰수당하기 때문이다.

법원이 보증금 몰수 제도를 도입한 건 경매 기일을 고의로 늦추거나 방해하기 위해 행해지는 허위 입찰을 막기 위해서였다. 보증금 몰수가 시행되기 전에는 경매 물건의 채무자나 소유자가 서로 짜고 경매에 참가해 높은 매수가격을 써내 최고가매수신고인이 된 후 농지취득자격증명원 미제출로 불허가를 받는 경우가 잦았다. 법원은 이런 허위 입찰을 방지하기 위해 법원행정처가 마련한 '법원경매부동산의 매각 공고' 양식에 특별매각조건을 설정해 미리 공고하도록 했다. 이때 보증금 몰수 규정을 도입했다.

"농지법상 농지취득자격증명원을 제출해야 하는 최고가매수신고인이 농지취득자격증명원을 매각결정 기일까지 제출하지 않아 매각이 불허될 때에는 매수신청보증금을 반환하지 않고 이를 배당 시에 매각대금에 산입한다"는 규정이 그것이다.

이러한 보증금 몰수의 배경과 취지를 알고 나면 농지취득자격증명원을 제출하지 못하는 경우가 발생할 때 많은 도움이 된다. 실제로 농지취득자격증명원이 거부되어 보증금을 몰수당할 처지에 놓인 매수인이 이러한 법원의 보증금 몰수 취지를 잘 활용해 보증금을 반환받은 사례를 꽤 보았다. 행정관청의 농지취득자격증명원 거부 사유와 함께 탄원 형식으로 법원에 매각불허가 신청을 제기해 효과를 보기도 한다. 보증금 몰수 조치는 매수인의 실수나 관청의 행정 처분 결정을 징벌하려는 게 아니라 허위입찰을 방지하는 게 주목적이기 때문이다.

하지만 모든 법원이 농지취득자격증명원을 제출하지 못한 최고가매수신고인에게 관대한 결정을 내리는 건 아니다. 그래서 농지 경매에 참여할 땐 농지취득자격증명 발급이 가능한지를 해당 관청에 미리 알아보는 것이 최선이다.

농지취득자격증명원 발급과 제출의 다섯 가지 유형

경매로 농지를 취득해 소유권 등기 이전을 완료하는 데 있어 농지취득자격증명원의 발급과 제출 유형을 살펴보면 크게 다섯 가지 경우로 구분할 수 있다. 그 다섯 가지 유형을 요약하면 다음과 같다.

① 농지취득자격증명원을 제대로 발급받아 법원에 제출하는 경우

② 농지취득자격증명원 발급 및 제출 없이 등기 이전이 가능한 경우

③ 농지취득자격증명원 발급 대상이 아니어서 반려통지서로 갈음하는 경우

④ 농지취득자격증명원 발급 거부 대상이지만 원상복구를 전
　제로 발급받아 제출하는 경우
⑤ 농지취득자격증명원 발급이 거부되어 제출할 수 없는 경우

　농지 경매에서 농지취득자격증명원과 관련해 발생할 수 있는 유형은 이 다섯 가지 사례를 벗어나는 경우는 거의 없다. 각각의 유형에서 농지취득자격증명원 발급기관의 행정 처분이나 법원의 결정이 일률적으로 적용되는 것은 아니다. 예컨대 ④번과 ⑤번의 유형에서 가장 많은 민원이 발생하고 있는데, 이는 원상복구의 실현 가능성을 판단하는 농지취득자격증명원 발급기관의 기준과 잣대가 자의적이고 주관적인 데서 비롯되고 있다. 또한, 제출된 농지취득자격증명원으로 매각허가 여부와 등기 이전 여부를 결정하는 법원의 결정도 항상 일관성 있는 결정이 내려지는 것은 아니어서 종종 법적 분쟁의 원인이 되고 있다.

　먼저 ①번 유형의 '농지취득자격증명원을 제대로 발급받아 법원에 제출하는 경우'는 현재 경작이 이루어지고 있는 일반적인 대부분의 농지에 해당한다. 농지 경매에 응찰해 최고가매수신고인으로 지정되면 법원으로부터 최고가매수신고인 증명원을 발급받는다. 이를 지참해 해당 농지가 있는 소재지 읍·면·동사무소 및 구청에 가서 농지취득자격증원 발급을 신청한다.

　농지취득자격증명원 업무는 주로 해당 관청의 산업계에서 담당한다. 신청할 때 농지취득자격증명원 신청서와 농업경영계획

서를 작성해 제출한다. 농지가 1천 제곱미터 미만일 경우엔 주말체험 영농 목적으로 신청하면 별도로 농업경영계획서를 작성하지 않아도 된다. 농사를 짓는 자격이나 조건에 별다른 하자가 없고, 해당 농지 또한 농업 경영에 별다른 하자가 없다고 판단되면 대개 3~4일 안에 농지취득자격증명원이 나온다. 이 농지취득자격증명원을 받아 법원에 제출하면 낙찰받은 농지를 본인 앞으로 소유권 등기 이전을 마칠 수 있다.

②번 유형의 '농지취득자격증명원 제출 없이 등기 이전이 가능한 경우'는 대개 공공 목적을 수행하기 위한 정부기관의 농지 취득에 해당한다. 국가나 지방자치단체가 농지를 취득해 등기 이전을 신청하는 경우나 한국농어촌공사(옛 농업기반공사)가 농지를 취득해 등기 이전을 신청하는 경우, 농지취득자격증명원 제출 없이 등기 이전이 가능하다.

일반인도 드물게 농지취득자격증명원이 필요 없는 경우가 있다. 도시지역의 주거·상업·공업지역 내 농지나 지구단위계획으로 지정된 구역 안의 농지는 농지취득자격증명원을 제출하지 않아도 된다. 또 상속에 의해 농지를 취득할 경우와 농지전용협의가 완료된 농지를 취득할 경우에도 농지취득자격증명원을 제출하지 않아도 된다.

앞서 언급한 대로 주말체험 영농 목적으로 농지를 취득하거나 농지가 영농여건불리지역으로 분류된 경우에는 농지취득자격증명원을 발급받아 제출해야 하지만, 농업경영계획서를 별도로 작성하지 않아도 된다는 게 다른 점이다.

반려통지서의 법리적 효력

③번의 '농지취득자격증명원 발급 대상이 아니어서 반려통지서로 갈음하는 경우'는 농지 경매에서 매우 중요하다. 반려통지서는 일반적인 농지취득자격증명원 발급 거부와는 법리적 효력이 다르므로 반드시 알아두어야 한다.

예를 들어, 적법한 건물이 지어져 있는 농지를 경매로 낙찰받는다고 해보자. 법원은 특별매각조건을 설정해 농지취득자격증명원 제출을 요구하고 있다. 이런 경우는 농지 전용이 합법적으로 이루어지고(1973년 이전에 전용이 이루어졌다면 허가 없이 가능하다), 건축 준공까지 받았지만 지목변경을 하지 않아 전이나 답, 과수원으로 남아 있는 경우가 대부분이다. 공부상 지목이 농지(전, 답, 또는 과수원)이지만 사실상 대지인 셈이다. 준공검사까지 마친 경우라면 건축물관리대장을 갖추고 있다. 그래서 관할 행정관청은 현행 농지법상 농지에 해당하지 않는다는 이유를 들어 농지취득자격증명원 발급을 거절하게 된다.

이때 반드시 '농지법상 농지에 해당하지 않는다'는 취지의 문구가 명시된 반려통지서를 발급받아야 한다.

그러나 이런 경우 일반적으로 반려증을 만들어주지만, 담당 공무원의 판단에 미발급이라는 용어를 사용하기도 한다.

'농지법에 의한 농지가 아님'이라는 문구가 없으면 법원으로부터 농지취득자격증명원 미제출과 동일한 취급을 받아 보증금을 몰수당한다.

그러나 미발급이라도 '농지법에 의한 농지에 해당하지 아니함'으로 미발급되면 보증금은 돌려받을 수 있다.

이런 경우 해당 경매 법원이 허가 가부를 어떻게 판단하고 처리할지는 법원마다 다르다. 혹자는 경매 실력을 두고 경영 격언으로 흔히들 쓰는 운칠기삼(運七技三)에 빗대기도 한다. 농지취득자격증명원과 얽힌 경매 물건은 법원의 판단과 결정에 따라 무난하게 소유권 등기 이전을 마치기도 하지만, 때로는 매 과정에 뜻하지 않은 판단과 처분으로 인해 난관에 봉착하기 한다. 이러한 사례는 뒤에서 자세히 다룰 예정이다.

대개 농지에 해당하지 않는다는 취지의 반려통지서를 제출하면 법원은 매각허가결정을 내리게 된다. 적법한 건물이라면 건축물관리대장과 같은 적법 건축행위를 증빙하는 서류를 함께 첨부하면 허가결정을 받아 소유권 이전 등기를 마칠 수 있다. 이처럼 반려통지서는 농지취득자격증원에 버금가는 효력을 갖고 법원의 농지 등기업무에 광범위하게 활용되고 있다.

반려통지서는 법원의 등기공무원이 참고 자료로 활용하고 있는 등기 예규에 수록되어 있다. 법원은 농지에 관한 등기 업무를 다룰 때 부동산 등기법에 근거해 처리한다. 하지만 등기법이 구체적으로 정하고 있지 않은 사안이 많아 이같은 업무의 처리를 위해 등기 예규를 만들어 참고한다. 등기 예규는 법원행정처가 격년제로 발간하는 '부동산 등기 선례요지집'에 정리되어 있다. 등기 예규에 농지취득자격증명원 신청 반려통지서를 첨부할 경우 농지취득자격증명 없이 등기 이전이 가능한 것으로 규정하고 있다.

예를 들면, 지목이 농지이나 실제로는 그 지상에 건물이 건축되어 있어 대지로 사용되고 있는 토지에 대해, 현재 사실상 농지가 아니며 앞으로도 원상복구가 불가능한 토지이므로 농지취득자격증명원의 발급이 불가하다는 취지가 기재된 농지취득자격증명원 신청 반려통지서와 그 지상에 건축물이 소재한다는 건축물대장 등을 첨부한다면, 그 토지에 대한 소유권 이전등기 신청 시 농지취득자격증명원을 첨부할 필요가 없다. 또 다른 예로 공부상 지목은 농지이나 분묘 등이 있어 농지로 볼 수 없는 경우에도 그런 취지의 반려통지서를 제출하면 농지취득자격증명원 없이도 등기할 수 있다는 등기 선례도 기록되어 있다.

하지만 우리가 알아두어야 할 점은 법원의 등기예규 또한 그야말로 예규일 뿐 법률적 구속력을 갖고 있지 않다는 점이다. 등기예규에 의한 처리 또한 전적으로 등기공무원의 판단에 의존할 수밖에 없어 이 과정에서도 종종 분쟁이 발생하기도 한다. 예컨대, 또 다른 등기 예규는 무허가 건물의 마당이 콘크리트로 메워져 있는 농지의 경우 반려통지서로 등기 이전이 가능한 것으로 설명하고 있지만, 농지취득자격증명원 발급기관이나 법원에 따라 얼마든지 다른 해석과 판단이 나올 수 있다.

농지취득자격증명원 발급기관인 행정관청에서 반려통지서 자체를 모르는 경우도 있다는 점을 명심해야 한다. 그래서 신청인은 '농지법상 농지에 해당하지 않는다'는 취지의 문구가 통지서에 기재되어 있는지를 반드시 확인해야 한다. 심지어 어떤 관청에서는 농지취득자격증명원 신청 반려통지서의 양식조차 비치해두지 않은 곳도 있다. 농지가 아니라는 이유를 들며 막무가내로 농지취득자격증명원 발급을 거부하려는 공무원을 만나면 당황스럽겠지만, 본인이 직접 설득하는 수밖에 없다. 반려통지서 양식을 준비해가거나 법원의 등기예규 등 법률적 근거 자료를 챙겨 담당 공무원과 협상 아닌 협상을 벌여야 할 때도 있다.

불법 전용 농지가 가장 어렵다

농지취득자격증명원 발급과 관련해 가장 문제가 되는 것이 ④번의 '농지취득자격증명원 발급 거부 대상이지만 원상복구를 전제로 발급받아 제출하는 경우'와 ⑤번의 '농지취득자격증명원 발급이 거부되어 제출할 수 없는 경우'의 두 가지 유형이다. 해당 농지에 불법 건물이 지어져 있거나 불법으로 전용이 되어 현황이 농지로 복원하기 힘들다고 판단되는 경우들이다. 하지만 해당 농지를 농사가 가능한 경작지로 원상복구하겠다는 사후복구 계획서를 제출하면 농지취득자격증명원을 발급받을 수도 있다.

신청인이 제출한 사후복구계획서에 기재된 내용의 실현 가능성을 심사하고 판단하는 곳이 관할 행정관청이다. 행정관청이 농지로 원상복구가 가능하다고 판단할 경우 농지취득자격증명원이 발급되어 ④번 유형에 해당할 수 있다.

이때 원상복구를 약속해놓고 나중에 복구를 차일피일 미루며 슬그머니 넘어가려는 생각은 권하고 싶지 않다. 최근 들어 원상복구를 약속한 농지에 대한 행정관청의 조사와 감시가 엄격해지고, 복구 명령과 그에 따른 강제 처분 명령이 강화되고 있기 때문이다. 하지만 행정관청이 원상복구의 실현 가능성이 없다고 판단할 경우 농지취득자격증명원 발급을 거부한다. 어쩔 수 없이 ⑤번 유형에 해당되게 되며, 이때 입찰 보증금을 몰수당하게 된다.

⑤번 '농지취득자격증명원 발급이 거부되어 제출할 수 없는 경우'에 해당하더라도 구제받을 수 있는 길이 있다. 농지 전용 허가제도가 처음 시행된 건 '농지의 보전 및 이용에 관한 법률'부터라는 점을 기억해두자. 농지의 보전과 이용에 관한 법률이 제정된 1973년 1월 1일부터 농지의 전용을 법률적으로 금지하기 시작했기 때문에 그 이전에 건물이 지어졌다면 이야기가 달라진다. 농지개혁법을 적용받던 시기에 전용되었다면 전용 자체가 위법이 아닌 데다 농업경영에 이용할 수 없는 농지가 되므로 농지취득자격증명원 발급 대상에 해당하지 않는다거나 또는 현행 농지법상 농지에 해당하지 않는다는 취지의 농지취득자격증명

원 신청 반려통지서를 발급받을 수 있다. 이는 반려통지서로 갈음하는 ③번 유형에 해당되어 매각허가결정을 받을 수 있다. 이때 반려통지서와 함께 1973년 이전에 건축물이 존재했다는 사실을 증명하는 항공사진이나 무허가 가옥 서류와 같은 증빙 서류를 제출하면 농지취득자격증명원 없이도 소유권 등기 이전이 가능하다.

원상복구를 전제로 한 농지취득자격증명원 발급은 대법원 판례가 뒷받침하고 있다. 지목이 전(田)이라 하더라도 농지로서 현상을 상실한 상태라면 현행 농지법에서 말하는 농지가 아니기 때문에, 행정관청을 농지취득자격증명원 발급을 거부할 수 있다. 하지만 대법원 판례는 현상을 상실한 상태가 일시적인 것에 불과하고, 농지로서 원상복구가 이루어질 수 있다면 해당 토지는 여전히 농지법상 농지에 해당하기 때문에 원상복구를 전제로 농지취득자격증명원을 발급하라고 판시하고 있다. 또한, 형질변경이나 전용으로 인해 농지를 다른 용도로 사용하고 있더라도 현상 변경의 정도와 주변 토지의 이용 상황 등에 비추어 농지로 회복하는 것이 불가능하지 않다면 그 변경상태는 일시적인 것으로 보아야 한다는 판례도 있다.

이러한 판례에도 불구하고 농지취득자격증명원이 거절되는 경우는 필자의 오랜 경험에 의하면 대개 다음과 같은 두 가지 경우다.

> ▶ 농지에 해당하지만, 불법 건축이나 불법 전용으로 인해 원상복구가 불가
> 능하다고 판단되는 경우
> ▶ 농지에 해당하지만, 무허가 건물이 지어져 있고 그 건물에 사람이 거주하
> 고 있는 경우

'농지취득자격증명원 발급 거부 처분은 위법'

관할 관청이 이처럼 불법 건축물이나 불법 전용을 들어 농지취
득자격증명원 발급 거부 처분을 내리는 건 법리적으로 과연 정
당한 것일까? 법원에서 오랫동안 판사로 재직해온 박창수 씨가
집필한 〈농지 취득과 등기에 관한 이론과 실무〉라는 연구논문에
참고할 만한 내용이 있다.

"행정소송의 하급심 판결을 보면, 관할 읍면 및 구청이 농지취
득자격증명원 거부 처분을 내리면서 들었던 주요 사유는 다음과
같은 경우들이다.

> ▶ 해당 토지가 농지에는 해당하지만, 무허가 건축물이나 불법으로 형질변경
> 된 부분이 있을 경우
> ▶ 해당 토지가 농지에는 해당하지만, 그 지상에 공장이나 건축물이 지어져
> 있어 사실상 원상복구가 불가능하다고 판단하는 경우
> ▶ 해당 토지가 농지에 해당하지만, 토지 일부가 묘지로 사용되고 있을 경우

위와 같은 사유로 농지취득자격증명원 발급 신청을 거부한 행정

관청의 거부 사유는 합당한가? 각각의 행정처분에 대한 법원의 최종 판단은 대체로 위법한 것이다.

먼저 관할 관청이 농지취득자격증명원 발급 심사요령으로 삼으며 거부 사유의 근거로 들고 있는 농림축산식품부의 예규인 '농지취득자격증명 발급심사요령'은 어디까지나 행정기관 내부의 사무처리준칙에 불과하므로 법원이나 일반 국민을 기속하는 효력은 없다. 또한, 농지취득자격증명원은 매수인이 일정한 자격요건을 갖추면 실질적인 내용에 관계없이 발부해야 하는 행정상의 기속 행위에 속하므로 법적 기속력도 없는 예규를 근거로 한 거부 처분은 부당하다.

불법 건물이 지어져 있을 경우, 그 지상의 건물 철거나 불법형질된 농지를 원상복구할 수 있는 수단이 없으므로 최고가매수인에게 불가능한 일을 요구한 것이다. 또한, 소재지 관청이 최고가매수신고인에게 원상복구를 명할 아무런 법적 근거가 없고, 농지취득자격증명원 발급심사요령을 극단적으로 적용하게 되면, 담보물권자는 소유자 겸 채무자가 원상복구하지 않는 한 담보 농지를 경매를 통해 절대 환가할 수 없게 되는 문제가 발생한다.

무엇보다 행정관서장이 원상복구를 명령하거나 대집행으로 철거하는 등 불법행위를 단속할 의무가 있음에도 불구하고 불법형질 변경과 무허가 건축물을 이유로 농지취득자격증명원 발급을 거부하는 것은 결국 행정청이 불법행위를 묵인하거나 방치한 직무유기의 결과로서 최고가 매수신고인이 농지를 경락받지 못하는 것이 되어 행정청의 의무 위반으로 인한 결과를 최고가매수신고인에게 전가하는 것이 된다."

한 판사의 개인적 의견이긴 하지만, 농지취득자격증명원 발급과 관련한 행정 처분을 법리적으로 이해하는 데 참고할 만하다. 저자는 최고가매수신고인의 귀책 사유가 아닌 이유로 농지취득자격증명원이 거부된 경우 법원이 취할 수 있는 방법은 매각을 불허하는 것이라고 주장한다. 만약에 법원이 매각을 불허한다면 이는 최고가매수신고인의 귀책사유와는 무관하게 농지취득자격증명을 발급받지 못한 경우이므로 법원은 매수신청 보증금을 반환해야 한다고 결론짓고 있다.

간혹 법원에 따라서 불법 건축물이 지어진 농지나 불법으로 형질변경된 농지의 경우, 농지취득자격증명원 발급이 거절되었음에도 불구하고 이를 무시하고 매각허가결정을 내려주는 경우도 있다. 이는 불법전용은 전 농지소유주와 행정관청의 책임이므로 농지취득자격증명원 발급 거절이라는 행정 처분은 위법이라는 앞의 논문 저자의 법리적 해석을 법원이 전적으로 수용한 결과다.

모든 법원이 이렇게 일률적으로 판단해주면 얼마나 좋겠는가. 하지만 통상적인 농지 경매에서 법원은 불법 건축 또는 불법 전용 농지에 대해 그렇게 판단하지 않는다. 예컨대 농지에 불법 건물로 인해 행정관청이 원상복구가 불가능하다고 판단해 농지취득자격증명원을 거부하면 농지취득자격증명원 미제출로 인해 매각불허가결정과 함께 보증금을 몰수하는 법원이 실제로는 더 많다.

특별매각조건 설정이 잘못되었을 때

지금까지 농지취득자격증명원 발급과 제출의 다섯 가지 유형을 살펴보았다. 이 다섯 가지 유형 외에 법원의 실수로 매각공고에 하자가 있을 때엔 법원이 매각을 불허한다.

법원이 통상 농지를 경매할 땐 경매 전에 해당 관청에 농지취득자격증명원 제출이 필요한지 여부를 질의한다. 지목이 농지임에도 농지취득자격증명원이 필요 없다는 사실을 통보받으면 특별매각 조건 설정 없이 경매를 진행한다. 이때는 당연히 농지취득자격증명원 제출 없이도 소유권 등기 이전이 가능하다.

그러나 법원이 농지취득자격증명원이 필요한 농지인데도 실수로 매각물건명세서에 이러한 사항을 빠뜨렸을 때는 농지취득자격증명원 없이도 등기 이전이 되는 경우도 있다.

반대의 경우도 마찬가지다. 예를 들어 도시지역의 일반주거지역 안에 있는 전 400㎡가 경매에 나왔다고 가정해보자. 앞서 설명한 대로 도시지역의 주거·상업·공업 지역 내 농지는 농지취득자격증명이 필요 없다. 하지만 법원이 이 사실을 간과한 채 단지 지목이 농지라는 이유로 매각물건명세서에 '농지취득자격증명원 미제출 시 보증금 몰수'라는 특별매각 조건을 명시해 경매가 이루어진다면 불허가결정과 함께 보증금을 반환해준다. 이때 최고가매수신고인이 농지 소재지 관할구청으로부터 해당 농지는 농지취득자격증명원 발급 대상이 아니라는 취지의 확인원(또는 반려통지서)을 제출했다 하더라도 불허가결정을 받게 되는 경우와 반려증으로 허가 나는 경우도 있다. 반려증을 제출했음에도 불구하고 불허가 난 경우 최고가매수신고인의 입장에선 억울한 일이 되겠지만, 농지취득자격증명원 제출을 요구하는 잘못된 정보에 의해 누군가가 경매를 포기할 수도 있는 선의의 피해가 발생할 수 있고, 이로 인해 불공정 경매가 이뤄졌다고 판단하기 때문에 법원은 매각을 불허가하고 재매각에 들어간다.

Chapter 04

농지취득자격증명원
발급 요령과 구제 방안

농지취득자격증명원 발급은 시간과의 전쟁

농지취득자격증명의 발급에 필요한 요령을 숙지해두면 실전에 많은 도움이 된다. 먼저, 농지 경매에 응찰하기 전에 해당 농지의 관할 읍면사무소 및 구청에 미리 농지취득자격증명원 발급이 가능한지 확인하는 것이 중요하다. 대개 담당 공무원의 사전 약속대로 농지취득자격증명원이 발급되지만 때로는 사전 구두 약속이 뒤집히기도 한다. 담당 공무원의 구두 약속을 철석같이 믿었다가 나중에 뒤집히면 크게 당황할 수 있다.

현장 확인 과정에서 해당 농지에 새로운 현상이 발견된다든지, 농지법상 농지에 해당하는 여부에 대한 해석은 얼마든지 바뀔 수도 있다. 이렇게 뜻하지 않게 발급이 거절되어 농지취득자격증명원을 기한 안에 제출하지 못하면 입찰 보증금을 날리기도 한다. 필자도 10년 넘게 농지 경매에 참여하거나 컨설팅을 해왔지만, 농지취득자격증명원을 발급받을 때마다 이전에 겪어보지 못한 새로운 사안을 접하거나 일률적이지 못한 해당 관청의 처분으로 인해 곤란을 겪기도 했다.

농지취득자격증명원 발급의 이러한 난점 때문에 최근 들어서는 해당 지역의 법무사나 전문가에게 발급 대행을 의뢰하는 일도 늘고 있다. 소정의 비용이 들지만, 행정관청과 법원까지 오가는 시간이나 비용을 감안하면 나쁜 방법은 아니다. 하지만 농지취득자격증명원은 본인이 신청하는 것이 원칙이어서 행정관청에 따라 발급 대행이 불가능한 곳도 많다는 점을 알아두어야 한다.

또 한 가지 중요한 점은 농지취득자격증명원 발급은 시간과의 전쟁이라는 걸 명심해야 한다. 경매에 참여해 최고가매수신고인으로 지정되었다면, 경매 당일 해당 농지 소재지의 관청에 농지취득자격증명을 신청하는 것이 좋다. 농지취득자격증명원 발급 신청이 들어오면 해당 관청은 4일 안에 발급 가부를 신청인에게 통보하게끔 되어 있다. 실제로 담당 공무원은 현장 확인을 거친 후 읍면 또는 구청장의 최종 결재를 받아야 하기 때문에 발급까지 적어도 3~4일 정도는 걸린다. 개인의 능력에 따라 하루 만에 발급받는 경우도 보았지만, 행정 절차상 쉬운 일이 아니다. 관청이 쉬는 공휴일까지 고려하면 농지취득자격증명원을 발급받고 법원에 이를 제출하는 데 일주일이라는 기한은 매우 빠듯하다.

앞에서 말했듯이, 해당 관청이 갑자기 발급 거부 결정을 내리게 되면 이를 만회할 시간이 거의 없다. 이런 예기치 못한 경우에 대비해 농지취득자격증명원 발급 신청은 당일에 해서 하루 또는 이틀이라도 시간적 여유를 벌어두어야 한다. 갑작스럽게 발급이 거절될 경우 민원인에 따라서는 합리적이고 타당한 논리로 담당 공무원을 설득해 농지취득자격증명원을 받아내기도 하지만, 대개는 언쟁에 이어 법적 분쟁으로까지 나아가기도 한다.

농지취득자격증명원은 분쟁의 근원

일선 경매 현장에서 농지취득자격증명원을 둘러싼 분쟁은 생각보다 잦고 심각하다. 농지취득자격증명을 둘러싼 절차와 규정이 그만큼 까다롭고 복잡하기 때문이다. 행정관청의 공무원과 싸우지 않고 농지취득자격증명원을 발급받는 게 최우선이지만, 경우에 따라선 농지취득자격증명원을 발급하는 관청이나 경매와 등기 업무를 관장하는 법원의 부당한 처분과 결정에 맞서 다툴 수도 있어야 한다. 농지취득자격증명원 제도를 정확하게 이해하고 공부해두어야 하는 이유가 바로 여기에 있다.

농지는 그 정의에서부터 분쟁의 소지를 안고 있다. 앞서 설명한 대로 우리나라는 지목을 불문하고 현재 농지로 이용되고 있으면 농지로 간주한다는 현황주의를 채택하고 있다. 농지에 해당하는지는 담당 공무원의 주관적 견해가 개입될 수밖에 없는 유권적 해석과 판단에 전적으로 의존하고 있기 때문에, 농지취득자격증명원을 둘러싼 법적 분쟁은 그만큼 잦다.

농지법 제8조 1항에서 정한 농지의 소재지 읍면 및 구청이 1차 유권적 해석 기관임에는 틀림없으나, 농지를 판단하는 절대적이고 선험적인 기준은 있을 수 없다. 또한, 소재지 관청은 농지취득자격증명원을 증명할 뿐이지, 매매계약의 성립이나 유효 여부에 대한 심사권은 없다.

1차 판단기관인 읍면 및 구청에서 부당한 이유로 농지취득자격증명원 발급을 거부하거나 잘못된 해석과 판단에 따라 분쟁이 생기면 매수인은 법원에 소송을 제기해 처분을 바로잡아달라고 요구할 수 있다. 이러한 분쟁이 발생하면 먼저 변호사나 법무사와 같은 전문가와 상의하는 것도 좋지만, 농지취득자격증명원 제도에 대한 기본적인 지식과 정보를 알아두면 얼마든지 본인이 직접 해결할 수 있다.

이의신청과 즉시항고를 활용하라

농지 경매에서 가장 흔히 겪는 금전적 손해는 농지취득자격증명원을 제출하지 못해 입찰 보증금을 몰수당하는 경우다. 관할 관청의 잘못된 유권적 판단이나 부당한 행정 처분으로 인해 농지취득자격증명원을 발급받지 못하는 경우에는 억울한 손해를 입기도 한다. 보증금 몰수라는 최악의 피해를 줄이고, 나아가 부당한 행정 처분까지 막을 수 있는 구제 방법은 여러 가지가 있다.

먼저, 최고가매수신고인이 매각결정 기일 안에 매각불허가 신청을 내는 방법이다. 불허가 신청은 법원의 부당한 결정이나 행위에 대한 취소나 변경을 신청하는 이의신청의 한 종류로 '매각허가에 대한 이의신청'이라고도 한다. 이는 민사집행법 제121조에 매각허가에 관해 이의가 있을 경우, 최고가매수신고인은 이의신청을 할 수 있다는 조항에 근거한 것이다. 법률은 불허가 사유로 ▶ 최저매각가격의 결정, 일괄매각의 결정 또는 매각물건명세서의 작성에 중대한 흠이 있을 때 ▶ 강제 집행을 허가할 수 없거나 집행을 계속 진행할 수 없을 때 ▶ 최고가매수신고인이 부동산을 매수할 능력이나 자격이 없는 때 등으로 정하고 있다.

최저매각가격의 결정에 중대한 흠이 있는 경우는 감정평가서를 작성할 때의 하자, 감정평가액과 시세의 현저한 차이, 매각 물건의 면적의 상이 등이 있을 때 이를 증명하면 불허가결정을 받을 수 있다. 매각물건명세서의 작성에 중대한 흠은 선순위 임차인의 누락이나 최선순위 설정 일자의 상이, 매각물건명세서의 공고 내용의 하자 등으로 법원이 실수로 매각물건명세서를 잘못 기입한 경우가 주로 해당한다. 이 밖에 불허가결정을 받아낼 수 있는 여러 가지 사유와 방안들이 있지만, 낙찰자 본인의 과실에 의한 불허가 사유는 거의 받아들여지지 않으므로 유의해야 한다. 행정관청으로부터 예기치 않게 농지취득자격증명원 발급이 거부되었을 때 매각불허가 신청을 해볼 수도 있지만, 매각물건명세서나 감정평가서에 뚜렷한 하자가 없는 한 받아들여지기 어려울 수 있으므로 전문가나 변호사와 상의해 대처하는 것이 좋다.

두 번째는 즉시항고를 활용하는 방법이다. 즉시항고는 매각허가결정이나 매각불허가결정으로 손해를 입었다고 생각되는 경우 최고가매수신고인이나 차순위 매수신고인 등이 해당 법원에 제기할 수 있다. 매각허가결정을 다툴 때는 매각 가격의 10%를 공탁해야 하는데, 이는 채무자 등이 이해관계인이 항고를 이용해 경매 절차를 지연시키는 것을 방지하기 위해서다. 즉시항고는 통상적인 보통 항고와 달라 매각허가 또는 불허가결정일로부터 일주일 안에 해당 법원에 제출해야 한다.

농지취득자격증명원과 관련한 즉시항고는 주로 농지취득자격증명원 발급이 거절되었거나 기한 안에 농지취득자격증명원을 제출하지 못해 법원으로부터 매각불허가결정을 받았을 때 내게 된다. 특히 해당 관청의 부당한 처분으로 농지취득자격증명원을 발급받지 못해 보증금을 몰수당한다면 낙찰자 입장에선 여간 억울한 일이 아니다. 이런 경우 즉시항고를 제출하면 시간을 벌 수 있다. 항고심이 열리는 기간 안에 농지취득자격증명원을 재신청해 발급받으면 문제가 해결된다. 즉시항고가 기각될 경우 기각 통지를 받은 날로부터 20일 안에 재항고를 제기할 수 있다.

최악의 화해는 최상의 판결보다 낫다

필자는 앞에 열거한 법적 구제 방안들을 가급적 멀리하며 경매에 임하려고 애쓰고 있으나, 실제 농지 경매를 하다 보면 어쩔 수 없이 다툼을 벌여야 할 사안들이 생각보다 많이 발생한다. 이럴 때 변호사나 법무사의 도움을 받기도 하지만 복잡하지 않은 사안은 될 수 있으면 직접 해결하려고 노력한다. 이제는 법적 다툼에 필요한 절차나 문서 작성도 훤히 꿰뚫을 만큼 많은 경험을 쌓았다. 또한, 소송을 통해 농지 경매에 있어 참고할 만한 의미 있는 하급심 판결과 대법원 판례도 몇 가지 받아내기도 했다. 원상복구가 불가능하다는 이유로 농지취득자격증명원 발급을 거부한 관청을 상대로 농지취득자격증명원 발급 거절은 부당하다는 판결을 받아낸 행정소송이 대표적이다. 필자가 시간과 금전적 손해를 무릅쓰고 때로는 법적인 분쟁을 마다하지 않는 이유는 경매 전문가로서 행정관청과 경매 법원의 그릇된 판단과 부당한 처분에 맞서 농지 경매 참가자들에게 도움이 될 만한 선례를 만들고 싶다는 선의의 오기가 작용했기 때문이다.

이 책을 읽고 있는 독자 여러분에게는 이러한 분쟁적 해결 방안은 그다지 권하고 싶지 않다. 관할 관청의 농지취득자격증명원 발급 거부나 법원의 매각불허가결정에 대해 일일이 소송으로 대처하는 건 능사가 아니다. 분쟁과 관련해 "최악의 화해는 최상의 판결보다 낫다"라는 말이 있다. 관할 관청을 상대로 소송을 벌인다는 건 그만큼 시간 소모와 금전적 손해를 각오해야 한다.

경매는 끝없이 인내하는 과정이다. 이 과정에서 설득과 합의가 무엇보다 중요하다는 걸 명심해주기를 바란다. 특히 이론의 여지가 많은 농지취득자격증명원의 경우 담당자의 주관적 견해까지 개입할 경우 부당한 손해를 입기도 한다. 이럴 때일수록 관련 법조문이나 판례 등 참고 자료를 잘 준비해 상대방을 차분하게 설득하는 과정이 필요하다.

지금까지 농지취득자격증명원 제도에 대해 이론적 측면에서 자세히 살펴보았다. 농지 경매가 여러분에게 한 걸음 더 가까이 다가왔음을 느꼈으리라 믿는다. 다음 장에서는 필자가 농지 경매 실전에서 직접 겪었던 경험과 사례를 소개할 예정이다. 지금까지 배운 이론이 실전에서 어떻게 활용될 수 있는지 여러분들도 경험해보시길 바란다.

PART 6

농지 경매 실전 사례

Chapter 01

1973년 이전에 지어진
불법 건축물

권리분석의 핵심을 찾아라

2014년 충남 당진에 있는 농지 370평이 임의경매로 나왔다. 매물의 최초 감정가는 1억 5천만 원이었다. 그 물건은 두 차례 유찰을 거친 후, 감정가의 절반 정도인 7천 2백만 원까지 떨어져 있었다. 현장을 확인해보니 땅이 동네로 들어가는 삼거리 코너에 위치해 접근성이 매우 뛰어나 보였다. 게다가 허름하긴 해도 농지 위에 40평 규모의 농가주택이 지어져 있어 낙찰 후에 증·개축을 한다면 더 높은 가치를 실현할 수 있는 그런 땅이었다. 필자는 이 땅을 지인 A씨에게 매입을 권유했다. 충남 당진은 제철 공업단지 확장과 항만 개발, 고속도로 건설 등 굵직한 개발 이슈가 겹쳐 투자자들에게 인기가 많은 지역이다. 이런 호재에도 불구하고, 매물의 가격이 절반 이하로 떨어진 것은 농지취득자격증명원을 받을 수 있을지에 대한 부담 때문이었다. 매물에 대한 권리분석을 요약해보면, 우선 건축물은 매각에서 제외되어 있어 법정지상권이 성립할 여지가 있어 보였다. 또한, 농지 위 주택은 불법으로 지어진 건축물이었다. 마지막으로 매각물건명세서에 특별매각조건으로 농지취득자격증명원 제출을 요구하고 있었다. 농지취득자격증명원 미제출 시 보증금을 몰수한다는 조항도 함께 명시되어 있었다.

권리분석은 그 핵심을 놓치지 않는 게 중요하다. 이 매물에서 법정지상권을 문제 삼는다면 경매 경험이 좀 더 필요한 사람에 속한다. 혹 법정지상권이 성립한다 하더라도 이 매물에선 큰 의미가 없다는 걸 바로 알아차려야 한다. 가격이 절반 이하로 떨어진 데다 낡은 농가주택이라는 점을 고려하면 소유자 입장에서 법정지상권은 아무런 실익이 없기 때문이다. 끝까지 주택의 재산세로 법정지상권을 주장한다면 지료를 청구하더라도 낙찰자 입장에선 이익이다. 짐작한 대로 이 물건의 투자 가치는 농지취득자격증명원의 발급 여부에 달려 있다. A씨와 처음 현장을 둘러봤을 때 주택의 대문은 잠겨 있었지만, 마당에 빨래가 널려 있는 게 보였다. 이는 집에 누군가가 살고 있다는 뜻이다. 그 밖에 추가 정보를 더 얻으려면 동네 이장을 찾아가는 게 좋다. 대개 농촌 마을의 이장은 동네의 내력은 물론, 집 안의 젓가락 개수까지 꿸 정도로 동네 사정에 훤하기 때문이다. 이장을 찾아가 물어보니 그 집엔 땅 소유주의 동생이 살고 있고, 소유주인 형은 서울에 거주한다고 했다.

농지취득자격증명원 발급 불가의 전형적인 사례에 속하는 매물이었다. 지목이 전인 농지에 불법 건축물이 지어져 있고, 더군다나 그 건축물에 사람이 살고 있다면 농지취득자격증명원 발급은 물 건너간 것이라고 보아야 한다. 농지취득자격증명원 발급 기관은 이런 농지는 원상복구가 불가능하다고 판단하기 때문이다. 앞에서 말했지만, 최고가매수신고인의 귀책사유가 아닌, 불법 건축물이나 불법 형질변경에 의한 농지취득자격증명원 발급 거부는 법 해석상 여러 견해로 갈린다. 농지취득자격증명원이 거부되면 법원은 일단 매각을 불허한다. 이때 보증금은 법원의 매각조건 잘못으로 불허가되면 반환해주고 있지만, 낙찰자의 잘못으로 인한 불허가인 경우 몰수가 대부분이다. 이때 즉시항고로 보증금 반환 또는 매각허가를 주장할 수 있지만, 신청인의 뜻대로 풀리지 않는 게 송사라는 점을 명심해야 한다.

항공사진으로 건축연도 입증

바로 이 점이 이 물건의 위험 요소이면서 동시에 기회 요소다. 내가 이 물건의 매입을 A씨에게 권한 이유도 바로 거기에 있다. 농지 위에 지어진 낡은 농가주택이 1973년 이전에 지어졌다면, 해당 토지는 농지법에 의한 농지가 아닌, 농지개혁법 때의 농지이기 때문이다. 농지를 전용할 경우 농지전용허가를 받아야 한다는 규정은 1973년 1월 1일부터 시행된 농지의 보전과 이용에 관한 법률부터다. 따라서 1973년 이전에 건물이 이미 존재했다면 해당 건축물과 농지의 전용은 농지개혁법의 적용을 받아 이뤄진 것이므로, 현행 농지법상 농지에 해당하지 않는다는 게 핵심이다.

따라서 입찰 전 국토지리정보원에 가서 확인해보니 해당 건축물은 1966년에 찍은 항공사진에 나타나 있었다.

이를 확인한 후, A씨는 경매에 참여해 별다른 경쟁 없이 감정가의 60%에 물건을 낙찰받았다. A씨가 할 일은 낙찰 당일 면사무소로 찾아가 농지취득자격증명원을 신청하면서 국토지리정보원에서 수수료를 내고, 출력한 항공사진을 농지취득자격증명원 신청 시 담당자에게 증거 자료를 보강하는 것이었다. 그 사진을 본 담당 공무원은 무허가 건축물대장까지 확인한 후, 1973년 이전에 이미 건축물이 존재했다는 사실을 인정하면서 농지취득자격증명원 신청 반려통지서를 발급해주었다. 반려통지서에 '신청 대상 토지는 농지법에 의한 농지에 해당하지 않는다'는 문구와 함께 추가로 '1973년 1월 1일 이전에 불법 전용된 경우, 농지법상 농지로 보지 않으며, 농지취득자격 증명발급이 필요치 않다'는 사실도 명기해주었다. A씨는 이 통지서를 발급받아 법원에 제출해 무사히 해당 농지의 소유권 이전 등기를 마칠 수 있었다.

권리분석

- 건축물 매각 제외
- 지목이 전인 토지의 특별매각조건 농지취득자격증명원 제출
- 지목이 전인 토지에 불법 건축물이 존재하며 거주자 있음

2013 타경 15○○○(임의)		매각기일 : 2014-04-28 10:00~ (월)		경매3계 041-660-0600	
소재지	(○○○○○) 충청남도 당진시 면천면 성상리 [도로명주소] 충청남도 당진시 면천로			사건접수 2013-09-26	
물건종별	전	채권자	○○○ 대부	감정가	147,480,000원
토지면적	1219㎡ (368.75평)	채무자	이○숙	최저가	(49%) 72,265,000원
건물면적	건물 매각제외	소유자	이○숙	보증금	(10%) 7,227,000원
제시외면적	제외 : 137.8㎡ (41.68평)	매각대상	토지만매각	청구금액	20,000,000원
입찰방법	기일입찰	배당종기일	2013-12-30	개시결정	2013-09-26

기일현황

회차	매각기일	최저매각금액	결과
신건	2014-02-17	147,480,000원	유찰
2차	2014-03-24	103,236,000원	유찰
3차	2014-04-28	72,265,000원	매각
윤경○외1인/입찰2명/낙찰91,100,000원(62%)			
	2014-05-02	매각결정기일	허가
	2014-05-30	대금지급기한	납부

📋 물건현황/토지이용계획	📋 면적(단위 : ㎡)	📋 임차인/대항력여부	📋 등기부현황/소멸여부
'면천초교'동측 인근에 위치	**[토지]**	배당종기일 : 2013-12-30	**소유권** 이전 1979-03-29 토지 이○헌 매매
주위로 단독주택 및 전·답등의 농경지 임야 근린생활시설 등 형성	성상리 전 1,219 (368.75평)	- 채무자(소유자)점유	**소유권** 이전 2009-08-04 토지 이○숙 협의분할에 의한 상속
대상물건까지 차량출입 가능 인근에 시내버스정류장이 소재 대중교통상황 보통	**[제시외]**	🔲 **매각물건명세서**	**(근)저당** 토지 소멸 기준 2009-08-17 토지 면천농업협동조합 13,000,000원
사다리형 토지	수목 감나무외 면적 포함	🔲 **예상배당표**	**(근)저당** 소멸 2010-06-10 토지 면천농업협동조합 13,000,000원
북동측 아스팔트포장도로인 소로한면에 접합	주택,창고 조적조 면적 126.6㎡ (38.3)평제외		**(근)저당** 소멸 2011-01-25 토지 베리온 30,000,000원
가축사육제한구역	창고 목조 면적 11.2㎡ (3.39)평제외		**(근)저당** 소멸 2011-03-03 토지 베리온 15,000,000원
자연녹지지역(성상리)			**압류** 소멸 2011-11-30 토지 국민건강보험공단 (징수부-4532)
🔲 **토지이용계획/공시지가**			**가압류** 소멸 2012-02-15 토지 서울신용보증재단 5,800,000원
🔲 **부동산정보 통합열람**			**(근)저당** 소멸 2013-03-14 토지 진양주류 30,000,000원
🔲 **감정평가서**			**임의경매** 소멸 2013-09-27 토지 ○○○대부 청구 : 20,000,000원 **2013타경15109(배당종결)**

📋 감정평가현황 (주)대화감정	
가격시점	2013-10-25
감정가	147,480,000원
토지	(99.19%) 146,280,000원
제시외포함	(0.81%) 1,200,000원
제시외제외	(17.55%) 25,880,000원

▷ 채권총액 :
106,800,000원

🔲 **등기부등본열람**
토지열람 : 2013-10-01

명세서 요약사항 ▶ 최선순위 설정일자 2009. 8. 17. 근저당권	
매각으로 소멸되지 않는 등기부권리	해당사항없음
매각으로 설정된 것으로 보는 지상권	비고란기재
주의사항 / 법원문건접수 요약	농지취득자격증명원 제출요 (미제출시 보증금몰수) 제시외수목포함 매각에서제외되는 건물있음 법정지상권성립여지있음

농지법은 농지의 보전과 이용에 관한 법률에서 1996년 1월부터 농지법을 적용했으며, 그 이전인 농지의 보전과 이용에 관한 법률에서부터 농지를 전용할 경우 농지전용허가를 받아야 한다고 되어 있다. 농지의 보전과 이용에 관한 법률은 1973년 1월 1일부터 시행되었다. 따라서 1973년 1월 1일 이전부터 건물이 존재했다면 이 토지의 법규적용은 농지개혁법 때의 건축물이 건축된 것으로, 현재의 농지법에 해당하지 않는 농지로서 농지취득자격증명원 없이도 농지 취득이 가능하다.

수원에 소재하는 국토지리정보원에서 1973년 이전의 항공사진을 제공해 1973년 1월 1일 이전부터 건물이 존재했다는 사진을 제출하게 되면 농지취득자격증명원 반려증을 만들어준다. 이 농지취득자격증명원 반려증은 농지법상 농지가 아니기에 농지취득자격증명원이 없이도 등기 이전이 가능하다.

-4220　1966년촬영(면천면 성상리▨▨-2일원)　국토지리정보원

면 천 면

수신 : 경기도 기흥구 동백7로
　　　윤○화
(경유)
제목 농지취득 자격증명서　신청서 반려

　　1.농지취득자격증명신청(접수번호 1475/2014.04.28.)과 관련입니다.

　　2.귀하께서 신청하신 농지취득자격증명 신청농지를 확인한 결과 아래와 같은 사유로
신청건을 반려하오니 농지취득시 참고하시기 바랍니다.

　　　　　　　　　　　　아　　　　　래

취득농지(신청)의 표시

지　번	면　적	지　목		농지구분
		공부	실제	
당진시 면천면 성상리	42.34m²	전	대(주택)	비진흥

♣ 반려사유 : 신청대상 토지는 농지법에 의한 농지에 해당되지 아니함
(1973.1.1.이전에 불법전용된 경우. 농지법상 농지로 보지 않으며 농지취득자격증명발급이
필요치 않음) 끝

Chapter 02

농지 공무원의 사전 약속도
때로는 뒤집힌다

경매 전에 농지취득자격증명원 발급 여부 체크

2014년 여름, 충남 당진의 유사한 농지가 경매에 나왔을 때 겪은 일이다. 당진의 한 읍을 가로지르는 2차선 국도변에 310평 크기의 농지가 경매로 나왔다. 땅 위엔 괜찮은 건물과 창고 등 총 70평 규모의 건물이 지어져 있었고, 그 건물들은 매각에서 제외되어 있었다. 당진의 개발 호재에다 인근에 KTX 역까지 들어설 예정이어서 높은 폭의 가치 상승과 이익 실현이 가능한 물건이었다. 최초 감정가는 8천 7백만 원으로 한 차례 유찰 후 70%인 6천 1백만 원까지 떨어져 있었다. 문제는 앞의 사례와 마찬가지로 불법 건축물이라는 점과 농지취득자격증명원 제출이 필요하다는 점이다. 한 가지 다른 점이 있다면 사람이 살고 있지 않은 빈집이라는 것이다. 이 점 때문에 건물을 철거하고 원상복구를 하겠다는 사후복구계획서를 제출하면 농지취득자격증명원 발급이 가능할 것 같았다. 낙찰받은 후 일정 비용을 들여 건물을 양성화하면 꽤 성공적인 투자가 될 것이라는 결론에 이르렀다. 낙찰받기 전에 농지취득자격증명원 발급이 가능한지 여부를 알아보기 위해 읍사무소를 직접 찾아갔다. 담당자가 자리를 비웠지만 다른 직원이 친절하게 전화로 연결해줘 통화를 할 수 있었다. 담당자는 "건물을 철거하고 농지로 복구하겠다는 각서를 제출하면 농지취득자격증명원을 발급해주겠다"고 약속했다. 그렇게 해서 이 물건은 당시 필자의 강의를 듣고 있던 수강생 B씨가 응찰해 감정가 79%에 단독으로 낙찰받았다.

B씨는 낙찰 당일 오후 읍사무소로 가서 농업경영계획서와 사후복구계획서를 써내고 농지취득자격증명원 발급신청을 했다. 담당자가 4일 뒤에 오라고 했기에 4일 뒤, 아침 일찍 읍사무소로 다시 찾아갔다. 담당자가 아직 준비가 안 되었으니 12시에 다시 오라고 해 12시까지 기다렸다. 12시가 되어 다시 가보니 아직 준비가 안 되었다며 오후 2시까지 또 기다려 달라고 해, B씨는 무엇인가 일이 잘못되어가고 있음을 직감했다. 필자가 B씨로부터 다급한 연락을 받고 읍사무소로 달려간 것은 오후 4시쯤이었다. 필자가 도착해서 담당 공무원에게 물어보니 그제야 농지취득자격증명원 발급을 못 해주겠다는 것이었다. 이럴 때일수록 침착하고 냉정하게 대처해야 한다고 늘 다짐하곤 했지만, 감정

을 다스린다는 게 그렇게 말처럼 쉬운 게 아니라는 걸 그날 다시 한번 깨달았다. 구두 약속도 약속이 아니던가. 엊그제 전화상으로 흔쾌히 약속했다가 갑자기 약속을 뒤집은 담당 공무원을 코앞에서 보고 있자니 그만 화가 치솟고 말았다. 필자는 바로 읍장실로 찾아가 읍장에게 따졌다. 논리를 갖춰 따지는 나의 주장에 읍장은 "나는 담당자의 판단을 믿는다. 담당자가 못 해준다고 하니까 못 해주겠다"는 옹색한 답변을 내놓았다. 왜 못 내주느냐고 계속 따지니 "미안하지만, 못 해주겠다"는 답변으로 일관했다.

잘못된 처분에 맞선 법적 소송

읍장과 한바탕 싸움 아닌 싸움을 벌이고 나서 읍사무소를 나오니 분한 마음에 밤잠을 이룰 수가 없었다. 밤새 고민하다가 다음 날 아침 혹시나 싶어 수원의 국토정보지리원에 갔더니 다행히 1966년 항공사진에 그 건축물이 찍혀 있었다. 당장 담당 공무원에게 전화를 걸어 물었더니 "그 사진을 갖고 오면 해주겠다"라는 답변이 돌아왔다. 한결 가벼워진 마음으로 항공사진을 출력해 읍사무소를 다시 찾아갔다. 그런데 이번에도 날벼락 같은 결과가 기다리고 있었다. 담당 공무원은 이번엔 읍장이 막무가내로 안 된다고 해서 못 해주겠다는 것이었다. 읍장이 담당 공무원에게 업무처리의 일관성을 들어 오히려 질책했다는 것이다. 어제 읍장과 한바탕 싸움을 벌인 게 독이 된 것 같다는 생각이 들었다.

이 사건은 명백한 농지취득자격증명원 발급 사유에도 불구하고 농지취득자격증명원에 대한 1차 유권적 해석기관인 관할 관청의 그릇된 판단과 결정에 따라 농지취득자격증명원 발급이 거부될 수도 있다는 걸 보여주는 좋은 사례다. 끝내 농지취득자격증명원 발급이 거부되어 B씨와 필자는 플랜 B를 실행할 수밖에 없었다. 법원에 매각허가결정을 연기해달라는 즉시항고를 제출하고, 관할 관청의 부당한 행정 처분을 바로 잡아달라는 즉시항고소송을 냈다. 앞서 언급한 대로 소송은 정신적으로나 재정적으로나 피곤한 일이다. 법적 다툼으로 가지 않는 게 최선이지만, 올바른 선례와 판례를 확보한다는 심정으로 어쩔 수 없이 소송을 진행했다. 소송 과정에서 농림수산식품부로부터 1973년 이전에 불법으로 건축물이 지어진 농지는 현행 농지법상 농지에 해당하지 않아 토지를 취득하려는 경우에 농지취득자격증명원이 필요하지 않다는 답변도 받아냈다.

하지만 이 사건은 승소를 눈앞에 두고 아쉽게도 경매가 취하되는 바람에 보증금을 돌려받고 흐지부지 끝나버리고 말았다. 나중에 이 사건의 채무자 쪽에 경매꾼들이 개입해 벌어진 소동이라는 것을 전해 들었다. 강력한 민원을 제기해 농지취득자격증명원 발급을 방해하고선 낙찰가를 낮추려는 속셈이었다. 농지 경매에서 농지취득자격증명원 발급이 성공의 절반이라는 것과 담당 공무원의 유권적 판단이 나머지 성공을 좌우한다는 걸 이번 사례에서 다시 한번 실감했다.

권리분석

- 건축물 매각 제외
- 지목이 전인 토지의 농지취득자격증명원 제출
- 지목이 전인 토지에 불법 건축물이 존재하며 거주자 없음

2013 타경 19○○○(임의)		매각기일 : 2014-07-28 10:00~ (월)		경매2계 041-660-0692	
소재지	(○○○○○) 충청남도 당진시 합덕읍 대합덕리 [도로명주소] 충청남도 당진시 상덕호				
물건종별	전	채권자	김○자	감정가	87,328,000원
토지면적	1032㎡ (312,18평)	채무자	김○용	최저가	(70%) 61,130,000원
건물면적	건물 매각제외	소유자	최○분	보증금	(10%) 6,113,000원
제시외면적	제외 : 230,5㎡ (69,73평)	매각대상	토지만매각	청구금액	112,000,000원
입찰방법	기일입찰	배당종기일	2014-03-03	개시결정	2013-12-11

기일현황

회차	매각기일	최저매각금액	결과
신건	2014-04-07	87,328,000원	변경
신건	2014-06-23	87,328,000원	유찰
2차	2014-07-28	61,130,000원	매각
임의/입찰1명/낙찰68,700,000원(79%)			
	2014-08-04	매각결정기일	불허가

物件현황/토지이용계획	面積(단위:㎡)	임차인/대항력여부	등기부현황/소멸여부
사거리마을 북측 인근에 위치 주위는 농경지 단독주택 등이 소재 본건까지 차량접근이 가능 인근에 시내버스 정류장이 소재 대중교통 사정은 보통 부정형 토지 서측 왕복 2차선 포장도로가 소재 계획관리지역(대합덕리 36〇) 계획관리지역(대합덕리 36〇) 🔍 토지이용계획/공시지가 🔍 부동산정보 통합열람 🔍 감정평가서	**[토지]** 대합덕리 36〇 전 614 (185.73평) 대합덕리 36〇 전 418 (126.44평) **[제시외]** 축사 블럭조 면적 78㎡ (23.59)평제외 창고 철파이프조 면적 45㎡ (13.61)평제외 창고 블럭조 면적 15㎡ (4.54)평제외 주택 블럭조 면적 88㎡ (26.62)평제외 창고 블럭조 면적 4.5㎡ (1.36)평제외	배당종기일 : 2014-03-03 - 채무자(소유자)점유 🔍 매각물건명세서 🔍 예상배당표	소유권　　　　　이전 2003-08-12　　토지 김〇구 협의분할에 의한 상속 소유권　　　　　이전 2009-12-04　　토지 최〇분 상속 (근)저당　　토지소멸기준 2011-08-31　　토지 김〇자 140,000,000원 지상권　　　　　소멸 2011-08-31　　토지 김〇자 (근)저당　　　　소멸 2011-08-31　　토지 한〇식 28,000,000원 임의경매　　　　소멸 2013-12-11　　토지 김〇자 청구 : 112,000,000원 2013타경19200(기갑) ▷ 채권총액 : 168,000,000원 🔍 등기부등본열람 토지열람 : 2014-06-09

감정평가현황 (주)태평양감정		
가격시점	2013-12-23	
감정가	87,328,000원	
토지	(100%) 87,328,000원	
제시외제외	(37.32%) 32,590,000원	

명세서 요약사항 ▸ 최선순위 설정일자 목록1,2)2011,8,31,근저당권	
매각으로 소멸되지 않는 등기부권리	해당사항 없음
매각으로 설정된 것으로 보는 지상권	해당사항 없음
주의사항 / 법원문건접수 요약	일괄매각,제시외 건물 제외 매각-법정지상권 성립여지 있음,목록1,2) 농지취득자격증명원 필요- 미제출시 보증금 몰수, 현황-목록1)축사부지,전,단독주택 부속토지,목록2)단독주택 부지, 2014-04-07 채권자 김영〇 기일연기신청 제출 2014-08-04 최고가매수신고인 연기신청서 제출

"행복한 변화, 살고 싶은 당진"

합 덕 읍

수신 임○회 귀하 (우○○○○○ 경기도 의정부시 동일로)

(경유)

제목 농지취득자격증명 신청 미발급 안내

    1. 농지취득자격증명 신청(접수번호:2014-5680090-0008530)호와 관련입니다.

    2. 귀하께서 신청하신 농지취득자격증명 신청농지를 현지 확인한 결과 아래와 같은 사유로 미발급 처리 하오니 양지하여 주시기 바랍니다.

농지소재지					비고(현황)
리	지번	지목	취득면적(㎡)	농지구분	
대합덕리	360-11	전	614	진흥밖	대(창고,축사,나대지)
대합덕리	360-17	전	418	진흥밖	대(주택,창고)

※ 미발급사유 : 신청대상 농지는 농지법상 농지이나 현지조사 결과 주택과 창고가 있는 대로 불법으로 형질 변경한 부분에 대한 복구가 필요하며 현 상태에서는 농지취득자격증명을 발급할 수 없음 끝.

합 덕 읍

산업팀장 정○   합덕읍장 심영○   2014. 8. 6.

협조자

시행 합덕읍-12375   (2014. 8. 6.)   접수

우 343-907   충청남도 당진시 합덕읍 에덕로 403 합덕읍사무소   / http://www.dangjin.go.kr/

전화번호 041-360-8040   팩스번호 041-360-8059   / donky64@korea.kr   / 비공개(6)

40-4763-1919

주소 하나로 바르고 편리한 생활, 이제 도로명주소입니다.

정부3.0, 국민과의 약속

농림축산식품부

수신 이종실 귀하 (우○○○○○ 서울특별시 강남구 테헤란로

(경유)

제목 민원회신(농지취득자격증명 발급 관련)

　　1. 안녕하십니까? 평소 우리 농림축산식품 행정에 관심을 가져 주셔서 감사드립니다. 귀하께서 질의하신 내용에 대해 다음과 같이 답변을 드립니다.

　　2. 질의내용

　　　① 국토지리정보원 항공사진을 확인한 바 1966년 이전부터 주택이 존재하고 있었던 토지(대합덕리 36○-17)에 대하여 농지취득자격증명 발급이 필요한지

　　　② 토지(대합덕리 36○-11) 일부에 축사로 사용하였던 건물이 현존하는 경우 농지취득자격증명 발급이 가능한지 여부

　　　③ 위 두 필지를 일괄경매로 취득하고자 할 경우 농지취득자격증명을 필지별로 각각 받는지, 두 필지를 농지취득자격증명서 한 장에 표시하여 발급받는지

　　3. 답변내용

　　　① 농지전용허가제도가 도입된 「농지의 보전 및 이용에 관한 법률」 시행일 (1973.1.1) 이전부터 농지 이외의 용도로 사용되고 있는 것이 객관적으로 입증되는 토지는 농지법상 농지에 해당되지 않아 당해 토지를 취득하려는 경우에는 농지취득자격증명이 필요하지 않습니다.

　　　＊ 농지취득자격증명 발급신청 시 관할 지자체에서는 "신청대상 토지가 「농지법」에 의한 농지에 해당되지 아니함"으로 자격증명 미발급 사유를 명시하여 신청인에게 통보함

　　　② 1973.1.1 이전부터 토지의 일부 면적이 농지로 이용되지 않았다면, 그 면적을 제외한 나머지 면적에 대하여는 농지취득자격증명 발급 신청이 가능합니다.

　　　③ 두 필지 모두 농지법상 농지인 경우에는 두 필지의 정보를 한 장의 농지취득자격증명서에 기재하여 발급하고 있음을 알려 드립니다.

　　　＊ 다만, 귀하께서 질의하신 해당 토지가 농지법상 농지인지 여부는 관할 지자체의 현장 확인 등이 필요한 사항임을 답변 드립니다. 끝.

'행복한 변화, 살고 싶은 당진'

합 덕 읍

수신 임○회 귀하 (우○○○○○ 경기도 의정부시 동일로○○○)

(경유)

제목 농지취득자격증명 신청 미발급 안내

1. 농지취득자격증명 신청(접수번호:2014-5680090-0000000)호와 관련입니다.
2. 귀하께서 신청하신 농지취득자격증명 신청농지를 현지 확인한 결과 아래와 같은 사유로 미발급 처리 하오니 양지하여 주시기 바랍니다.

농지소재지					비고(현황)
리	지번	지목	취득면적(㎡)	농지구분	
대합덕리	360-11	전	614	진흥밖	축사, 나대지
대합덕리	360-17	전	418	진흥밖	주택, 창고

※ 미발급사유 : 신청대상 농지는 농지법상 농지이나 현지조사 결과 주택과 창고, 축사 등이 있는 불법으로 형질 변경한 부분에 대한 복구가 필요하며 현 상태에서는 농지취득자격증명을 발급할 수 없음 끝.

합 덕 읍

산업팀장 정○   합덕읍부읍장 김영○   합덕읍장 심영○   2014. 7. 31.

협조자

시행 합덕읍-12047   (2014. 7. 31.)   접수

우 343-907 충청남도 당진시 합덕읍 예덕로 403 합덕읍사무소   / http://www.dangjin.go.kr/

전화번호 041-360-8040 팩스번호 041-360-8059 / donky64@korea.kr   / 비공개(6)

주소 하나로 바르고 편리한 생활, 이제 도로명주소입니다.

매각허가결정 (연기)신청서

사　건　　2013 타경 19200　　부동산임의경매

채권자　김　○　자

채무자　김　○　용

소유자　최　○　분

근저당권자 한　○　식

경락인　임　○　회 (670809- ******)

　　　　　의정부시 동이로 ○○○,

　　위 사건에 관하여, 경락인의 대리인은 다음과 같이 매각허가결정을 연기

신청합니다.

다　　　　음

1. 경락인은 귀원 위 사건의 2014. 7. 28. 경매기일에 금6,870만원에 경락받
　　았습니다.

2. 경락인이 경락받은 경락목적물은 충남 당진시 합덕읍 대합덕리 360-11
　　전 614㎡ 및 위 같은 리 361-17 전 418㎡(이하 '이 사건 토지'라 합니

다)로서 매각허가결정을 위하여 농지취득자격증명원이 필요한 농지라는 것입니다.

3. 이 사건 토지상의 건축물은 1950년대에 건축된 건축물인데도 가옥대장 등 공적장부의 미비로 증명할 길이 없어 현재까지도 농지취득자격증명원을 발급받지 못했으나, 경락인은 2014. 8. 1. 국토지리정보원의 항공사진 2장(1966년 촬영, 1977년 촬영)을 2014. 8. 1. 입수해서 농지취득자격증명원을 신청한 상태입니다.

그런데, 농지법상 농지상에 불법건축물이 존재할 경우 농지취득자격증명원이 발급되지 않는데, 농지의보전및이용에관한법률 시행일인 1973. 1. 1. 이전에 건축된 건축물이 존재할 경우 농지에 해당되지 않으므로 농지취득자격증명원을 발급받지 않고 취득할 수 있습니다.

4. 결국, 이 사건 토지는 1973. 1. 1. 이전에 불법전용된 경우로서, 농지법상 농지로 보지 않으며, 농지취득자격증명 발급이 필요치 않은 경우에 해당한다 할 것입니다.

5. 따라서, 위 부동산임의경매에 대하여 매각허가결정을 내려 주시거나 위 경락목적물은 농지법상 농지가 아니라는 증명서를 제출할 예정인 바, 합덕읍사무소 담당직원이 경락인의 농지취득자격증명 신청에 대한 처리

가 지연되고 있어 일주일 정도 <u>경락허가결정을 연기</u>하여 주시기 바랍니다.

소　명　자　료

1. 소갑 제1호증의 1, 2　　　각 항공사진
1. 소갑 제2호증의 1, 2　　　각 인터넷 지도(위 지번이 도로명주소상에는 당진시 함덕읍 상덕로 740번지입니다)
1. 소갑 제3호증　　　농지민원사례집
1. 소갑 제4호증의 1　　　경매사건(본건과 동일한 사례의 경우 농지취득자격증명 발급이 필요치 않음)
1. 소갑 제4호증의 2　　　농지취득자격증명신청서 반려

2014.　　8.　　.

위 경락인의 대리인

변호사　손　한　○

대전지방법원 서산지원 경매2계 귀중

항 고 장

항고인(경락인)   임○희

의정부시 동이로 400,

위 항고인(경락인)의 대리인 변호사   손   한   ○

서산시 공림4로 ○○. ○○○호

귀원 2013타경19○○○부동산임의경매 사건에 관하여, 항고인(경락인)은 귀원이 2014. 8. 4.에 선고·고지한 별지 목록 기재 부동산에 대한 매각불허가결정에 대하여 불복하고 즉시항고를 제기합니다.

원결정의 표시

별지 목록 기재의 부동산에 대하여 경락인에게 매각을 불허가한다.

항 고 취 지

원심 법원이 별지 목록 기재 부동산에 대하여 2014. 8. 24.에 한 매각불허가결정은 이를 취소한다.

라는 재판을 구합니다.

항 고 이 유

원심에서 항고인은 별지 목록 기재 부동산은 1973. 1. 1. 이전에 불법전용된 경우에 해당되어 농지법상 농지로 볼 수 없어 농지취득자격증명이 필요하지 않음에도 경락인이 농지취득자격증명원을 제출하지 않았다는 이유로 매각불허가결정을 한 것은 위법이므로 이 사건 항고에 이른 것입니다.

소 명 방 법

1. 소갑 제1호증   농지취득자격증명 신청 미발급 안내

1. 소갑 제2호증의 1, 2   각 항공사진(별지 목록 기재 부동산에 1973. 1. 1.
                        이전에 건물이 있는 사실)

1. 소갑 제3호증의 1, 2   각 인터넷 지도(위 지번이 도로명주소상에는 당진
                        시 합덕읍 상덕로 740번지입니다)

1. 소갑 제4호증   농지민원사례집

1. 소갑 제5호증의 1   경매사건(본건과 동일한 사례의 경우 농지취득자
                        격증명 발급이 필요치 않음)

1. 소갑 제5호증의 2   농지취득자격증명신청서 반려(〃   )

1. 소갑 제5호증의 3   인공사진(〃   )

Chapter 03

합법 건물이 있는 농지는 농지가 아니다

복잡한 권리관계로 얽힌 농지

"교수님, 아주 복잡하게 얽혀 있는 물건인데 이거 어떻습니까?"

2014년 10월 초 경매를 갓 시작한 수강생 P씨가 경매 물건을 보여주며 도움을 요청해왔다. P씨가 관심을 보인 물건은 경기도 이천에 있는 350평짜리 밭으로 2억 8천만 원에 시작한 매각가격이 네 차례의 유찰 끝에 6천 7백만 원으로 내려가 있었다. 얼핏 돈이 될 만한 물건처럼 보이지만, 네 차례나 사람들의 외면을 받은 데는 그만한 사정이 있기 마련이다. 한눈에 보아도 토지와 건물의 권리관계가 복잡하게 얽혀 있어 경매 초보자들이 입찰하기엔 상당히 까다로운 물건이었다.

우선 한 필지로 되어 있는 농지 위에 건물이 네 채나 지어져 있었고, 모두 법정지상권이 성립하지 않는 물건이었다. 좀 더 면밀하게 들여다보니 네 채의 건물이 제각각이었다. 네 채 모두 건물 주인이 다르고, 세 채는 주택으로 사용 중이며, 나머지 한 채는 슈퍼로 사용 중이었다. 건축물대장을 떼어 확인해보니 세 채는 무허가 건물이고, 나머지 한 채만 일반건축물대장에 등재된 합법 건축물이었다. 또한, 이들 건물은 모두 매각에서 제외되어 있어 토지를 낙찰받더라도 네 명의 건물주와 일일이 협상을 벌여야 하는 난제가 눈앞에 아른거리는 물건이었다.

두 번째 과제는 매각 토지가 지분이라는 것이었다. 토지는 세 사람이 공동으로 소유하고 있었고, 그중 두 사람의 토지 3분의 2가 지분으로 경매에 나온 것이다. 경매에서 지분매각 또한 경매 경험이 부족한 사람들에겐 여간 까다로운 게 아니다. 낙찰받은 후 나머지 지분권자와 분할이나 매각 협상을 벌여야 하고, 협상이 결렬되면 지루한 송사로 이어질 수 있기 때문이다.

마지막으로 걸리는 대목은 역시 농지취득자격증명원 발급 여부였다. 게다가 앞에서 살펴본 대로 세 채나 되는 무허가 건물이 지어져 있는 데다, 건물 주인들이 식구들과 함께 거주하고 있어 원상복구가 불가능하다는 판단이 내려질 게 뻔했다. 한마디로 걸림돌이 삼종으로 겹쳐 있는 장애물 종합세트여서 자칫 응찰에 나섰다가 입찰보증금만 속절없이 떼일 수 있는 위험천만한 물건이었다.

그러나 필자는 더 꼼꼼하게 권리분석을 한 결과, 실타래처럼 복잡하게 얽혀 있긴 해도 의외로 쉽게 풀 수도 있겠다는 판단을 하게 되었다. 낙찰 후에 있을 토지 매각 시나리오까지 만들어 P씨를 설득했다. 결심을 굳힌 P씨가 경매에 참여해 단독으로 감정가의 4분의 1가격에 낙찰받았다.

'농지취득자격증명원부터 받아오시죠'

필자는 물건을 낙찰받은 그날 건물주 중의 한 사람인 슈퍼주인을 직접 찾아갔다. 슈퍼의 여주인에게 라면을 하나 끓여달라고 한 뒤 라면을 다 먹어갈 즈음 본론을 꺼냈다.

"제가 여기 땅을 이번에 경매에서 낙찰받은 사람입니다. 제가 토지를 네 명의 건물 주인에게 나눠서 팔려고 하는데, 다른 분에게도 연락을 해주시면 고맙겠습니다."

이 이야기를 들은 여주인의 인상이 갑자기 험악해지더니 대뜸 큰소리로 말했다.

"그래요? 우리도 이 땅이 경매에 나온 거 다 알고 있는데, 등기까지 무사히 마치거든 그때 와서 다시 이야기하시죠."

필자는 여주인의 반응을 예상했던 터라 조용히 대꾸했다.

"네, 알겠습니다. 그럼 다음에 다시 찾아뵙겠습니다."

그랬더니 여주인이 다시 당당한 목소리로 덧붙여왔다.

"우리도 다 조사를 해봤는데, 이 땅의 지목이 전(田)이라는 건

알고 계시죠? 불법 건축물이기 때문에 농지취득자격증명원 발급이 절대 안 된다고 해서 저희도 경매에 안 들어간 거예요. 농지취득자격증명원 받고 잔금 내고 난 후 등기 이전되면 그때 봅시다."

"네, 알겠습니다."

그렇게 말해놓고 슈퍼에서 나오는데 여주인의 큰소리가 등 뒤에서 다시 한번 들려왔다.

"흥! 농지취득자격증명원이 나오나, 안 나오나 두고 보라지."

이 물건에 대한 권리분석의 핵심은 슈퍼 여주인의 말대로 농지취득자격증명원이 발급되는지였다. 앞서 설명한 조건 때문에 이 물건의 농지취득자격증명원 발급은 불가능하다. 그러나 이번 물건에서 눈여겨봐야 할 대목은 네 채의 건물 중 한 채가 합법 건축물이라는 점이다. 바로 이 점이 이 물건이 대박으로 가는 동아줄이었던 셈이다.

P씨는 농지취득자격증명원을 신청해놓고 나서도 여전히 근심 어린 표정이었다. 필자는 사전에 설명한 대로 담당 공무원에게 합법 건축물이 등재된 건축물관리대장을 보여주면 농지취득자격증명원을 발급해줄 것이라고 다시 한번 P씨를 안심시켰다. 나흘 뒤 농지취득자격증명원을 받으러 간 P씨에게서 드디어 연락이 왔다. 읍사무소에서 내 말대로 해당 필지는 농지에 해당하지 않는다는 취지가 적힌 반려통지서를 내줬단다.

합법 건축은 합법적 전용을 의미한다

여기서 우리가 알아야 할 점은 한 개의 건물이라도 건축물관리대장에 등재되어 있다면, 그 필지 전체는 이미 농지법상 농지가 아니라는 사실이다. 해당 관청에서 합법적으로 건축허가를 내주었다는 것은 이미 농지전용 행위가 이루어졌다는 것을 의미하는 것이다(물론 1973년 이전에 건물이 지어졌다면 농지전용허가가 필요 없다). 또한, 건축허가를 받아 적절한 절차에 따라 건축 행위가 이루어졌으며, 단지 마지막 절차인 지목변경만 안 했을 뿐 해당 토지는 사실상 대지나 마찬가지라는 것이다. 이러한 사실을 알아두면 비슷한 사례에 자신 있게 대응할 수 있을 것이다.

등기 이전을 마친 후 슈퍼 여주인과 다시 만났다. 그 후에 일어난 복잡한 일들은 경매와는 관계없지만, 물건의 처리 과정을 알아두면 도움이 될 것 같아 소개하고자 한다. 흔히들 경매의 꽃은 권리분석이라고 하지만, 경매의 최종 목적인 이익 실현이 더 중요하다는 사실을 간과해선 안 된다. 이번 물건은 건물 주인들에게 적정한 가격으로 되파는 게 최종 목적인 셈이다. 하지만 권리관계가 워낙 복잡하게 얽혀 있어 그 과정이 순탄하지만은 않았다. 오랫동안 건설회사에서 근무하면서 실전에서 건축 경험을 풍부하게 쌓았던 필자조차도 힘에 겨울 정도로 어려웠다. 네 개의 건물이 앉은 한 필지의 농지를 나누는 게 그중 하나다.

먼저 토지 분할과 현황 측량은 해당 농지가 있는 지역의 토목회사에 맡겼다. 그 과정에서 웃지 못할 일도 있었다. 건물주 네 명 중 한 사람이 시에 근무하는 건설 관련 공무원이었다. 토목 직원이 측량하고 있는데 그 사람이 나타나 어떻게 농지취득자격증명원을 받았느냐고 놀라워했다는 것이다. 농지취득자격증명원 발급이 불가능하다고 그곳 건물주들이 굳게 믿었던 것도 그 공무원의 잘못된 정보 때문이었다. 그가 시에 무허가 건물이 있는데 농지취득자격증명원 발급이 되는지를 물어보았고, 당연히 안 된다는 답변을 듣고 나머지 건물주들을 안심시켰던 모양이었다. 이처럼 농지취득자격증명원 발급 문제는 건설 관련 공무원조차 실수를 할 정도로 어렵다는 걸 잘 보여주는 대목이다.

　해당 농지의 지적 분할도 애를 먹었다. 시에 들어갔던 측량 직원한테서 연락이 왔다. 시 농지과에 들어갔더니 농지라서 절대 분할해줄 수 없다고 하더라는 것이다. 할 수 없이 내가 측량 직원을 데리고 시 농지과로 찾아갔다. 해당 토지는 현행 농지법상 농지가 아니고 건축물관리대장이 있는 사실상 대지인데, 왜 현재 농지법 적용을 적용하며 분할을 못 해주느냐고 정중하게 따졌다. 그랬더니 농지과 공무원이 농지법 대상이 아니면 왜 농지과로 왔냐는 것이다. 듣고 보니 맞는 말이었다. 들를 필요가 없는 농지과에 들른 측량 직원의 잘못이었다. 바로 지적과로 가서 분할 신청을 했다. 건축물관리대장이 없는 건물까지 포함해 네 개로 분할 신청하면 분할이 불가능하나, 건축물관리대장이 존재하는 중간의 한 채의 토지분할 신청을 하면 자동으로 세 개는 분할이 된다고 담당자가 귀띔해주어 무사히 토지 분할을 신청할 수 있었다.

그런 다음 나머지 지분권자와 몇 차례 만나 매각과 가격 협상을 마무리하고, 이어 의기양양했던 슈퍼 여주인을 포함한 건물주 네 명을 만나 협상을 벌였다. 우여곡절 끝에 실거래가보다 약간 낮은 가격에 네 개 필지로 나눈 땅을 해당 건물 주인들에게 모두 팔았다. P씨는 이 과정에서 높은 수준의 이익을 실현했음은 물론이다.

📋 **권리분석**

– 건축물 매각 제외

– 지목이 전인 토지의 농지취득자격증명원 제출

– 필지는 3-24 한 필지이나 총 네 개의 건축물이 존재함

   그중 무허가건물이 두 채, 두 개의 건축물은 건축물 관리대장 있음

2013 타경 19○○○(임의)		매각기일 : 2014-10-15 10:00~ (수)		경매3계 031-880-7447	
소재지	(○○○○○) 경기도 이천시 부발읍 고백리 [도로명주소] 경기도 이천시 두무재로				
물건종별	전	채권자	행복○○○	감정가	278,971,200원
지분토지	1162.38㎡ (351.62평)	채무자	김○삼	최저가	(24%) 66,981,000원
건물면적	건물 매각제외	소유자	김○삼외2명	보증금	(10%)6,699,000원
제시외면적		매각대상	토지지분매각	청구금액	110,409,350원
입찰방법	기일입찰	배당종기일	2014-03-06	개시결정	2013-11-29

기열현황 ⊚ 입찰14일전

회차	매각기일	최저매각금액	결과
신건	2014-05-28	278,971,200원	유찰
2차	2014-07-02	195,280,000원	유찰
3차	2014-08-06	136,696,000원	유찰
4차	2014-09-12	95,687,000원	유찰
5차	2014-10-15	66,981,000원	

모의입찰가	0 원	입력	?

⑦ 물건현황/토지이용계획	⑦ 면적(단위:㎡)	⑦ 임차인/대항력여부	⑦ 등기부현황/소멸여부
백록초등학교 남동측 인근에 위치	**【(지분)토지】**	배당종기일 : 2014-03-06	**소유권(지분)** 이전 1985-08-23 토지 김○무 재산상속
주위는 임야 전 단독주택 근린상가 음식 및 숙박시설 등이 혼재	고백리 3-○4 전 1,162.38㎡ (351.62평) 1641면적중 김병○외1명지 분 1162.38전부	**나○숙** ? 전입 : 2009-09-04 확정 : 없음 배당 : 없음 점유 : 주민등록 전입자 99다○25532 판례보기 04다○26139 판례보기	
차량의 접근이 가능 인근에 버스정류장이 위치 대중교통여건은 보통			**소유권(지분)** 이전 2004-04-29 토지 김○삼외 1명 증여
부정형 평지	**【제시외】**		
북측 42번국도 및 동측 폭 약 4미터의 세멘 포장도로에 양면이 접함	주택3동 미상 면적 제외	**유○백** ? 전입 : 2011-07-06 확정 : 없음 배당 : 없음 점유 : 주민등록 전입자 99다○25532 판례보기 04다○26139 판례보기	**(근)저당(지분)** 토지소멸기 2008-08-25 준 행복○○○ 토지 70,000,000원 김○삼지분
계획관리지역(고백리　　　)	농가주택2동 미상 면적 제외		
🔖 **토지이용계획/공시지가**	화장실,창고동 미상 면적 제외		**압류(지분)** 소멸 2009-05-29 토지 국민건강보험공단 김○삼지분
🔖 **부동산정보 통합열람**			
🔖 **감정평가서**		**유○용** ? 전입 : 2011-07-06 확정 : 없음 배당 : 없음 점유 : 주민등록 전입자 99다○25532 판례보기 04다○26139 판례보기	**가압류(지분)** 소멸 2011-06-13 토지 대전신용보증재단 21,019,299원 김○삼지분
⑦ 감정평가현황 세담감정			
가격시점	2013-12-19		**임의경매(지분)** 소멸 2013-11-29 토지 행복○○○ 청구 : 110,409,350원 2013타경19999[배당종결] 김○직,김○삼지분
감정가	278,971,200원		
토지	(100%) 278,971,200원	🔖 **매각물건명세서**	▷ 채권총액 : 91,019,299원
		🔖 **예상배당표**	🔖 **등기부등본열람** 토지열람 : 2013-12-13

명세서 요약사항 ▶ 최선순위 설정일자 2008.8.25. 근저당권

매각으로 소멸되지 않는 등기부권리	해당사항 없음
매각으로 설정된 것으로 보는 지상권	해당사항 없음
주의사항 / 법원문건접수 요약	지분매각,공유자의 우선매수권(민사집행법 제140조)행사에 따른 매수신고가 매수보증금의 미납으로 실효되는 경우, 그 공유자는 해당부동산의 다음 매각기일에서는 우선매수청구권를 행사할 수 없음, 농지취득자격증명원 요함(미제출시 매수신청보증금 몰취), 지상에 매각외 타인소유로 등재된 주택3동, 건축물대장에 등재된 농가주택2동, 화장실,창고 등 소재.

부 발 읍

수신 이○호 귀하 (우○○○○○ 서울특별시 서초구 신반포로○○길)

(경유)

제목 농지취득자격증명발급 신청 반려 통보

　　　1. 귀하께서 농업경영목적으로 제출하신 부발읍 고백리 3-○4번지 (지목:전) 1,162.38㎡'에 대한 농지취득자격증명신청서를 농지법 제8조 및 동법시행령 · 시행규칙 제7조에 의거 제반요건을 확인·심사한 결과

　　　2. 신청지는 사실상 대지로 되어 있어 『농지법 제2조 제1호 규정에 의한 농지에 해당하지 아니함』으로 농지취득자격증명서를 반려합니다.

【농지법 제2조 제1호】

'농지'라 함은 전,답 또는 과수원 기타 그 법적 지목여하에 불구하고 실제의 토지현상 이 농작물의 경작 또는 다년생식물재배지로 이용되는 토지임. 끝.

부 발 읍 장 

주무관	김상○	산업팀장	이영○	부읍장	신종○	부발읍장	2014. 10. 17. 홍문○

협조자

시행 부발읍-17957　　　(2014. 10. 17.)　　　접수

우 467-863 경기도 이천시 부발읍 무촌로 121 부발읍사무소　　　/ http://www.icheon.go.kr

전화번호 031-644-8458　　팩스번호 031-644-8598　　/ sh6404@kg21.net　　　/ 비공개(6)

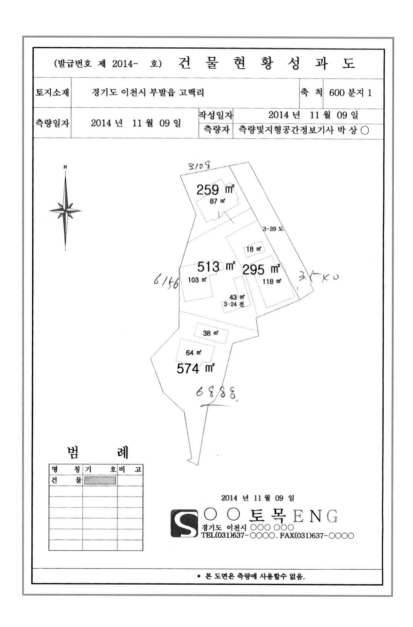

(발급번호 제 2014- 호)	건 물 현 황 성 과 도		
토지소재	경기도 이천시 부발읍 고백리	축 척	600 분지 1
측량일자	2014 년 11 월 09 일	작성일자	2014 년 11 월 09 일
		측량자	측량및지형공간정보기사 박 상 ○

N

3109

259 ㎡
87 ㎡

3-39 도

18 ㎡

513 ㎡   295 ㎡
103 ㎡   118 ㎡

6156   3-24 전
43 ㎡

38 ㎡

64 ㎡
574 ㎡

6888

범   례

명 칭	기 호	비 고
건 물		

2014 년 11 월 09 일

S ○ ○ 토 목 ENG
경기도 이천시 ○○○ ○○○
TEL(031)637-○○○○. FAX(031)637-○○○○

* 본 도면은 측량에 사용할수 없음.

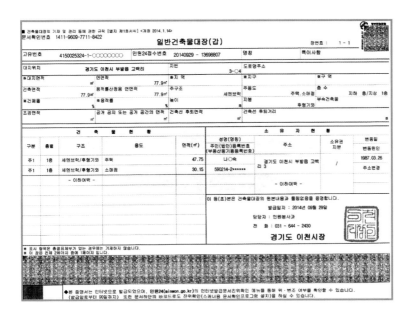

두 필지 중 한 필지에만 건축물대장이 있어

"논산의 양산리 물건인데 지목이 전이며 건물도 있어요. 그런데 농지취득 자격증명을 발급받을 수 있는지요?"

평소 아파트를 전문적으로 경매하던 A군이었다. 그는 아파트는 너무 경쟁이 심해 힘들다며 내 토지 강의를 수강하던 수강생이다.

사건번호를 문자로 보내달라고 이야기한 후 사건을 확인한 결과, 두 필지 다 전인데 한 필지에는 건물이 있으며 산소도 있고, 한 필지는 현황이 전이기에 문제가 없다. 이런 경우 건축물이 있는 토지의 건축물이 합법적 건물인가를 확인하려면 건축물 관리대장이 있으면 된다. 이것이 있으면 합법적인 건물로, 사실상 대지이기에 농지취득자격증명원을 해준다고 설명하고 건축물관리대장을 확인하고 농지취득자격증명원 신청 시 담당자에게 건축물관리 대장을 제출하면 반려증을 해준다고 말하자 감사하다고 말하며 전화를 끊었다.

며칠 후 전화가 다시 왔다.

담당자에게 농지취득자격증명원을 신청했더니 안 된다고 해서 건축물대장을 보여줬는데도 안 된다고 했단다.

나는 A군에게 건축물 관리대장이 있으니 사실상 대지이나, 지목이 아직 전으로 되어 있으니 반려증을 해주는 것이 아니냐고 담당자에게 물으라고 했다.

그러자 담당자는 아니라고 말하면서 불법 건축물과 산소가 있어 미발급으로 처리할 수밖에 없다고 하며, 농지취득자격증명원을 못 해준다고 한단다.

참으로 난감한 상황이었다.

하는 수 없이 면장실에 올라가 항의해보라고 했다. 면장실에서도 담당자는 자기가 올바르다며 우기고 있다고 전화가 왔다.

그러면 농지취득자격증명원을 신청해놓고, 나중에 미발급이 되면 이의신청과 행정소송을 하자고 하고 전화를 끊었다. 며칠 후 다시 전화가 와서 농지취득자격증명원을 받으러 가보니 반려증으로 되어 있었다고 한다. 담당자가 익숙하지 못해 일어난 사건이라고 생각한다. 아마 추후 면장과 담당자 간에 따로 이야기가 있었던 듯하다.

이 물건은 건축물 관리대장이 있는 농지의 지분경매 사건이다. 이 물건으로 어떻게 수익이 생기는지는 나중에 지분경매 편에서 다룰 예정이다.

📋 **권리분석**

- 토지만 지분경매
- 두 필지 다 지목이 전이나 건축물관리대장이 있어 사실상 대지임
- 한 필지는 현재 농지로 사용 중

2015 타경 5○○○(강제)	물번2 [매각] ⌄		매각기일 : 2016-09-19 10:00~ (월)		경매2계 041)746-2782	
소재지	(○○○○○) 충청남도 논산시 별곡면 양산리 외1필지 [도로명주소] 충청남도 논산시 대둔로					
현황용도	전	채권자	○○○ 카드	감정가	31,931,800원	
지분토지	327.7㎡ (99.13평)	채무자	한○석	최저가	(64%) 20,436,000원	
건물면적		소유자	이○순 外	보증금	(10%)2,044,000원	
제시외		매각대상	토지지분매각	청구금액	21,358,041원	
입찰방법	기일입찰	배당종기일	2016-03-21	개시결정	2015-12-16	

기일현황

회차	매각기일	최저매각금액	결과
신건	2016-07-11	31,931,800원	유찰
2차	2016-08-16	25,545,000원	유찰
3차	2016-09-19	20,436,000원	매각
	낙찰22,878,000원(72%)		
	2016-09-26	매각결정기일	허가

⑦ 건물현황	⑦ 토지현황	⑦ 임차인/대항력여부	⑦ 등기사항/소멸여부

[건물목록]

[건물기타현황]

-

[제시외건물]

양산리 280-1 [주거용]
미상
(ㄱ)
금액 : 원
매각제외

양산리 280-1 [주거용건물일부]
미상
(ㄴ)
금액 : 원
매각제외

양산리 280-3 [창고]
미상
(ㄷ)
금액 : 원
매각제외

양산리 280-3 [수목]
미상
(ㄹ)
금액 : 원
매각제외

[(지분)토지목록]

양산리 280-1 [전]
계획관리지역 : 257.85㎡㎡(78평)
표준지가 : 41,000원
단가㎡ : 100,000원
금액 : 25,785,000원

양산리 280-3 [전]
계획관리지역 : 69.85㎡㎡(21.13평)
표준지가 : 31,000원
단가㎡ : 88,000원
금액 : 6,146,800원

🔍 **토지이용계획/공시지가**
🔍 **부동산정보 통합열람**

[토지기타현황]

- 고도리마을 내에 위치
- 부근은 농가주택 주거나지 전 등 형성된 순수 농촌지대
- 본건 인근 및 본건까지 차량진입 가능 노선버스 정류장 및 제반 편의시설 등에의 접근성 보아 대중교통사정은 보통
- 부정형의 평탄한 토지
- 남측 3m 정도의 포장도로에 접합

[비고]

※ 감정평가서상 제시외건물가격이 명시되어있지않음. 입찰시 확인요함.
※ 제시외물이영향을받지않은감정가:
양산리 285-1(33,262,650원)

🔍 **감정평가서**

[감정평가]

⑦ 감정평가현황 미래새한감정

가격시점	2015-12-29
감정가	31,931,800원
토지	(100%) 31,931,800원

배당종기일 : 2016-03-21

이○순
전입 : 없음
확정 : 없음
배당 : 없음
점유 : 기호 3, 동측 일부
현황조사 권리내역
공유자임

정○진
전입 : 없음
확정 : 없음
배당 : 없음
점유 : 기호 4, 서측 하단 일부
현황조사 권리내역

한○석
전입 : 없음
확정 : 없음
배당 : 없음
점유 : 기호 3, 서측 일부
현황조사 권리내역

🔍 **매각물건명세서**
🔍 **예상배당표**

소유권(지분)
1990-05-30   토지
이○순외 3명
재산상속

가압류(지분)
2007-07-02   토지
김○주
11,100,000원
현재석지분

가압류(지분)
2008-01-02   토지
국민은행
9,940,429원
현○석지분

압류(지분)
2009-04-23   토지
서울특별시용산구
현○석지분

소유권(지분)
2011-02-11   토지
지○하
강제경매로 인한 매각

강제경매(지분)
2015-12-16   토지
○○○카드
청구 : 21,358,041원
2015타경5206
현○석지분

소유권(지분)
2016-03-16   토지
한○수외 2명
협의분할에 의한 상속

▷ 채권총액 :
21,040,429원

🔍 **등기사항증명서**

토지열람 : 2016-06-27

명세서 요약사항 ▶ 최선순위 설정일자 2007.07.02.가압류

매각으로 소멸되지 않는 등기부권리	해당사항 없음
매각으로 설정된 것으로 보는 지상권	목록3.분묘소재로 인하여 분묘기지권 성립여지 있음. 목록3.매각외 건물을 위한 법정지상권 성립여부 불분명. 목록4.제시외 건물및 수목을 위한 법정지상권 성립여부 불분명.
주의사항 / 법원문건접수 요약	일괄매각, 지분매각,,목록3.일부지상 매각대상 아닌 공유자 이정순 소유의 주거용 건물과 제3자 소유 주거용 건물 일부가 본지상에 소재(법정지상권 성립여부 불분명), 목록3.분묘수기소재로 인하여 분묘기지권 성립여지 있음 목록4.일부지상 성립미상의 공유자가 식재한 수목 매각제외, 목록 4.서측하단일부 제3자 정필진이 참고 부지로 점유사용중(법정지상권 성립여부 불분명), 목록3.4.남쪽으로 3미터 정도의 포장도로에 접합. 목록3.4농지취득자격증명 필요.(증명서 미제출시 보증금 몰수). 공유자 우선매수신고는 1회에 한하여 허용. 공유자 우선매수권(민사집행법 제140조)행사에 따른 매수신고가 매수보증금의 미납으로 실효되는 경우에는 그 이후 해당 부동산의 매각에 있어서는 우선매수권을 행사할수 없음.

함께해요 2016 경제총조사! 당신의 사업에 힘이 되도록

 벌 곡 면

수신 천○원 귀하

(경유)

제목 농지취득자격증명발급 및 반려 알림(천*원)

　　1. 귀하의 가정에 건강과 행운이 가득하길 기원합니다.

　　2. 귀하께서 신청하신 벌곡면 양산리 280-1, 280-3번지 『농지취득자격증명』 건에 대하여 아래와 같이 발급 및 반려하니

　　3. 취득한 농지에 대하여는 반드시 농지법 규정에 따라 이용하여 주시기 바라며 취득한 목적대로 이용하지 않을 경우 농지법 제11조 제1항의 규정에 의하여 농지의 처분통지와 제59조 및 제62조의 규정에 의거 이행강제금이 부과됨을 알려드립니다.

<농지취득자격증명 발급 및 반려 현황>

연번	신청농지	공부 지목	실제 지목	발급여부	비고
1	양산리 280-1	전	대	반려	농지법 제2조 제1항의 농지에 해당하나 현황이 농지가 아니므로 현 상태에서는 농지취득자격증명을 발급할 수 없음
2	양산리 280-3	전	전	발급	농지법 제8조 및 같은법 시행령 제7조 제2항의 규정에 의하여 발급

붙임　농지취득자격증명서 1부.　끝.

논산시벌곡면장

주무관　이은○　　주무관　권선○　　부면장　김영○　　벌곡면 면장　2016. 9. 20.
　　　　　　　　　　　　　　　　　　　　　　　　　　　　　김종○

협조자 주무관　김일환○

시행　벌 곡 면 - 1 0 9 3 0 (2016. 9. 20.)　　접수
　　(2016.09.20. 시행)

우 33026　　충청남도 논산시 벌곡면 황룡재로 594　　　　/ www.nonsan.go.kr

일반건축물대장(갑)

장번호 :   1 - 1

고유번호	4423038034-1-○○○○○○○			명칭		특이사항	
대지위치	충청남도 논산시 벌곡면 양산리		지번 28○-1		도로명주소		
※대지면적 ㎡	연면적 74.3㎡		※지역		※지구	※구역	
건축면적 74.3㎡	용적률 산정용 면적 74.3㎡		주구조 시멘트블럭조		주용도 부속사	층수 지하 층/지상 1층	
※건폐율 %	※용적률 %		높이 m		지붕 시멘트기와	부속건축물	
조경면적 ㎡	공개 공지 또는 공개 공간의 면적 ㎡		건축선 후퇴면적 ㎡		건축선 후퇴거리	m	
지하수위 G.L m	기초형식		설계지내력 (지내력기초인 경우) 1 / ㎡		구조설계 해석법		

건 축 물 현 황

구분	층별	구조	용도	면적(㎡)
주5	1층	시멘트블럭조	부속사	51.8
주5	1층	시멘트블럭조	부속사	22.5
		- 이하여백 -		

소 유 자 현 황

성명(명칭) 주민(법인)등록번호 (부동산등기용등록번호)	주소	소유권 지분	변동일 변동원인
한○석	논산시 벌곡면 양산리 ○○○	/	
420228-1******			
	- 이하여백 -		

※ 이 건축물대장은 현소유자만 표시한 것입니다.

이 등(초)본은 건축물대장의 원본내용과 틀림없음을 증명합니다.

발급일 : 2016년 10월 10일

담당자 :

전 화 :

논산시장

[논산 시장인]

※ 표시 항목은 총괄표제부가 있는 경우에는 적지 않습니다.
※ 이 장은 전체 2페이지 중에 1 페이지 입니다.

297mm X 210mm [일반용지 60g/㎡ [재활용품]]

◆ 본 증명서는 인터넷으로 발급되었으며, 세움터(www.eais.go.kr)의 인터넷발급문서진위확인 메뉴를 통해 위ㆍ변조 여부를 확인할 수 있습니다. (발급일로부터 90일/까지). 또한 문서하단의 바코드로도 진위확인(스캐너용 문서확인프로그램 설치)을 하실 수 있습니다.

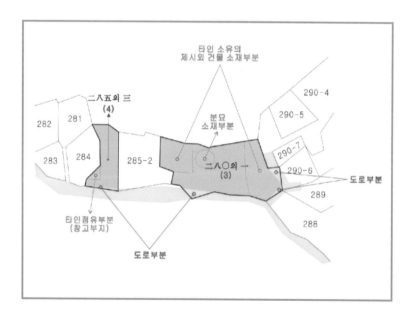

Chapter 04

원상복구각서로 인한
농지취득자격증명원

농지취득자격증명원 발급 전력을 찾아내다

2015년 1월의 일이다. 수강생 K씨가 경기도 용인에 괜찮은 농지 5백 평이 경매로 나왔다며 한번 봐달라고 자문을 해왔다. 살펴보니 감정가 5억 5천만 원의 토지는 두 차례 유찰을 겪은 뒤, 거의 절반 가격인 2억 7천만 원까지 떨어져 있었다. 땅 위에는 단층짜리 건물 한 채, 쇠파이프 구조물로 만든 소형 골프연습장, 숙소로 쓰고 있는 컨테이너 한 동이 지어져 있었다. 건물은 모두 등기가 되지 않은 불법 건축물이어서 매각에서 제외되어 있었고, 법정지상권이 성립할 여지가 있어 보였다.

문제는 이 땅의 공부상 지목이 전이라는 이유로 특별매각조건이 설정되어 농지취득자격증명원 제출을 요구하고 있다는 점이다. 현장을 둘러본 결과 사정은 생각보다 더 나빠 보였다. 단층 짜리 건물은 인근 공장에서 사무실로 빌려 쓰고 있었고, 컨테이너 동은 직원 숙소로 사용 중이었다. 수원의 국토지리정보원에 갈 일이 있어 해당 물건의 항공사진을 검색해봤더니, 오래된 항공사진에는 건물이 존재하지 않았다. 매각 가격이 절반으로 떨어져 농지취득자격증명원만 해결된다면 큰 폭의 이익 실현이 가능해 보였지만, 아무리 생각해보아도 농지취득자격증명원을 받아낼 자신이 없었다.

K씨에게 그만 미련을 버리는 게 좋겠다고 알려주려다 혹시나 싶어 토지 등기부등본을 떼어보았다. 그 등본에서 재미있는 사실 하나를 발견했다. 앞선 소유주가 1998년에 경매로 이 물건을 낙찰받아 촉탁등기를 해놓은 게 아닌가. 여기서 우리는 농지취득자격증명원과 관련한 숨은 힌트를 찾을 수 있어야 한다. 힌트의 정답은 관할 행정관청이 과거에 해당 토지에 대해 농지취득자격증명원을 발급해주었다는 점이다. 그러나 이건 어디까지나 힌트일 뿐 지금의 농지 담당 공무원이 예전처럼 농지취득자격증명원을 발급해준다는 보장은 없다. 마침 읍사무소가 집 주변이어서 집에 가는 길에 들러 담당 공무원을 만나 넌지시 물어보았다.

"이번에 경매에 나온 포곡읍의 5백 평 농지가 농지취득자격증명원 발급이 가능한가요?"

담당 공무원은 물건의 현황을 잠깐 살펴보더니 예상 답변을 내놓았다.

"지금 이 상태로는 어렵겠는데요."

필자는 가져간 등기부등본을 보여주면서 다시 물었다.

"토지 등본을 보면 여기 읍사무소 전직 담당자분께서 과거에 농지취득자격증명원을 발급해준 것 같은데, 형평성이나 행정의 일관성을 고려하면 이번에도 발급해줘야 하는 거 아닌가요?"

이야기를 듣고 난 담당자가 자리에서 일어나더니 재산세과를 다녀온 뒤 말했다.

"건물은 불법인데, 2010년부터 재산세를 내고 있네요."

"그렇다면 전 담당자분께서 농지취득자격증명원을 내줬다는 이야기고, 내가 보기엔 원상복구각서 외엔 달리 방법이 없는 거 같은데…."

"잘 아시네요."

"그럼, 사후복구계획서를 제출하면 농지취득자격증명원을 발급해주시겠다는 이야기인가요?"

"그럼요. 건물을 허물고 농지로 복원하신다는데 발급해드려야죠."

현재 그 건물은 공장에서 사무실로 임대를 내어 사용하고 있어서 농지로 복구할 수 없다고 인정해 통상 사후복구로는 안 해주는 것이 관례다.

필자는 속으로 그럴 수도 있다고 생각하며 읍사무소를 나왔다. 농지취득자격증명원 발급기관에 따라 농지취득자격증명원에 대한 해석과 판단이 이렇게 천양지차로 다를 수 있다는 점에 다시 한번 놀랐다. 이번 물건은 건물이 매각에서 제외되었으나 담당 공무원의 확인과 같이 토지주의 이름으로 2010년부터 재산세를 내고 있으므로 법정지상권이 성립하고, 건물에 사람이 거주하고 있어서 대부분은 원상복구가 불가능하다고 판단한다. 이 판단에 따라 농지취득자격증명원 발급이 거부되는 건 물론이다.

불법 건축 + 사람 거주 농지는 농지취득자격증명원 발급이 어렵다

이와 관련한 법원의 여러 판단을 살펴보아도 그렇다. 우리나라 농지는 공부상 지목 여하를 불문하고 토지의 현상에 따라 농지 여부를 판단한다. 그 때문에 지목이 전이라 하더라도 농지로서 현상을 상실한 상태라면 현행 농지법에서 말하는 농지가 아니다. 책에서 이 점은 여러 차례 강조했다. 다만 현상을 상실한 상태가 일시적인 것에 불과하고, 농지로써 원상복구가 이루어질 수 있다면 해당 토지는 여전히 농지법상 농지에 해당한다는 게 대법원의 판례다. 또한, 형질 변경이나 전용으로 인해 농지를 다른 용도로 사용하고 있더라도 현상 변경의 정도와 주변 토지의 이용 상황 등에 비추어 농지로 회복하는 것이 불가능하지 않다면 그 변경상태는 일시적인 것으로 보아야 한다는 대법원 판례도 있다. 게다가 행정관청은 농지가 불법으로 형질 변경되었다는 이유로 농지취득자격증명원 발급을 거부할 수 없다는 하급심

판결도 있다. 농지취득자격증명원 발급을 둘러싸고 법원의 판결이 이처럼 다양하다는 건 그만큼 농지에 대한 해석과 판단이 다양할 수 있다는 방증이다. 그렇다 하더라도 앞서 언급한 법원의 판결들이 이번 물건의 농지취득자격증명원 발급에 정확하게 부합하는 건 아니다. 필자의 경험에 의하면 매각에서 제외된 불법 건축물에 다른 사람이 살고 있을 때 농지취득자격증명원 발급은 거의 불가능하다. 어쨌거나 읍사무소는 원상복구각서를 쓰기만 하면 농지취득자격증명원을 발급해주겠다고 나선 것이다. 필자는 농지취득자격증명원 발급이 가능할 것으로 보고 K씨에게 높지 않은 가격으로 응찰해보라고 권했다. K씨는 최초 감정가의 절반 가격을 써내고 최고가매수신고인이 되었다. K씨는 당일 읍사무소로 달려가 농업경영계획서와 함께 지상 건축물들을 모두 철거해 농지로 원상복구하겠다는 사후복구계획서를 제출해 나흘 뒤 무사히 농지취득자격증명원을 발급받았다.

이 사례는 물건의 사후 처리 과정에도 주목해볼 필요가 있다. 특히 이번처럼 사후복구계획서를 제출한 경우, 그 처리에 많은 주의를 기울여야 한다. 먼저 이번 물건은 건물이 매각에서 제외되었기 때문에 법정지상권을 주장하는 건물주와 건물 철거를 놓고 다퉈야 하는 난제를 풀어야 한다. 토지 등기를 마친 뒤 건물 주인을 만나 건물을 철거해달라고 요청했더니, 건물주는 예상대로 법정지상권을 주장하며 맞섰다.

"법정지상권이 있다는 건 아시죠? 법정지상권이 있으면 건물을 헐지 않아도 된다는 것도 아시죠?"

토지 매수인 쪽에서 보면 시간과 비용이 더 들어갈 뿐 이런 경우의 법정지상권은 거의 무용지물임을 알아야 한다. 건물 철거 때까지 지료를 청구하는 소송을 내면 그만이다. 법정지상권과 관련한 지료 청구 분쟁에서 지료는 대개 실거래가 또는 감정가의 5% 선에서 결정된다. 이렇게 되면 건물주는 인근 공장에 사무실과 숙소를 빌려주고 받는 월 임대료보다 더 많은 돈을 지료로 내야 하므로 법정지상권을 고집하면 고집할수록 손해를 보게 되어 있다. 게다가 재산세 등 각종 세금도 추가 부담으로 떠안아야 한다. 결국, 소송을 법무사에 맡기고 수수료를 주고 소송을 진행했다.

법무사가 소송을 접수했다고 해서 소송자료를 메일로 보내달라고 했다. 살펴보았더니 토지인도명령만 들어가 있고 명도일까지의 지료청구는 빠져 있기에 법무사에게 지료청구가 빠졌다고 했더니 그러면 청구취지변경하겠다고 하며 바로 지료청구도 포함한 청구취지정정신청서를 다시 접수했다.

소송이 송달되자 상대편도 변호사를 사야 하며 지상권에 승소해도 지료는 내야 한다는 것을 인식한 건축주가 합의를 하자며 건물 분으로 수백만 원을 요구해 합의 후 건물주로부터 건물을 넘겨받았다.

이때 무허가 건물도 정식으로 계약하고 인감증명을 첨부해 재산세과에 실거래가 신고를 하면 나중에 이 건물을 허물고 토지를 매도할 때 양도소득세 계산 시 건물 매입분을 인정해준다는 사실도 명심해야 한다. 그러나 소송은 취하하지 않았다. 세입자가 있기 때문이다.

건축주에게 건물을 매입했으나 세입자가 나가지 않으면 또다시 소송해야 하기에 처음부터 건축물 주인과 세입자를 동시에 피고로 해서 소송했다. 건축주와 합의되자 세입자만을 상대로 소송이 진행되었으나 세입자 역시 답변서나 법원에 출석하지 않자 원고 승으로 세입자가 월 215만 원의 지료를 내라는 판결문을 받았다. 그러자 세입자도 바로 나가겠다고 해서 나갈 때까지는 지료를 받았다.

또 하나 짚고 넘어가야 할 문제는 원상복구 부분이다. 예전에는 원상복구를 약속해놓고 농지취득자격증명원을 발급받은 뒤 어물쩍 넘어가는 경우도 더러 있었다. 하지만 최근 행정관청의 원상복구에 대한 관리와 조치는 매우 엄격해지는 추세다. 사후 복구계획서를 제출하고 농지취득자격증명원을 받을 경우 원상회복에 대한 계획을 철저히 세운 뒤 경매에 임하는 것이 좋다. 이 건물의 경우 이전 소유주가 재산세를 내고 있었기 때문에 재산세과에서 명의를 이전하고, 농지보전부담금을 낸 후 건물을 양성화하는(1988년 이전부터 건물이 있었다는 항공사진 제출) 방안도 있었다. 하지만 토지의 높은 공시지가로 인해 농지부담금 액수가 너무 높아 양성화를 미루다 철거 기한에 밀려 아쉽게도 건물을 철거하고 말았다. 건물을 철거하긴 했어도 수도권 요지에 입지한 땅이어서 K씨는 꽤 높은 투자 수익을 올릴 수 있었다.

농지취득자격증명원 관련 법률 재정비 필요

사례와 관련해 사족과도 같은 소감 하나를 덧붙이고자 한다. 원상복구와 농지취득자격증명원을 정하고 있는 법률이나 행정규칙은 새로 정비되어야 한다. 현재 농지취득자격증명원을 둘러싼 일선 현장은 부당한 해석과 잘못된 처분, 그리고 이에 맞서는 민원과 분쟁으로 거의 매일 아수라장 같은 혼란을 연출하고 있다. 예를 들어, 관할 행정관청에서 불법으로 지어진 건축물에 대해 원상복구의 선이행을 요구하는 경우도 있다. 아직 소유권 이전도 되지 않은 타인의 땅에 포크레인을 갖다 대라는 말도 안 되는 요구가 실제 벌어지고 있다. 앞에서 언급했듯이 불법 건축물이라는 이유를 들어 막무가내로 농지취득자격증명원 발급을 거절하는 일도 다반사다. 이런 경우 채권자는 경매를 통해 채권을 회수할 수가 없어 재산권 행사가 원천 봉쇄된다. 불법 건축물의 존재는 관할 관청의 관리 소홀 때문에 빚어진 일이다. 행정 실패의 책임이 경매에 참여하는 일반인과 채권자들에게 고스란히 전가되는 꼴이다. 공들여 발급받은 농지취득자격증명원이나 농지취득자격증명원 반려통지서가 법원에서 매각불허가로 이어지는 경우도 종종 발생하고 있다.

이러한 혼란은 필자처럼 농지와 건축을 전문으로 하는 경매인이나 변호사, 법무사와 같은 법률 전문가들에겐 돈을 벌어다 주는 좋은 기회임이 틀림없다. 그런 기회를 마다하고 이런 주장을 펴는 건 비합리적 행정과 사회적 손실을 지속해서 일으키는 현실을 내버려두어선 곤란하다고 생각하기 때문이다. 다행히 사후 복구각서를 쓰면 의무적으로 농지취득자격증명원을 발급해주는 방안을 중심으로 관련 법률이 일부 정비될 것이라는 소식도 들려온다.

농업 환경의 변화와 국가적 산업 구조의 재편으로 인해 앞으로 농지의 일반매매와 경매는 더욱 활성화될 것으로 보인다. 행정의 일관성과 형평성이 보장되고 또 그것이 지속할 수 있는 방향으로 관련 법률들이 잘 정비되어 누구나 쉽게 참여할 수 있는 공정한 농지 경매가 이루어지기를 기대해본다.

📄 권리분석

- 건축물 매각 제외
- 지목이 전인 토지의 농지취득자격증명원 제출
- 지목이 전인 토지에 불법 건축물이 존재하며 공장사무실로 사용 중

2012 타경 51○○○(임의)	매각기일 : 2015-01-28 10:30~ (수)		경매18계 031-210-1478	
소재지	(○○○-○○○) 경기도 용인시 처인구 포곡읍 금어리 [도로명주소] 경기도 용인시 처인구 금어로			
물건종별	전	채권자	유에스아이○○○	감정가	547,470,000원
토지면적	1659㎡ (501.85평)	채무자	삼아씨엔아이의 관리인 김○현	최저가	(49%) 268,260,000원
건물면적		소유자	임○교	보증금	(10%)26,826,000원
제시외	제외 : 309.6㎡ (93.65평)	매각대상	토지만매각	청구금액	840,000,000원
입찰방법	기일입찰	배당종기일	2012-12-27	개시결정	2012-10-12

기일현황 ▼전체보기

회차	매각기일	최저매각금액	결과
신건	2013-10-28	547,470,000원	유찰
3차	2014-02-04	268,260,000원	변경
3차	2014-03-04	268,260,000원	변경
3차	2015-01-28	268,260,000원	매각

기보○외/입찰2명/낙찰282,139,000원(52%)
2등 입찰가 : 275,000,000원

2015-02-04	매각결정기일	허가
2015-03-12	대금지급기한	납부
2015-04-14	배당기일	완료

배당종결된 사건입니다.

📋 물건현황/토지이용계획

용인시시민체육센터 북동측 인근에 위치

주변은 중.소규모 공장 및 농경지 임야 등이 혼재한 마을주변 농경 소규모 공장지대

본건까지 차량접근 가능 인근에 노선버스정류장이 위치 교통사정은 보통시

부정형 평지 토지 접면도로 및 인접토지와 대체로 등고평탄시

북측 노폭 약5~6m의 콘크리트 포장도로에 접함

수질보전특별대책지역임

자연녹지지역(금어리 35○-9)

🔲 토지이용계획/공시지가
🔲 부동산정보 통합열람
🔲 감정평가서

📋 감정평가현황 바오감정

가격시점	2012-10-26
감정가	547,470,000원
토지	(100%) 547,470,000원
제시외제외	(12.8%) 70,080,000원

📐 면적(단위 : ㎡)

[토지]
금어리 35○-9
전 1,659 (501.85평)
현황"대지"

[제시외]
사무실및숙소 조적조
면적 213.6㎡ (64.61)평제외

골프연습장 철파이프조
면적 81㎡ (24.5)평제외

숙소 컨테이너
면적 15㎡ (4.54)평제외

📋 임차인/대항력여부

배당종기일 : 2012-12-27
- 채무자(소유자)점유

🔲 매각물건명세서
🔲 예상배당표

📋 등기부현황/소멸여부

소유권	1997-09-19	이전 토지
임○교 낙찰		

(근)저당	2006-11-01	토지소멸기준 토지
중소기업은행 840,000,000원		

가압류	2012-10-10	소멸 토지
신용보증기금 289,000,000원		

(근)저당(일부)	2012-10-10	소멸 토지
신용보증기금 112,000,000원		

임의경매	2012-10-15	소멸 토지
중소기업은행 청구 : 840,000,000원 2012타경51○○(배당종결) 유에스아이○○○ (02-2179-2400)		

▷ 채권총액 :
1,241,000,000원

🔲 등기부등본열람
토지열람 : 2012-10-25

소 장

건물철거 및 토지인도 청구의 소

원 고   기 ○ 은 (580106-*******)
          서울특별시 송파구 중대로 24,

피 고   1.임 ○ 교 (610629-*******)
          용인시 모현면 일산리
          2.주식회사 삼아씨앤아이 (134511-○○○○○○○)
          용인시 처인구 포곡읍 금어리 3■-4
          대표이사 김북○

청 구 취 지

1. 피고들은 원고에게 경기도 용인시 처인구 포곡읍 금어리 3■-9 건1659㎡ 중 별지
   면 표시 1, 2, 3, 4, 5, 6, 7, 8, 1의 각 점을 순차로 연결하는 선내 (가)부분
   조적조 강판지붕 단층 사무실 약 213.6㎡과, 별지도면 표시 1, 2, 3, 4, 1의 각
   을 순차로 연결하는 선내 (나)부분의 철파이프조 골프연습장 약 81㎡에 대하여,
   지도면 표시 1, 2, 3, 4, 5, 6, 1의 각 점을 순차로 연결한 선내 (다)부분의 콘
   이너 및 판넬조 단층 숙소 약 15㎡를 철거하고, 별지기재 부동산에 대하여 이를
   인도하라.
2. 소송비용은 피고들의 부담으로 한다.
3. 위 1항은 가집행 할 수 있다.
   라는 판결을 구합니다.

청 구 원 인

1. 별지기재 부동산은 피고 임흥○의 소유였으나, 이들 원고가 2015. 3. 11. 경매 매수하여 2015. 3. 16. 소유권이전등기를 필한 원고의 소유 건물입니다.

2. 피고들은 신청취지 기재와 같은 점유부분에 대하여 전소유자인 임흥○와 임흥○ 부터 임대받아 사용중인 주식회사 삼아씨앤아이에게 불법건축물을 원인으로 원고 이를 경매로 매수함과 동시에 철거를 요청하였으나 이를 이행하지 아니하고 있습 다.

3. 결어
그러므로 원고 소유의 이건 부동산 위의 건물 및 컨테이너 및 골프연습장등 기 지상물 일체를 피고들은 철거할 의무가 있고, 위 부동산을 원고에게 인도하여야 것입니다.

증 거 방 법

갑제 1호증	부동산등기사항증명서
갑제 2호증	토지건물감정평가표
갑제 3호증의 1내지 4	사진
갑제 4호증	건물개황도
갑제 5호증	지적개황도

기타 변론시 필요에 따라 수시 제출 하겠음.

첨 부 서 류

1. 위 입증방법서류	1 부
1. 토지대장	2 부
1. 건축물관리대장	1 부

청구취지정정 신청서

사건 2015 가단 ▨▨▨호 건물철거 및 토지인도

원   고 기 ○ 은

피   고 1. 임 ○ 교
            2. 주식회사 삼아씨앤아이
               대표이사 김○현

　　위 사건에 관하여 원고는 다음과 같이 청구취지를 변경하고자 하오니 허가하여 주
시기 바랍니다.

변경한 청구취지

1. 가. 피고들은 원고에게 경기도 용인시 처인구 포곡읍 금어리 3▨▨-9 전1659㎡ 중 별
      지도면 표시 1, 2, 3, 4, 5, 6, 7, 8, 1의 각 점을 순차로 연결하는 선내 (가)부분
      의 조적조 강판지붕 단층 사무실 약 213.6㎡과, 별지도면 표시 1, 2, 3, 4, 1의 각
      점을 순차로 연결하는 선내 (나)부분의 철파이프조 골프연습장 약 81㎡에 대하여,
      별지도면 표시 1, 2, 3, 4, 5, 6, 1의 각 점을 순차로 연결한 선내 (다)부분의 컨
      테이너 및 판넬조 단층 숙소 약 15㎡를 철거하고, 별지기재 부동산에 대하여 이를
      각 인도하라.
   나. 피고들은 연대하여 2015. 3. 16.부터 별지기재 부동산을 인도 완료일까지 월
      금2,737,350원의 각 비율에 의한 금원을 지급하라.
2. 소송비용은 피고들의 부담으로 한다.
3. 위 1,2항은 가집행 할 수 있다.

- 사람들이 모이는 도시 용인 -

人사랑눈
용인   **포 곡 읍**   청렴용인,

수신 기○은 귀하 (우 138-769 서울특별시 송파구 중대로)

(경유)

제목 농지로의 복구계획서 제출에 따른 안내(기○은)

　　1. 귀하의 가정에 건강과 행복이 가득하시길 기원합니다.

　　2. 귀하께서 우리읍 금어리 3▨-9(전/1,659㎡)번지의 농지취득자격증명 발급과
관련하여 제출하신 농지로의 복구계획서에 대하여 2015년 6월 30일까지 이행기간을
부여하오니 기일 내에 꼭히 이행하시기 바랍니다.

　　3. 만일 위 기간내에 원상복구를 완료하지 않을 경우 농지법 제10조 제1항에
의한 농지처분 및 농지법 제59조 규정에 의한 고발 등 불이익이 발생될 수 있으니
이점 유념하시어 원상복구를 완료하시기 바랍니다.

　　4. 기타 궁금하신 사항은 포곡읍 산업팀(전화031-324-5570)으로 전화주시면
성실히 답변해드리겠습니다.

붙임 위치도 및 현장사진 1부.　끝.

포 곡 읍

산업원장　이미▨　　포곡읍장　2015. 5. 27.
　　　　　　　　　　　　　　　　　온제▨

협조자

시행 포곡읍-10132　　(2015. 5. 27.)　　접수

우 449-851 경기도 용인시 처인구 포곡읍 포곡로 258　　/ www.yongin.go.kr

전화번호 (031)324-5570　팩스번호 (031)324-5538　/ naha9902@korea.kr　　/ 비공개(6)

- 100만 대도시 용인을 향한 창조 균형발전 -

답 변 서

발신 : 경기도 용인시 포곡읍 금어리 3■■-9 토지주 기○은
수신 : 경기도 용인시 포곡읍 산업팀장
　　　　포곡읍장

금어리 3■■-9 토지주 기보은은 위의 토지에 불법건축물이 존재하고 있었으
나 위의 토지에 있는 불법건축물을 철거하고 농지로 복구할 것을 약속하고
임의 경매로 낙찰 받아 농지취득 자격증명을 발급받아 위의 토지를 등기이
전 완료하였습니다.

그러나 위의 토지에 건축물을 철거하려고하자
위의 불법건축물의 주인이라고 주장하는 사람이 있어 불법건축물의 주인이
라고 주장하는 사람을 상대로 건축물을 허물고 조속히 토지를 명도 하라는
소송을 진행 중에 있습니다.

따라서 소송이 끝나는 즉시 건축물을 허물고 농지로써의 사용을 가능한 상
태로 복구할 예정임을 알려드립니다.

　　　　　　　　　　　　　　2015년 6월 4일　　기 ○은

자료 : 소송내용사본 첨부

Chapter 05

부당한 법원의 매각불허가결정

농지취득자격증명원의 효력을 갖는 반려통지서

이번에 소개할 사례는 농지취득자격증명원 신청반려통지서와 미발급을 법리적으로 이해하는 데 많은 도움이 될 만한 사안이다. 또한, 법원의 매각불허가결정이 때로는 부당하고 억울한 일이 될 수도 있다는 걸 잘 보여주는 사례이기도 하다. 이 사례는 2016년 4월에 겪었던 일이다.

충남 논산에 있는 농지가 주택과 함께 한꺼번에 임의경매로 나왔다. 140평쯤 되는 농지에 열다섯 평짜리 주택이 지어져 있는 매물이다. 주택은 건물등기부등본을 갖춘 합법 건물이었다. 하지만 지목이 전이어서 특별매각조건으로 농지취득자격증명원 제출을 요구하고 있었다. 농지취득자격증명원 발급에 대한 부담 때문인지 8천 1백만 원에 시작한 매각 가격은 네 차례의 유찰 끝에 절반 이하인 3천 3백만 원까지 하락해 있었다. 필자는 권리분석을 모두 끝낸 뒤 경남에 거주하는 지인 L씨에게 응찰을 권했다. L씨가 현장을 다녀와서 궁금한 점을 물어왔다.

"교수님, 농지취득자격증명원 발급받는 데는 문제가 없을까요?"

L씨도 역시 농지취득자격증명원 발급 여부를 걱정하고 있었다.

"등기부등본을 갖추고 있는 합법적인 주택이 지어져 있기 때문에 현행 농지법상 농지가 아니라는 농지취득자격증명원 반려통지서를 받으면 문제가 없어요."

"반려는 농지취득자격증명원 발급이 거부되는 것이 아닌가요? 그럼 낙찰받아도 불허가가 나고, 보증금을 떼일 수도 있을 거 같은데요."

"해당 토지가 농지에 해당하지 않는다는 취지의 반려통지서는 농지취득자격증명원 미발급이나 거절과는 다르죠. 이번 건은 그런 취지의 반려통지서를 받는 데 문제없으니까, 그걸 제출하면 농지취득자격증명원 없이도 소유권이전등기가 가능한 경우에 속합니다. 걱정하지 말고 응찰해보세요."

반려통지서의 법리적 효력을 이해한 L씨는 경매에 참여해 감정가의 절반 가격인 4천 3백만 원에 최고가매수신고인으로 지정되었다.

건물 등기가 있는데도 불법 건축물 간주

매각허가결정을 받는 데 아무런 문제가 없을 것 같았던 낙찰이 농지취득자격증명원 발급 단계에서 탈이 나고 말았다. 농지취득자격증명원 제출이 걸린 매물은 등기를 완전히 본인 앞으로 이전할 때까지 절대 마음을 놓아선 안 된다. 농지취득자격증명원 반려신청서를 발급받으러 읍사무소에 간 L씨에게서 급하게 전화가 왔다.

"교수님, 등본이 버젓이 있는데도 불법 건축물이라면서 농지취득자격증명원을 발급해줄 수가 없답니다. 어떡하죠?"

L씨는 읍사무소에서 일어난 자초지종을 들려주었다. L씨는 읍사무소로부터 해당 주택이 불법 건축물이라면서 건축물관리대장을 떼오라는 연락을 받고 건축물관리대장을 떼어보았다. 담당 공무원의 말대로 해당 주택은 등기부등본은 갖추고 있었지만, 건축물관리대장이 없더라는 것이다. 그래서 불법 건축물로 간주해 농지취득자격증명원 발급이 거절되었다는 것이다.

L씨의 이야기가 합당하다 하더라도 이 사안은 둘 중 하나의 처분은 반드시 받게 되어 있어 등기 이전에는 문제가 없다. 하지만 반려통지서가 거절되었다는 사실이 놀라웠다. 이 사안에 대한 두 가지의 처분은 이렇다. 관할 관청이 해당 주택을 적법한 건물로 판단할 경우(건축물관리대장을 갖추고 있을 경우) 현행 농지법상 농지에 해당하지 않는다는 취지의 반려통지서를 발급해주어야 하고, 불법 건물로 간주할 경우 원상복구각서를 받고 농지취득자

격증명원을 발급해주어야 한다. 후자의 경우는 대법원 판례가 이를 뒷받침하고 있다. 만약 불법 건물이라는 이유로 무조건 농지취득자격증명원 발급을 거절해버리면 해당 농지를 담보로 설정한 채권자는 경매를 통한 채권 회수가 불가능해져 헌법이 보장하는 재산권 행사를 할 수 없게 된다. 그러나 낙찰자 L씨 입장에서는 후자의 농지취득자격증명원 발급보다는 전자의 반려통지서를 받는 게 훨씬 유리하다. 후자의 경우는 토지 등기는 무사히 마칠 수 있겠지만, 거의 합법적인 건물을 철거해야 하는 부담을 고스란히 떠안아야 하기 때문이다.

필자는 연락을 받고 해당 주택의 건물등기부등본과 만일에 대비해 대법원 판례까지 준비해 읍사무소로 찾아갔다. 먼저 담당 공무원에게 불법 건축물로 보는 이유가 무엇인지 따져 물었다.

"건축물관리대장이 없으면 불법 건물입니다. 아시잖아요? 관리대장 떼오시면 반려통지서를 내어드리겠습니다."

담당 공무원은 L씨가 전한 그대로 답변했다. 필자는 건물등기부등본을 보여주면서 다시 물었다.

"건축 절차는 잘 아시죠? 건물이 허가 절차에 따라 건축되고 준공검사를 받으면 먼저 건축물관리대상에 등재를 합니다. 그 건축물관리대장을 근거로 건물주는 소유권 보존등기를 하죠. 그럼 이 건물등기부등본은 건축물관리대장 없이 등기할 수 있나요?"

"…."

"건물등기부등본은 있는데 건축물관리대장이 없다는 건 건축물관리대장이 소실되었다는 이야기인데, 그게 낙찰자의 잘못입니까, 관리를 허술히 한 해당 관청의 잘못입니까?"

"…"

내 질문에 담당 공무원은 아무런 대꾸를 하지 못했다. 대신 담당 공무원은 새로운 제안을 해왔다. 건물이 근래 들어선 게 아니라 1988년 10월 이전에 존재했다는 걸 입증해오면 반려통지서를 내주겠다는 것이다. 담당 공무원이 1988년 10월을 언급한 이유는 그 이전에 농지를 불법으로 전용해 건축물을 지은 경우는 양성화 조치가 가능하기 때문이다. 나는 이 정도라면 억울한 처분은 면할 수 있겠다 싶어 수원의 국토지리정보원으로 달려갔다. 항공사진을 검색해보니 다행히 1984년에 건물이 나타나는 사진이 있어 이를 발급받아 제출했다. 그렇게 해서 읍사무소는 해당 건물들을 적법한 건축물로 인정해 현행 농지법상 농지에 해당하지 않는다는 취지의 농지취득자격증명원 신청반려통지서를 내주었다. L씨는 이를 법원에 제출했다. 그렇게 해서 읍사무소는 해당 건물을 적법한 건축물로 인정해 현행 농지법상 농지에 해당하지 않는다는 취지의 담당 공무원의 약속하에 L씨에게 이 사실을 전하고, 이 반려증을 법원에 제출하라고 했다.

미발급과 반려증은 엄연히 다르다. 그러나 농지취득자격증명원을 자세히 보니 '농지법에 의한 농지에 해당하지 아니함'이라는 글과 미발급이라는 용어를 적어놓은 후, 미발급으로 처리했다.

법원에서 만난 뜻밖의 암초

그 정도의 소동으로 끝나는가 싶었던 이 사안은 법원에서 또다시 예기치 않은 장애물을 만났다. 경매 물건도 사주팔자를 갖고 태어난다는 누군가의 농담이 생각났다. 그 농담이 사실이라면 이 물건은 온갖 풍파를 겪고 난 후에야 주인을 만나게 되는 얄궂은 사주를 타고났음이 틀림없었다. 그 장애물은 다름 아닌 매각불허가결정이었다.

농지취득자격증명원과 관련한 매각불허가 사유는 앞에서 자세히 설명했다. 그 내용을 다시 요약하면, 법원이 농지취득자격증명원이 필요한 농지인데도 실수로 매각물건명세서에 특별매각조건의 설정을 빠뜨렸을 때는 매각불허가결정과 함께 보증금을 반환해준다. 그리고 반대의 경우도 마찬가지다. 농지취득자격증명원이 필요 없는데도 실수로 특별매각조건으로 농지취득자격증명원 제출을 요구해 경매가 이뤄졌을 때 매각불허가결정을 내린다. 농지취득자격증명원이 필요 없는 주거지역 내 농지를 매각하면서 농지취득자격증명원 제출을 요구하는 경우가 이런 사례에 해당한다.

이번에 법원이 든 사유는 주거지역 내 농지와 같은 명백한 이유로 농지취득자격증명원이 필요 없는 사안과는 다르다. 법원은 농지가 아닌데도 특별매각조건을 설정해 경매를 진행했으므로 민사집행법의 매각절차상 중대한 하자를 들어 매각을 불허했다. 법원은 해당 토지가 농지가 아니라는 미발급(통상 반려증 발급)통지서를 잘못 해석한(필자는 담당 공무원이 농지법에 의한 농지에 해당하지 아니함으로 적어놓고, 반려증을 미발급으로 처리하는 실수를 한 것은 아닌지 생각한다) 것이다. 최고가매수신고인의 다양한 노력으로 농지법상 농지가 아니라는 걸 입증해(반려증이나 미발급이나 같은 의미의) 통지서를 발급받아 제출한 경우는 법원의 통상적인 매각불허가 사안으로 간주해서는 안 된다는 게 필자의 생각이다. 이같은 사례는 법원의 등기예규와 수많은 등기 선례가 입증하고 있으며, 또한 이러한 농지법에 의한 농지에 해당하지 않는 미발급 통지서는 농지취득자격증명원에 버금가는 증명력을 갖고 법원의 등기 실무에 오랫동안 활용되어왔기 때문이다.

그리고, 만약에 읍사무소에서 건축물관리대장이 없다는 이유를 들어 끝까지 불법 건축물이라고 우겼다면 L씨는 할 수 없이 사후복구계획서를 제출하고 농지취득자격증명원을 발급받았을 것이다. 그렇게 농지취득자격증명원을 제출했다면 이 사안에 대해 법원이 매각불허가결정을 내렸겠는가. 이 사안은 발급기관의 판단에 따라 농지취득자격증명원 발급도 가능하고, 반려통지서도 가능하므로 당초 법원이 설정한 특별매각조건은 중대한 하자가 아니라 오히려 합당한 설정이었다.

법원의 이같은 매각불허가결정에 맞서 필자는 L씨와 함께 결정을 취소해달라는 취지의 즉시항고를 제기했다. 필자는 항고장에서 이번 사안은 법원의 등기 실무뿐 아니라 민사집행법이 정한 매각 절차의 중대한 하자의 범주에도 속하지 않으므로 매각불허가결정은 부당하고 주장했다. 그러나 놀랍게도 이 즉시항고 는 법원에 의해 기각당하고 말았다.

이러한 불허가는 입찰보증금을 몰수하지 않고 내어준다. 법원 에서 입찰보증금을 찾아가라는 연락을 받았는데 "어떻게 할까 요?"라고 물어왔다. 필자는 지금도 법원의 이 처분은 잘못된 결 정이라고 믿고 있다.

농림 수산식품부 농지취득자격 심사요령을 보면 농지취득자격 증명원을 한 경우 미발급 사유를 정확히 기재해야 한다고 되어 있으며 '신청대상 토지가 「농지법」에 의한 농지에 해당되지 아니 함'이라고 기재해 농지취득자격증명신청서를 띄어주게 되어 있 으므로, 반려증이나 농지법에 해당하지 아니한 미발급이나 낱말 만 다른 뿐, 사실은 불허가 사유에 해당되지 않는다고 생각한다.

필자는 반려증을 발급해야 하는 것을 공무원이 미발급으로 처 리했다고 생각한다. 미발급 이유는 읽어보지 않은 채 불허가 되 는 경우가 계속되면 형평성 문제는 어떻게 볼 것인가. 무엇보다 일관성을 잃은 법원의 법 집행이 일반 국민의 재산권 행사에 혼 란을 초래한다면 그게 더 큰 문제라고 생각한다. 나는 이러한 이 유로 입찰 보증금을 반환받지 말고 항소하자고 했으나 항소에도 기각되었다.

관련 법규

농지취득자격증명 발급 심사요령

제9조 【자격증명의 발급】

③ 시·구·읍·면장은 신청인이 법 제2조 제1호에 따른 농지가 아닌 토지, 자격증명을 발급받지 아니하고 취득할 수 있는 농지 또는 「농지법」을 위반해 불법으로 형질변경한 농지 등에 대해 자격증명의 발급을 신청한 경우로서 제2항에 해당하는 경우에는 그 자격증명 미발급 사유를 아래의 예시와 같이 구체적으로 기재해야 한다(아래 예시 이외의 사유로 미발급 통보하는 경우에도 그 사유를 구체적으로 기재해야 한다.).

  1. 신청대상 토지가 법 제2조 제1호에 따른 농지에 해당하지 아니하는 경우 :『신청대상 토지가 「농지법」에 의한 농지에 해당되지 아니함』

  2. 신청대상 농지가 자격증명을 발급받지 아니하고 취득할 수 있는 농지인 경우 :『신청대상 농지는 농지취득자격증명원을 발급받지 아니하고 취득할 수 있는 농지임('도시계획구역 안 주거지역으로 결정된 농지' 등 해당 사유를 기재)』

  3. 신청인의 농지취득 원인이 자격증명을 발급받지 아니하고 농지를 취득할 수 있는 경우 :『취득원인이 농지취득자격증명원을 발급받지 아니하고 농지를 취득할 수 있는 경우에 해당함』

  4. 신청대상 농지가 「농지법」을 위반해 불법으로 형질을 변경한 농지인 경우 :『신청대상 농지는 취득 시 농지취득자격증명원을 발급받아야 하는 농지이나 불법으로 형질변경한 부분에 대한 복구가 필요하며 현 상태에서는 농지취득자격증명원을 발급할 수 없음』

권리분석

- 토지건물 일괄 매각
- 건축물이 매각에 포함되어 있으며 등기부등본이 있음
- 지목이 전으로 특별매각조건 농지취득자격증명원 제출 필요

2015 타경 22○○(임의) 2015타경26○○		매각기일 : 2016-04-04 10:00~ (월)		경매1계 041-746-2781	
소재지	(○○○-○○) 충청남도 논산시 연무읍 고내리 [도로명주소] 충청남도 논산시 수철2길		외1필지		
현황용도	주택	채권자	○○○ 협동조합	감정가	81,690,200원
토지면적	454㎡ (137.33평)	채무자	박○봉	최저가	(41%) 33,461,000원
건물면적	51.83㎡ (15.68평)	소유자	박○봉	보증금	(10%) 3,347,000원
제시외	170.1㎡ (51.46평)	매각대상	토지/건물일괄매각	청구금액	32,720,394원
입찰방법	기일입찰	배당종기일	2015-09-07	개시결정	2015-06-05

기일현황 ▼간략보기

회차	매각기일	최저매각금액	결과
신건	2015-11-16	81,690,200원	유찰
2차	2015-12-21	65,352,000원	유찰
3차	2016-01-25	52,282,000원	유찰
4차	2016-02-29	41,826,000원	유찰
5차	2016-04-04	33,461,000원	매각
	낙찰43,910,000원(54%)		
	2016-04-11	매각결정기일	변경
	2016-05-02	매각결정기일	불허가

건물현황	토지현황	임차인/대항력여부	등기사항/소멸여부
[건물목록] 고내리 10■■-83 [주택] 시멘브럭조 단층 51.83㎡ (15.68평) 단가㎡ : 200,000원 금액 : 10,366,000원 보존등기일 : 1980·04·24 **[건물기타현황]** - 이용상태(단독주택) - 위생설비 난방설비 및 기타설비 **[제시외건물]** 고내리 10■■-83 [주택및창고] 경량철골조판넬지붕 단층 97.2㎡(29.4)평 단가㎡ : 410,000원 금액 : 39,852,000원 매각포함 태양열온수설비 포함 고내리 10■■-83 [창고] 시멘블록조스레트지붕 단층 7.2㎡(2.18)평 단가㎡ : 30,000원 금액 : 216,000원 매각포함 고내리 10■■-83 [차양] 철파이프조스레트지붕 단층 29.1㎡(8.8)평 단가㎡ : 20,000원 금액 : 582,000원 매각포함 고내리 10■■-83 [차양] 시멘블록조스레트지붕 단층 36.6㎡(11.07)평 단가㎡ : 7,000원 금액 : 256,200원 매각포함	**[토지목록]** 고내리 10■■-83 [전] 계획관리지역 : 268㎡(81.07평) 표준지가 : 19,500원 단가㎡ : 67,000원 금액 : 17,956,000원 고내리 10■■-88 [답] 계획관리지역 : 186㎡(56.26평) 표준지가 : 19,500원 단가㎡ : 67,000원 금액 : 12,462,000원 🔲 **토지이용계획/공시지가** 🔲 **부동산정보 통합열람** **[토지기타현황]** - 고내6리 마을회관 남동측 인근에 위치 - 주위일원은 단독주택 농경지 등이 소 재 순수농촌지대 - 본건까지 차량출입이 가능 인근에 버 스정류장이 소재하므로 제반대중교통 사정은 보통 - 폭 약 4 - 5m 정도의 포장도로에 3면 이 접함 **[비고]** 🔲 **감정평가서** **[감정평가]** 📋 감정평가현황 삼지감정	배당종기일 : 2015-09-07 - 채무자(소유자)점유 🔲 **매각물건명세서** 🔲 **예상배당표**	**소유권** 1980-04-24　　　건물 박○홍 보존 **(근)저당** 1980-04-24　　　토지 연부난위농업협동조합 3,700,000원 **소유권** 2012-03-08　　건물/토지 박○봉 협의분할에 의한 상속 **(근)저당** 2014-05-27　　건물/토지 연무농업협동조합 12,000,000원 (주택)소액배당 4500 이하 150C (상가)소액배당 3000 이하 100C **가압류** 2014-10-23　　건물/토지 삼성화재해상보험 22,053,260원 **압류** 2015-01-15　　　토지 논산시 (도로교통과-2630C **가압류** 2015-04-21　　건물/토지 농협은행 12,010,938원 **가압류** 2015-04-28　　　토지 오케이아프로캐피탈 5,649,926원 **임의경매** 2015-06-05　　건물/토지 연무농업협동조합 청구 : 32,720,394원 2015타경228C **강제경매** 2015-06-25　　건물/토지 삼성화재해상보험 청구 : 22,053,260원 2015타경2610 삼성화재해상보험 주식회사

가격시점	2015-06-17	
감정가		81,690,200원
토지	(37.24%)	30,418,000원
건물	(12.69%)	10,366,000원
제시외포함	(50.07%)	40,906,200원

주요 등기사항 요약 (참고용)

[주 의 사 항]

본 주요 등기사항 요약은 증명서상에 말소되지 않은 사항을 간략히 요약한 것으로 증명서로서의 기능을 제공하지 않습니다.
실제 권리사항 파악을 위해서는 발급된 증명서를 꼭 확인하시기 바랍니다.

[토지] 충청남도 논산시 연무읍 교내리 10○-83 전 268㎡

고유번호 1613-1996-○○○○

1. 소유지분현황 (갑구)

등기명의인	(주민)등록번호	최종지분	주 소	순위번호
박○봉 (소유자)	570303-*******	단독소유	충청남도 논산시 연무읍	2

2. 소유지분을 제외한 소유권에 관한 사항 (갑구)

순위번호	등기목적	접수정보	주요등기사항	대상소유자
5	가압류	2014년10월23일 제30376호	청구금액 금22,053,260 원 채권자 삼성화재해상보험 주식회사	박○봉
6	압류	2015년1월15일 제1784호	권리자 논산시	박○봉
7	가압류	2015년4월21일 제13467호	청구금액 금12,010,938 원 채권자 농업협동조합중앙회	박○봉
8	가압류	2015년4월28일 제14324호	청구금액 금5,649,926 원 채권자 오케이아프토키피탈 주식회사	박○봉
9	임의경매개시결정	2015년5월5일 제19044호	채권자 연무농업협동조합	박○봉

3. (근)저당권 및 전세권 등 (을구)

순위번호	등기목적	접수정보	주요등기사항	대상소유자
2 (전 2)	근저당권설정	1980년6월24일 제8672호	채권최고액 금삼백십오만원정 근저당권자 연무단위농업협동조합	박○봉
4	근저당권설정	2014년5월27일	채권최고액 금12,000,000원	박○봉

1/2

출력일시 : 2015년06월17일 13시50분46초

개인정보는 이용목적이 달성되면 반드시 파기하세요!

NONSAN   연 무 읍   엣스뭔

우신 원○연 귀하 (무░░░░ 경상남도 합천군 대병연   )
(경유)

제목 농지취득자격증명 이발급 알림

　1.귀하의 무궁한 발전을 기원합니다.
　2.귀하에서 제출하신 농지자격취득증명신청은 농지자격취득증명 발급이 불가하
여 아래와 같이 이발급 하오니 양지하여 주시기 바랍니다.

소재지	지목 (현황)	면적 (㎡)	취득면적 (㎡)	이발급사유	비고
연무읍 고네리 10░░-83 10░░-83	전(대) 답(대)	268 186	268 186	신청대상 토지가 『농지법』에 의한 농지에 해당되지 아니함	농지법 제2조

　3.본 농지취득자격증명 이발급에 이의가 있을 경우에 『민원사무처리에 관한법
률』 제18조제1항의 규정에따라 이발급 처분을 받은 날로부터 90일 이내에 문서로 이
의신청하시기 바랍니다. 끝.

논산시연무읍장

연무읍 산업   부읍장   과장 2016. 4. 7.
담당 박권░░   박승░░
협조자
시행 연무읍-5832   (2016. 4. 7.)   접수
우 32987 충청남도 논산시 연무읍 연서로 50, (연무읍사무소)   / www.nonsan.go.kr
전화번호 041-746-8501   팩스번호 041-746-8579 / wmo1650@korea.kr   / 부분공개 ()
서울산 극복은 꿈 기성 긍정심리, 건강마케

대전지방법원 논산지원
매각불허가결정

사   건   2015타경22○○ 부동산임의경매
            2015타경26○○ (중복)

최고가매수신고인   임○연 (561126- ******)
                   경남 합천군 대병면 신성동길

주   문

별지 기재 부동산에 대한 매각을 허가하지 아니한다.

이   유

별지 기재 부동산에 대하여 2016. 4. 4. 매각기일에 최고가매수신고인 임○연으로부터 금 43,910,000원의 매수신고가 있었으나, 이 사건 기록에 의하면 논산시 연무읍장은 2015. 7. 14.자 사실조회에 대한 회신에서는 위 부동산 중 목록 1, 3번 부동산은 농지로서 매각으로 인한 소유권이전시 농지취득자격증명이 필요하다고 하였고, 그에 따라 이 법원은 위 부동산 중 목록 1, 3번 부동산에 대해서 농지취득자격증명제출을 특별매각조건으로 하여 매각절차를 진행하였으나 최고가매수신고인의 농지취득자격증명 발급신청 및 2016. 4. 18.자 사실조회에 대한 회신에서는 위 부동산 중 목록 1, 3번 부동산이 농지법 제2조의 농지에 해당되지 아니하고, 또한 같은 법 제8조에 의한 농지취득자격증명 발급대상 농지가 아니라고 하는 바, 이는 위 부동산 중 목록 1, 3번 부동산이 농지가 아님에도 농지로 매각절차를 진행한 매각절차상의 중대한 하자 및 매각물건명세서 작성에 중대한 흠이 있는 때에 해당되므로 민사집행법 제123조 제2항 및 제121조 제5호, 제7호에 의하여 주문과 같이 결정한다.

2016. 5. 2.

1 / 3

즉시항고장

(매각불허가결정에 대한)

사건 : 대전지방법원 논산지원 2015 타경 22○○ 부동산임의경매

항고인(최고가매수신고인) 임○연

인지대 : 2,000원

송달료 : 18,500원

대전지방법원 논산지원 귀중

즉시항고장

항고인   임○연

(최고가매수인)   경남 합천군 대병면 신성동길

             송달장소 : 평택시 평남로

             송달영수인 : 법무사 신○

  위 항고인은 대전지방법원 논산지원 2015 타경 2283 부동산임의경매 사건의 물건번호 1번 부동산에 관해 2016. 5. 2. 같은 법원이 매각불허가결정을 했으나, 항고인은 위 결정에 대해 불복하므로 이에 즉시항고를 제기합니다.

항 고 취 지

1. 이 법원이 별지 목록 기재 부동산에 대해 2016. 5. 2.에 한 매각불허가결정은
   이를 취소한다.
2. 위 부동산에 대한 이 사건 매각을 허가한다.
   라는 재판을 구합니다.

항 고 이 유

추후에 제출하겠습니다.

첨 부 서 류

진행 추이에 따라 추후 제출하겠습니다.

2016. 5.   .

위 항고인(최고가매수신고인) 임○연

대전지방법원 논산지원 귀중

부동산의 표시

1. 충청남도 논산시 연무읍 고내리 10○○-83 전 268㎡

2. 충청남도 논산시 연무읍 고내리 10○○-8
   시멘트브럭조 시멘와즙평가건 주택
   건평 15평 6홉 8작

3. 충청남도 논산시 연무읍 고내리 10○○-88 답 186㎡

항고이유서

사　　건　　　　　　　　2015 타경 22○○ 부동산임의경매

항고인(최고가매수인)　　　임○연

위 사건에 관해 항고인은 다음과 같이 항고이유를 제출합니다.

다 음

1. 이 사건 매각불허가결정 경위

이 사건에 관해 대전지방법원 논산지원은 2016. 4. 4. (10:00)을 매각기일로 지정했고, 항고인은 위 매각기일에 입찰하여 최고가매수신고인으로 지정되었습니다.

그러나, 위 법원은 2016. 5. 2. 매각허가결정기일에 직권으로 '별지기재 부동산은 농지이고, 농지취득자격증명원이 필요한 것으로 매각공고가 되었으나, 최고가매수인은 농지취득자격증명서를 제출해야하는네, 농지취득자격증명원 반려사유서를 제출했고, 결과적으로 매각기일은 공고내용과 다르게 진행되었으므로 민사집행법 제123조 제2항 및 제121조 제5호, 제7호에 의해 매각을 불허'하는 결정을 하였습니다.

2. 이 사건 매각불허가결정의 위법·부당성

가. 민사집행법 제123조 제2항 및 제121조 제5호, 제7호 규정

위 법원이 이 사건 불허가결정의 근거로 삼은 민사집행법 제123조 제2항 및 제121조 제5호, 제7호는 아래 관련 규정과 같습니다.

[관련규정] 민사집행법(2015.05.18 법률 제13286호로 개정된 것)

제123조(매각의 불허)

② 제121조에 규정한 사유가 있는 때는 직권으로 매각을 허가하지 아니한다. 다만, 같은 조 제2호 또는 제3호의 경우에는 능력 또는 자격의 흠이 제거되지 아니한 때에 한한다.

제121조(매각허가에 대한 이의신청사유)

매각허가에 관한 이의는 다음 각 호 가운데 어느 하나에 해당하는 이유가 있어야 신청할 수 있다.

  5. 최저매각가격의 결정, 일괄매각의 결정 또는 매각물건명세서의 작성에 중대한 흠이 있는 때

  7. 경매절차에 그 밖의 중대한 잘못이 있는 때

나. 이 사건에 관하여

그러나, 이 사건과 같이 항고인이 농지취득자격에 관해 '농지법상 농지에 해당하지 않는다'는 농지취득자격반려통지서를 제출한 것은 위 불허가결정 근거 규정과 아무런 관련이 없습니다.

지목이 농지인 토지의 소유권이전등기 신청 시 농지취득자격증명서를 제출하게 되어 있고, 관할청에서는 농지취득자격증명신청을 받고 조사결과 '농지법상의 농지에 해당하지 아니할 경우'는 그 사유를 적어 반려통지를 하고 그 반려통지서를 등기신청서류로 제출

하면 등기가 수리되고 있는 것이 실무입니다.

결국, 농지취득자격증명서와 그 반려통지서(농지법상 농지에 해당되지 않는다는 취지의 기재)는 동일한 증명력이 있습니다.

그리고, 현실적으로 농지취득자격증명의 발급요건이 완화되어 경락취득 후 농지취득자격증명원 발급신청을 하면 대부분은 자격증명을 발급하고 있는 현실을 감안하더라도, 최초 매각물건명세서에 '농지취득자격증명원이 필요'한 것으로 기재되어 있었고, 매수신고 후 농지취득자격증명의 신청을 한 후에야 '농지법상 농지에 해당하지 않는다'는 관할청의 반려통지가 있다 하더라도, '농지취득자격증명필요'라는 매각물건명세서의 내용은 형식적 기재에 지나지 아니하여 매각절차에 참가하는 데 장애사유라고 볼 수도 없는 점 등을 모두 고려하면 이 사건은 절차상의 하자가 있다고 할 수 없습니다.

3. 기타 이 사건과 동일 사안에서 매각허가결정을 한 사례들

한편, 다수의 법원 실무례는 이 사건과 동일하게 지목이 농지인 토지 위에 건물이 존재한다는 이유로 농지취득자격증명반려통지서가 제출되는 사안에서 매각허가결정을 하고 있습니다.

위와 같이 매각허가결정을 한 사례로 의정부지방법원 2015 타경 30513, 2015 타경 36450, 수원지방법원 여주지원 2013 타경 19989, 대전지방법원 서산지원 2013 타경 15109, 대전지방법원 논산지원 2015 타경 20786, 2014 타경 3821, 2015 타경 2313 사건 등이 있는 바, 다수의 사례에서 허가결정을 하는 것으로 알고 있습니다.

이 사건도 위와 같은 사건과의 형평을 고려하더라도 매각허가를 하여 주심이 적절하다고 사료됩니다.

4. 결론

위와 같이 농지취득자격증명서 대신 그 반려통지서를 제출한 것이 민사집행법 제121조 제5호, 제7호의 사유에 해당한다 할 수 없습니다.

또한, 이 사건과 동일한 사안에서 대부분은 매각허가결정을 하고 있는데 특히 이 사건만 불허가한 점, 부동산 등기 신청 시 농지의 경우 농지취득자격증명서 또는 그 반려통지서(농지법상 농지에 해당하지 아니함을 이유로 한 경우)를 제출하게 되어 있어 농지취득자격증명서와 그 반려통지서는 동일한 의미가 있는 점을 감안하더라도 이 사건 불허가처분은 부당합니다.

따라서 이 사건 불허가결정을 취소해주시기 바랍니다.

첨 부 서 류

1. 경매사건검색표   7통
1. 농지취득자격증명원 반려통지서   2통

2016. 5.   .

위 항고인   임○연

대전지방법원 논산지원 귀중

대전지방법원 논산지원

결   정

사   건   2015타경2200 부동산임의경매
               2015타경2600(중복)

채 권 자   연무농업협동조합 (161336-******)
               논산시 연무읍 안심로 ██
               대표자 조합장 유대█

채 무 자   박○룡 (870303-******)
               논산시 연무읍 수철2길 ██ ██
               1등기부상 주소 충청남도 논산시 연무읍 수철2길 ██-██

소 유 자   채무자와 같음

주   문

이 사건 사법보좌관의 2016. 5. 2.자 매각불허가결정처분을 인가한다.

이   유

이 사건 최고가매수신고인의 이의신청은 이유 없으므로 사법보좌관규칙 제4조 제6항 제█

를 적용하여 주문과 같이 결정한다.

2016. 5. 18.

판   사   방 일

했으나 담당자는 못 해주겠다고 했다. 시장실에 찾아가 항의하자 시장 비서가 감사실을 안내해주며 감사실에서 해결하라고 했다. 감사실에서 담당자의 윗사람을 불러 자초지종을 설명하자 필자의 항의를 받아들여 농지법상 농지에 해당하지 않는다고 인정하고 감사실에서 내려왔다.

그러나 농지취득자격증명원에 '농지법에 의한 농지에 해당하지 아니함'으로 기재해놓고는 제목을 미발급으로 하며 반려증으로 만들어주지는 않는다.

이러한 농지담당자들의 주관적인 농지취득자격증명원 발급은 농지를 투자하는 사람들에게 어려움이다. 농지법상 농지에 해당하지 않는다고만 주장하면 주장한 대로 적어주며 미발급으로 농지취득자격증명원에 표시하면 불허가 된다.

그러나 논산의 사례와 같이 불허가 났으며 입찰보증금을 반환해가라는 연락을 받았다며 필자에게 어떻게 하면 좋으냐고 물어왔다. 반려증은 입찰보증금을 반환해주고 있으나 미발급의 경우 대부분 입찰보증금 몰수인데, 반환해가라는 연락이 왔다고 한다. 필자는 담당 공무원의 주관이 너무 일관성이 없다는 생각이 들어 또다시 이의 신청하기로 하고 즉시항고했다.

📋 권리분석

- 토지건물 지분매각
- 건축물이 매각에 포함되어 있으며 건축물대장 및 건물 등기부등본이 있음
- 지목이 전으로 특별매각조건 농지취득자격증명원 제출 필요로 함
- 만송동 10○번지는 2,367㎡이나 10○번지의 건축물대장은 660㎡임
- 건물은 2/15 토지는 1,138/11,835 지분경매
- 건축물을 준공했으나 토지분할 및 지목변경을 신청하지 않아 토지 전체가 답으로 되어 있음

2015 타경 36○○○ (강제)	매각기일 : 2016-04-20 10:30~ (수)			경매15계 031-828-0369	
소재지	(100-100) 경기도 양주시 만송동 [도로명주소] 경기도 양주시 만송로				
현황용도	주택	채권자	전○대	감정가	78,725,120원
지분토지	227.6㎡ (68.85평)	채무자	이○자	최저가	(49%) 38,576,000원
지분건물	16.56㎡ (5.01평)	소유자	이○자 外	보증금	(10%) 3,858,000원
제시외	1,452㎡ (0.44평)	매각대상	토지/건물지분매각	청구금액	6,000,000원
입찰방법	기일입찰	배당종기일	2015-12-30	개시결정	2015-10-14

기일현황

회차	매각기일	최저매각금액	결과
신건	2016-02-12	78,725,120원	유찰
2차	2016-03-16	55,108,000원	유찰
3차	2016-04-20	38,576,000원	매각
김경○/입찰3명/낙찰51,180,000원(65%)			
	2016-04-27	매각결정기일	불허가

🏠 건물현황	🗺 토지현황	👤 임차인/대항력여부	📋 등기사항/소멸여부
【(지분)건물목록】	**【(지분)토지목록】**	배당종기일 : 2015-12-30	**소유권(지분)**
만송로 3█번길 22-40 [주택]	만송동 10█ [답]	- 매각물건명세서상	1978-04-13 토지
연와조	자연녹지지역 : 227.6㎡㎡(68.85평)	조사된 임차내역이	유○준
1층 13.25㎡ (4.01평)	표준지가 : 380,000원	없습니다	매매
단가㎡ : 472,000원	단가㎡ : 310,000원		
금액 : 6,254,000원	금액 : 70,556,000원	🔍 매각물건명세서	**소유권(일부)**
99.38면적중 이민자지분 13.25견			1993-12-24 토지
부	🔍 토지이용계획/공시지가	🔍 예상배당표	이○덕
	🔍 부동산정보 통합열람		교환
만송로 3█번길 22-40 [주택]			
연와조	**【토지기타현황】**		**소유권**
2층 3.31㎡ (1평)	- 만송교차로 남동측 인근에 위치		1995-06-26 건물
단가㎡ : 472,000원	- 주위는 단독주택 소규모 공장 및 농경		이○덕
금액 : 1,562,320원	지 등이 소재		보존
24.80면적중 이민자지분 3.31견부	- 본건까지 차량출입 가능 인근에 노선		
	버스정류장 소재 제반 대중교통 여건		**소유권(지분)**
보존등기일 : 1995-06-26	보통		2005-04-29 건물/토지
	- 동측 노폭 약 2-3미터의 비포장도로와		이○순외 6명
🔍 건축물대장	접합		재산상속
	- 자연녹지지역		
【건물기타현황】	- 반환공여구역주변지역		**강제경매(지분)**
- 이용상태(단독주택)			2015-10-14 건물/토지
- 위생설비 급배수설비 및 난방설	**【비고】**		전○대
비 등			청구 : 6,000,000원
	🔍 감정평가서		**2015타경3645C**
【제시외건물】			이민자지분
만송동 10█ [보일러실및화장실]	**【감정평가】**		▷ 채권총액 :
			6,000,000원
벽돌조	🏠 감정평가현황 대지감정		
1층 0.9㎡(0.27)평		가격시점	2015-10-21		🔍 등기사항증명서
단가㎡ : 300,000원	감정가	78,725,120원		
금액 : 270,000원	토지	(89.62%) 70,556,000원		건물열람 : 2015-10-26
매각포함	건물	(9.93%) 7,816,320원		토지열람 : 2015-10-26
6.75면적중 이민자지분 0.9견부	제시외포함	(0.45%) 352,800원		
만송동 10█ [보일러실]			
판넬조			
1층 0.552㎡(0.17)평			
단가㎡ : 150,000원			
금액 : 82,800원			
매각포함			
4.14면적중 이민자지분 0.552견부			

주요 등기사항 요약 (참고용)

[주 의 사 항]

본 주요 등기사항 요약은 증명서상에 말소되지 않은 사항을 간략히 요약한 것으로 증명서로서의 기능을 제공하지 않습니다.
실제 권리사항 파악을 위해서는 발급된 증명서를 필히 확인하시기 바랍니다.

[건물] 경기도 양주시 만송동 ▒▒▒

고유번호 1115-1996-▒▒▒▒

1. 소유지분현황 (갑구)

등기명의인	(주민)등록번호	최종지분	주 소	순위번호
이〇순 (공유자)	631012-*******	15분의 2	김해시 삼정동 ▒▒▒ ▒▒▒▒▒▒▒ ▒▒	2
이〇자 (공유자)	690817-*******	15분의 2	의정부시 가능동 ▒▒▒ ▒▒▒▒▒ ▒▒▒	2
이〇남 (공유자)	611022-*******	15분의 2	고양시 덕양구 화정동 ▒▒▒ ▒▒▒▒ ▒▒▒▒	2
이 〇 (공유자)	711210-*******	15분의 2	의정부시 의정부동 ▒▒▒▒ ▒▒	2
이〇범 (공유자)	670619-*******	15분의 2	고양시 일산구 구산동 ▒▒▒▒	2
이〇민 (공유자)	741005-*******	15분의 2	의정부시 의정부동 ▒▒▒▒ ▒▒▒▒▒ ▒▒▒	2
임〇임 (공유자)	410201-*******	15분의 3	양주시 만송동 ▒▒▒	2

2. 소유지분을 제외한 소유권에 관한 사항 (갑구)

순위번호	등기목적	접수정보	주요등기사항	대상소유자
3	강제경매개시결정	2015년10월14일 제122400호	채권자 권〇대	이〇자

3. (근)저당권 및 전세권 등 (을구)

주요 등기사항 요약 (참고용)

[주 의 사 항]

본 주요 등기사항 요약은 증명서상에 말소되지 않은 사항을 간략히 요약한 것으로 증명서로서의 기능을 제공하지 않습니다.
실제 권리사항 파악을 위해서는 발급된 증명서를 필히 확인하시기 바랍니다.

[토지] 경기도 양주시 만송동 ▒▒▒ 답 2367㎡

고유번호 1115-1996-▒▒▒▒

1. 소유지분현황 (갑구)

등기명의인	(주민)등록번호	최종지분	주 소	순위번호
유〇준 (공유자)		11835분의 3300	양주군 주내면 만송리 ▒▒	1
이〇순 (공유자)	631012-*******	11835분의 1138	김해시 삼정동 ▒▒▒ ▒▒▒▒▒▒▒ ▒▒	3
이〇자 (공유자)	690817-*******	11835분의 1138	의정부시 가능동 ▒▒▒ ▒▒▒▒▒ ▒▒▒	3
이〇남 (공유자)	611022-*******	11835분의 1138	고양시 덕양구 화정동 ▒▒▒ ▒▒▒▒ ▒▒▒▒	3
이 〇 (공유자)	711210-*******	11835분의 1138	의정부시 의정부동 ▒▒▒▒ ▒▒	3
이〇범 (공유자)	670619-*******	11835분의 1138	고양시 일산구 구산동 ▒▒▒▒	3
이〇민 (공유자)	741005-*******	11835분의 1138	의정부시 의정부동 ▒▒▒▒ ▒▒▒▒▒ ▒▒▒	3
임〇임 (공유자)	410201-*******	11835분의 1707	양주시 만송동 ▒▒▒	3

■ 건축물대장의 기재 및 관리 등에 관한 규칙 [별지 제1호서식]

일반건축물대장(갑)

장번호 : 1 - 1

고유번호	4163010700-1-●●●●●●		민원24접수번호	20160129 - 93740666		명칭		특이사항	

대지위치	경기도 양주시 만송동		지번	100	도로명주소	경기도 양주시 만송로330번길 ●●-●●	
※대지면적	660 ㎡	연면적	124.18 ㎡	※지역	도시계획지역 외	※구역	
건축면적	99.38 ㎡	용적률산정용연면적	124.18 ㎡	주구조	연와조	※지구	
※건폐율	15.05 %	※용적률	18.82 %	주용도		층수	지하 층/지상 2층
조경면적	㎡	공개 공지 또는 공개 공간의 면적		높이	5 m	지붕	슬라브	주택	
지하수위	G.L m	기초형식		설계지내력(지내력기초인경우)	t/㎡	구조설계 해석법		부속건축물	m

건 축 물 현 황					소 유 자 현 황			
구분	층별	구조	용도	면적(㎡)	성명(명칭) 주민(법인)등록번호 (부동산등기용등록번호)	주소	소유권 지분	변동일 변동원인
주1	1층	연와조	주택	99.38	이○덕	경기도 양주군 주내면 만송리	/	1995.06.09
주1	2층	연와조	주택	24.8	400221-1******			소유권보존
		- 이하여백 -			- 이하여백 - ※ 이 건축물대장은 현소유자만 표시한 것입니다.			

이 등(초)본은 건축물대장의 원본 내용과 틀림없음을 증명합니다.

발급일자 : 2016년 01월 29일

담당자 : 양주2동
전 화 : 031 - 8082 - 7727

경기도 양주시장

※ 표시 항목은 총괄표제부가 있는 경우에는 기재하지 아니합니다.
※ 이 장은 전체 2페이지 중에 1페이지 입니다.

아름다운 변화, 양주

Yangju

양 주 시

수신 김○수 귀하 (우○○○○ 경상남도 양산시 평산회야로)

(경유)

제목 농지취득자격증명 미발급 (김○수)

1. 귀 가정의 평안과 화목을 기원합니다.

2. 귀하께서 신청하신 농지취득자격신청에 대하여 농지법 제8조 및 같은법 시행령 제7조 제2항에 의거 아래와 같이 농지취득자격증명을 미발급하오니 이해하시기 바랍니다.

○ 신청필지내역

소재지	지목	신청면적	취득목적	취득원인	발급여부	미발급사유
만송동 ○○○번지	답	227.6㎡	주말체험영농	경락	미발급	현재 해당부지에는 전체 중 일부가 건축물이 있어 이민자의 지분이 건축되어 있는 부분인지 농지이용행위가 가능한 부분인지 판단할 수 없으며, 건축이되어 있는 부분은 농지법상 농지이기는 하나 현황이 농지가 아닌 것으로 사용되고 있어 농지취득자격증명을 발급할 수가 없음

○ 미발급사유

: 신청대상 농지는 「농지법」 제8조 및 농림식품수산부 예규 「농지취득자격증명발급심사요령」 규정에 의거 신청대상 농지의 전체 중 일부가 건축물이 있어 현소유자인 이민자의 지분이 건축되어 있는 부분인지 농지이용행위가 가능한 부분인지 판단할 수 없으며, 건축이 되어 있는 부분은 농지법상 농지이기는 하나 현황이 농지가 아닌 것으로 사용되고 있어 농지이용행위가 불가능하여 농지취득자격증명을 발급할 수 없음. 끝

2차 건축물대장이 존재하며 매각물건이 건물도 포함되어 있어, 매각물건이 농지법상 농지에 해당하지 않다는 점을 강조하며 강력히 항의해 농지취득자격증명원을 재발급했다.

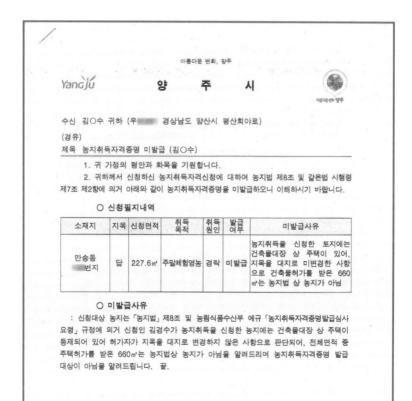

아름다운 변화, 양주

Yangju   양   주   시

아름다운 변화 양주

수신 김○수 귀하 (우▦▦▦ 경상남도 양산시 평산회야로)

(경유)

제목 농지취득자격증명 미발급 (김○수)

1. 귀 가정의 평안과 화목을 기원합니다.
2. 귀하께서 신청하신 농지취득자격신청에 대하여 농지법 제8조 및 같은법 시행령 제7조 제2항에 의거 아래와 같이 농지취득자격증명을 미발급하오니 이해하시기 바랍니다.

○ 신청필지내역

소재지	지목	신청면적	취득목적	취득원인	발급여부	미발급사유
만송동 ▦▦▦번지	답	227.6㎡	주말체험영농	경락	미발급	농지취득을 신청한 토지에는 건축물대장 상 주택이 있어, 지목을 대지로 미변경한 사항으로 건축물허가를 받은 660㎡는 농지법 상 농지가 아님

○ 미발급사유

: 신청대상 농지는 「농지법」 제8조 및 농림축산식품부 예규 「농지취득자격증명발급심사요령」 규정에 의거 신청인 김경수가 농지취득을 신청한 농지에는 건축물대장 상 주택이 등재되어 있어 허가자가 지목을 대지로 변경하지 않은 사항으로 판단되어, 전체면적 중 주택허가를 받은 660㎡는 농지법상 농지가 아님을 알려드리며 농지취득자격증명 발급 대상이 아님을 알려드립니다. 끝.

의 정 부 지 방 법 원
매각불허가결정

사   건   2015타경36○○○ 부동산강제경매

최고가매수신고인   김○수 (770112-******)
                경상남도 양산시 평산회야로

주   문
별지 기재 부동산에 대한 매각을 허가하지 아니한다.

이   유
기록에 의하면 별지 기재 부동산은 농지이고 2015.12.03.자 양주시로부터의 사실조회 회신
에서도 농지취득자격증명이 필요한 것으로 회신되어 농지취득자격증명요건이 필요한 것으로
매각공고되었다. 따라서 최고가매수신고인은 농지취득자격증명서를 제출하여야 하는데 양주
시로부터의 농지취득자격증명반려 사유서를 제출하였고 결과적으로 매각기일은 공고내용과
다르게 진행되었으므로 민사집행법 제121조 제1호, 제123조 제2항에 의하여 주문과 같이
결정한다.

2016. 4. 27.

사 법 보 좌 관   최   ○

1 / 2

즉 시 항 고 장

(매각허가결정에 대한)

사건 : 의정부지방법원 2015 타경 36○○○ 부동산강제경매

항고인(최고가매수인) 김○수

인지대 : 2,000원

송달료 : 18,500원

의정부지방법원 귀중

즉 시 항 고 장

항고인　　　　　김〇수
(최고가매수인)　　양산시 평산회야로 〇〇, 〇〇2동 111호 (〇〇동, 〇〇3차아파트)
　　　　　　　　송달장소 : 평택시 평남로
　　　　　　　　송달영수인 : 법무사 〇돈

　위 항고인은 의정부지방법원 2015 타경 364〇〇 부동산강제경매 사건의 물건번
호 1번 부동산에 관해 2016. 4. 27. 같은 법원이 매각불허가결정을 했으나, 항고
인은 위 결정에 대해 불복하므로 이에 즉시항고를 제기합니다.

항 고 취 지

1. 이 법원이 별지 목록 기재 부동산에 대해 2016. 4. 27.에 한 매각불허가결정은
이를 취소한다.
2. 위 부동산에 대한 이 사건 매각을 허가한다.
라는 재판을 구합니다.

항 고 이 유

추후에 제출하겠습니다.

첨 부 서 류

진행 추이에 따라 추후 제출하겠습니다.

2016. 4. 　.

위 항고인(최고가매수인) 김〇수

의정부지방법원 귀중

부동산의 표시

1. 경기도 양주시 만송동 ○○ 답 2,367㎡

2. 경기도 양주시 만송동 ○○
   도로명주소 : 경기도 양주시 만송로○○번길 22-40
   연와조 스라브지붕 2층 주택
   1층 99.38㎡
   2층 24.80㎡

항 고 이 유 서

사 건	2015타경2283 36○○○ 부동산강제경매
항고인(최고가매수인)	김○수

위 사건에 관해 항고인은 다음과 같이 항고이유를 제출합니다.

다 음

1. 이 사건 매각불허가결정 경위

이 사건에 관해 의정부지방법원은 2016. 3. 20.(10:30) 매각기일을
지정했고, 항고인은 위 매각기일에 입찰하여 최고가매수신고인으로
지정되었습니다.

그러나, 위 법원은 같은 달 27. 직권으로 '별지기재 부동산은 농지
이고, 농지취득자격증명원이 필요한 것으로 매각공고가 되었으나,
최고가매수인은 농지취득자격증명서를 제출해야 하는데, 농지취득
사격증명원 빈려시유서를 제출했고, 결과적으로 매각기일은 공고내
용과 다르게 진행되었으므로 민사집행법 제121조 제1호, 제123조
제2항에 의해 매각을 불허'하는 결정을 했습니다.

2. 이 사건 매각불허가결정의 위법·부당성

가. 민사집행법 제121조 제1호 및 제123조 제2항 규정

위 법원이 이 사건 불허가결정의 근거로 삼은 민사집행법 제121조 제1호 및 제123조 제2항은 아래 관련 규정과 같습니다.

[관련규정] 민사집행법(2015.05.18 법률 제13286호로 개정된 것)

제121조(매각허가에 대한 이의신청사유)

매각허가에 관한 이의는 다음 각 호 가운데 어느 하나에 해당하는 이유가 있어야 신청할 수 있다.

1. 강제집행을 허가할 수 없거나 집행을 계속 진행할 수 없을 때

(이하 생략)

제123조(매각의 불허)

① 법원은 이의신청이 정당하다고 인정한 때는 매각을 허가하지 아니한다.

② 제121조에 규정한 사유가 있는 때는 직권으로 매각을 허가하지 아니한다. 다만, 같은 조 제2호 또는 제3호의 경우에는 능력 또는 자격의 흠이 제거되지 아니한 때에 한한다.

나. 위 관련규정의 취지

민사집행법 제121조 제1호에서 정하고 있는 「강제집행을 허가할 수 없을 때」라 함은 강제집행의 요건, 강제집행개시의 요건, 강제경매신청의 요건이 흠결된 경우를 말하고, 「집행을 계속할 수 없을 때」라 함은 집행의 정지 또는 취소사유가 있을 때, 회생절차의 개시결정이 있거나 회생절차상 중지. 금지명령이 발령된 경우, 법인파산이 선고된 경우, 경매신청이 취하된 것을 간과하고 매각기일을 진행한 후 뒤늦게 발견한 경우, 매각기일을 이해관계인에게 통지하지 아니한 경우, 경매개시결정이 채무자에게 송달되지 아니한 경우 등 집행절차 중에 집행법상 절차의 진행을 저해하는 사유가 발생한 경우를 말합니다(법원실무제요 민사집행 II권, 300쪽 참조).

다. 이 사건에 관하여

그러나, 이 사건과 같이 항고인이 농지취득자격에 관해 아무런 제한이 없다는 취지의 농지취득자격반려통지서를 제출한 것은 위 불허가결정 근거 규정과 아무런 관련이 없습니다. 위와 같은 사항은 강제집행을 허가할 수 없을 때와 같은 강제집행이나, 강제집행신청 또는 강제경매개시요건과 관련 있는 것이 아니고, 또한 집행의 취소나 정지 등 집행을 계속할 수 없는 경우에 해당하지도 않기 때문입니다.

따라서, 이 사건 불허가결정은 위법하므로 취소되어야 마땅합니다.

3. 기타 이 사건과 동일 사안에서 매각허가결정을 한 사례들

한편, 다수의 법원 실무례는 이 사건과 동일하게 지목이 농지인 토지 위에 건물이 존재한다는 이유로 농지취득자격증명반려통지서가 제출되는 사안에서 매각허가결정을 하고 있습니다.

위와 같이 매각허가결정을 한 사례로 의정부지방법원 2015 타경 30513, 2015 타경 36450, 수원지방법원 여주지원 2013 타경 19989, 대전지방법원 서산지원 2013 타경 15109, 대전지방법원 논산지원 2015 타경 20786, 2014 타경 3821, 2015 타경 2313 사건 등이 있는 바, 다수의 사례에서 허가결정을 하는 것으로 알고 있습니다.

또한, 농지에 관한 소유권이전등기신청에 있어 농지취득자격증명서 또는 그 반려통지서(농지법상 농지에 해당하지 아니함을 이유로 한 경우)를 첨부할 경우 농지취득자격에 아무런 제한이 없는 것인 점도 고려해야 할 것입니다.

 이 사건도 위와 같은 사건과의 형평을 고려하더라도 매각허가를 하여 주심이 적절하다고 사료됩니다.

4. 결론

 위와 같이 농지취득자격증명서 대신 그 반려통지서를 제출한 것이 민사집행법 제121조 제1호의 사유에 해당한다 할 수 없습니다.

 또한, 이 사건과 동일한 사안에서 대부분은 매각허가결정을 하고 있는데 특히 이 사건만 불허가한 점, 부동산 등기 신청 시 농지의 경우 농지취득자격증명서 또는 그 반려통지서(농지법상 농지에 해당하지 아니함을 이유로 한 경우)를 제출하게 되어 있어 농지취득자격증명서와 그 반려통지서는 동일한 의미가 있는 점을 감안하더라도 이 사건 불허가 처분은 부당합니다.

 따라서 이 사건 불허가결정을 취소하여 주시기 바랍니다.

첨 부 서 류

1. 경매사건검색표   7통
1. 농지취득자격증명원 반려통지서   2통

2016. 5.   .

위 항고인   김○수

의정부지방법원 귀중

📋 **권리분석**

- 농지의 1필지가 2,625㎡로 비교적 넓은 필지

- 위치상에 1973년 이전부터 건축된 옛집과 근래에 지은 집

- 13명(180/1530) 공유지분이며 건축물매각제외(건축물대장 없음)

- 1973년 이전 항공사진 제출(농지법상 농지 아님)

2019 타경 34●● (임의)	물번3 [배당종결] ✔	매각기일 : 2020-09-21 10:00~ (월)		경매3계 041-746-2783
소재지	(●●●●) 충청남도 논산시 가야곡면 조정리 ●●-● [도로명] 충청남도 논산시 팀정로 ●●●			
용도	답	채권자	이OO	감정가	46,323,000원
지분토지	308.82㎡ (93.42평)	채무자	김OO	최저가	(51%) 23,717,000원
건물면적		소유자	김0000	보증금	(10%)2,371,700원
제시외	제외 : 30㎡ (9.07평)	매각대상	토지지분매각	청구금액	80,000,000원
입찰방법	기일입찰	배당종기일	2020-01-02	개시결정	2019-09-30

기일현황 ✔간략보기

회차	매각기일	최저매각금액	결과
신건	2020-04-27	46,323,000원	유찰
2차	2020-06-01	37,058,000원	유찰
3차	2020-07-06	29,646,000원	유찰
	2020-08-17	23,717,000원	변경
3차	2020-09-21	23,717,000원	매각
	낙찰24,350,000원(53%)		
	2020-09-28	매각결정기일	불허가
	2021-04-15	배당기일	완료

소멸되지 않는 등기부권리	해당사항 없음
설정된 것으로 보는 지상권	제시외 건물을 위한 법정지상권 성립여지 있음
주의사항 / 법원문건접수 요약	타인소유 제시외 건물. 제시외 수목 매각제외. 타인소유 건물 소재로 제한받는 가액은 감정평가서 참조. 공유자 우선 매수권 행사 1회로 제한. 농지취득 자격증명 필요(미제출시 보증금 미반환) 행정기관의 사실조회 회신 결과에 의하면 농지전용허가를 받지 아니하고 건축물이 소정되어 있는 부분은 원상복구 후 농지취득자격증명의 발급이 가능하다고 하므로 자세한 내용은 행정기관에 문의, 농지취득자격증명신청서 반려처분 시 행정소송 등을 제기하며 취득을 요합) 2021-02-19 채권자 이OO 경매신청취하서 제출

? 물건현황/토지이용계획	? 면적(단위:㎡)	? 임차인/대항력여부	? 등기사항/소멸여부
조정서원 북동측 인근에 위치 주위는 단독주택, 농경지 및 야산 등이 혼재하는 순수농촌지역 본건까지 차량 접근 가능하고, 인근에 버스정류장 등이 소재하고 논산시, 계룡시 중심부 또는 고속도로IC가 차량으로 15-20분 소요되어 제반 교통상황은 보통 인접도로나 인접지와 평지 또는 완경사 이룸 남측으로 너비 약 2-3미터의 포장도로에 접함 농림지역(조정리 20■-4) ⬚ 토지이용계획/공시지가 ⬚ 부동산정보 통합열람 ⬚ 감정평가서	【(지분)토지】 조정리 20■-4 답 농림지역 308.82㎡ (93.42평) 현황'일부 건부지 및 전 등' 2,625면적중 김태중지분 308.82 전부 【제시외】 조정리 20■-4 (ㄱ) 단층 주택 제외 10.71㎡ (3.24평) 목조기와 조정리 20■-4 (ㄴ) 단층 창고 제외 6.35㎡ (1.92평) 세멘브럭조스레트 조정리 20■-4 (ㄷ) 단층 처마 제외 4.59㎡ (1.39평) 철파이프조쎈라이트 조정리 20■-4 (ㄹ) 단층 부속사 제외 0.53㎡ (0.16평) 세멘브럭조합석 조정리 20■-4 (ㅁ) 관정 제외 미상 조정리 20■-4 (ㅂ) 단층 주택 제외 5.29㎡ (1.6평) 경량철골조샌위치패널 조정리 20■-4 (ㅅ) 단층 부속사 제외 1.65㎡ (0.5평) 경량철골조샌드위치패널	배당종기일 : 2020-01-02 김○○ 있음 전입 : 2016-07-12 확정 : 없음 배당 : 없음 점유 : 기호 4, 남서측 일부 토지 99다25532 판례보기 04다26133 판례보기 전액매수인 인수예상 김○○ 없음 전입 : 없음 확정 : 없음 배당 : 없음 점유 : 기호 4, 북서측 및 남동측 일부 토지 99다25532 판례보기 04다26133 판례보기 미배당금 소멸예상 김○○ 없음 전입 : 없음 확정 : 없음 배당 : 없음 점유 : 기호 4, 북서측 일부 토지 99다25532 판례보기 04다26133 판례보기 미배당금 소멸예상 ⬚ 매각물건명세서 ⬚ 예상배당표	소유권(지분) 이전 2008-01-08 토지 김○○○○○○ 상속 (근)저당 토지소멸기준 2008-03-03 토지 미○○ 100,000,000원 김태중지분 가압류(지분) 소멸 2008-12-10 토지 한○○○○○○ 7,490,941 원 김태중지분 압류(지분) 소멸 2013-02-13 토지 논○○ 김태중지분 압류(지분) 소멸 2015-10-16 토지 강○○○○ 김태중지분 소유권(지분) 이전 2017-11-27 토지 유○○ 협의분할에 의한 상속 김연숙지분 임의경매(지분) 소멸 2019-09-30 토지 미○○ 청구 : 80,000,000원 김태중지분 ▷ 채권총액 : 107,490,941원 ⬚ 등기사항증명서 토지열람 : 2020-04-13

? 감정평가현황	프라임감정(주)
가격시점	2019-10-18
감정가	46,323,000원
토지	(100%) 46,323,000원
제시외제외	(15.66%) 7,255,900원

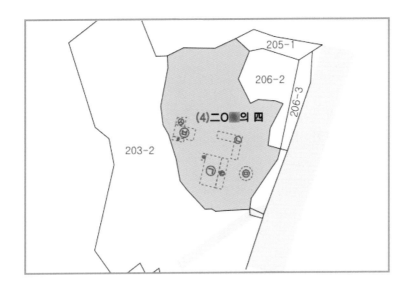

농지법상 농지에 해당하지 않지만 잔여 농지 부분에는 법인이 농사를 경작할 수 없으므로 농취증이 반려됐다.

※ 농지법상 농지가 아님에도 법인은 경작 못한다며 농취증을 미발급한 사례

「활기찬 논산 행복한 시민」

함께하는YOU
논산

가 야 곡 면

수신 인천광역시 남동구 만수서로 ███ ████ ████████ ████████████
████ (주)███디앤씨 귀하
(경유)

제목 농지취득자격증명발급 반려 알림[(주)███디앤씨]

1. 귀 회사의 무궁한 발전을 기원합니다.
2. 민원접수번호-3238(2020. 9. 24.)호로 제출하신 농지취득자격증명 신청에 대하여 검토한 결과 농지법 규정에 의하여 적합하지 않아 다음과 같은 사유로 하여 반려됨을 알려드립니다.

농지소재지			공부상 지 목	현황	공부상 면 적 (㎡)	취득 면적 (㎡)	취득목적	비 고
면	리	지번						
가야곡	조정	20█-4	답	대(주택) 과수원	2,625	383.82	주말체험농장	

☐ 반려사유

해당 토지에 조성된 건축물은 농지법 시행일(1973. 1. 1.) 이전부터 조성되어 농지법 제2조에 따른 농지가 아니므로 농지취득자격증명을 발급받지 않고 농지취득이 가능하다고 사료되나, 나머지 농지부분에 대해서는 농업법인이 아닌 일반법인은 농지를 취득할 수 없음

《알림사항》

본 처분에 이의가 있을 경우「민원사무 처리에 관한 법률」제18조(거부처분에 대한 이의신청)제1항에 따라 거부처분을 받은 날부터 90일 이내에 논산시장에게 문서로 이의신청을 할 수 있으며,「행정심판법」제27조(심판청구의 기간)제1항에 따라 처분이 있음을 알게 된 날부터 90일 이내에 재결청인 충청남도지사에게 행정심판을 청구할 수 있음을 알려 드립니다.

끝.

불법 건물이 존재하나 특별매각조건이 없음

지목이 답이며 건축물 매각 제외이며 건축물대장도 없고 건축물재산세도 내는 것도 없는 그야말로 그림 같은 집이 있었다. 특별매각조건이 없기에 진주에 있는 K에게 추천했다. K는 "교수님, 지목이 답인데 농지취득자격증명원을 해줄까요?"라고 질문했다. "특별매각조건에 없기에 농지취득자격증명원 없이도 등기 이전이 될 것"이라고 하자, "나중에 등기 이전을 안 해주면 어떻게 하나요?"라고 되물었다.

"특별매각조건에 농지취득자격증명원 제출 요함이 없어 농지취득자격증명원 없이도 허가가 날 거고, 그 뒤 잔금을 내면 등기 이전이 가능하다. 만약 불허가 난다면 법원의 실수라 보증금을 반환해준다"고 하자 "그럼 마음 놓고 입찰하지요" 하면서 낙찰받고 등기 이전한 경우다. 낙찰 후 여주시 담당자와 만나 양성화 논의 중 "이런 물건은 농지취득자격증명원을 안 해주는데 어떻게 낙찰받았냐?"고 묻는다. 필자는 이 물건이 특별매각조건인 농지취득자격증명원 없이 경매가 진행되어 낙찰받아 등기 이전했다고 하자 담당자가 고개를 갸웃했다. 그러면서 "이런 거 농지취득자격증명원 절대 안 해 주는데…"라고 말했다.

담당자는 농지에 불법 건축물이 1988년 이전부터 있었으면 양성화가 가능하다며, 국토지리정보원에서 1988년 이전 항공사진을 가져오면 양성화해준다고 친절히 알려준다. 그러나 필자는 이미 항공사진을 확인해서 1998년에 건물이 불법 건축되었다는 것을 알고 있었다. 양성화는 불가능하다.

🗒 권리분석

- 건축물 매각 제외

- 지목이 전이지만 특별매각조건에 농지취득자격증명원 제출 요건 없음

- 지목이 전인 토지에 불법 건축물이 존재하며 거주자 없음

2015 타경 31○○○ (임의)		매각기일 : 2016-06-01 10:00~ (수)		경매1계 031-880-7445	
소재지	(○○-○○) 경기도 여주시 대신면 보통리 [도로명주소] 경기도 여주시 보통3길				
현황용도	답	채권자	김○영	감정가	96,590,000원
토지면적	743㎡ (224.76평)	채무자	박○흠	최저가	(49%) 47,329,000원
건물면적		소유자	박○훈	보증금	(10%)4,733,000원
제시외		매각대상	토지만매각	청구금액	17,720,701원
입찰방법	기일입찰	배당종기일	2015-12-16	개시결정	2015-09-15

기일현황 ▼건물보기

회차	매각기일	최저매각금액	결과
신건	2016-03-23	96,590,000원	유찰
2차	2016-04-27	67,613,000원	유찰
3차	2016-06-01	47,329,000원	매각
김정○/입찰10명/낙찰67,970,000원(70%)			
	2016-06-08	매각결정기일	허가
	2016-07-15	대금지급기한 납부 (2016.07.05)	납부
	2016-07-27	배당기일	완료
배당종결된 사건입니다.			

🏠 건물현황	🗺 토지현황	📋 임차인/대항력여부	📑 등기사항/소멸여부
[건물목록]	**[토지목록]**	배당종기일: 2015-12-16	**소유권**
	보통리 35◯-2 [답]		2005-04-14 토지
[건물기타현황]	계획관리지역 : 743㎡(224.76평)	- 매각물건명세서상	최◯용
-	표준지가 : 94,000원	조사된 임차내역이	공유물 분할
	단가㎡ : 130,000원	없습니다	**소유권**
[제시외건물]	금액 : 96,590,000원		2009-11-30 토지
보통리 35◯-2 [단독주택]	🔍 **토지이용계획/공시지가**	🗒 **매각물건명세서**	박◯훈
미상	🔍 **부동산정보 통합열람**	🗒 **예상배당표**	(거래가) 78,000,000원
단층	**[토지기타현황]**		매매
금액 : 원			**(근)저당**
매각제외	- 위안동마을 내에 위치		2011-09-27 토지
	- 주위는 농경지 주택 임야 등 형성된		김◯영
	산간농촌지대로 주위환경 보통이지만		70,000,000원
	마을 앞에 제2영동 고속도로 공사로		**임의경매**
	전망이 종변보다 못한 편임		2015-09-15 토지
	- 본건까지 일반 차량출입 가능 일반대		김◯영
	중교통이용편은 불편		청구 : 17,720,701원
	- 부정형 토지		2015타경314◯◯(배당종결)
	- 서측 노폭 약 3m 내외의 포장도로에		▷ 채권총액 :
	접합		70,000,000원
	- 수질보전특별대책지역		🗒 **등기사항증명서**
	- 수변구역		토지열람 : 2015-10-01
	[비고]		
	※ 감정평가서상 제시외건물가격이 명시		
	되어있지않음. 입찰시 확인요함.		
	🔍 **감정평가서**		
	[감정평가]		
	🏠 감정평가현황 세연감정		
	가격시점 2015-09-22		
	감정가 96,590,000원		
	토지 (100%) 96,590,000원		

명세서 요약사항 ▸ 최선순위 설정일자 2011.9.27. 근저당권

매각으로 소멸되지 않는 등기부권리	해당사항 없음
매각으로 설정된 것으로 보는 지상권	지상 소재 건물을 위한 법정지상권 성립여지 있음.
주의사항 / 법원문건접수 요약	현황 대지 및 일부 도로. 지상에 매각에서 제외되는 건물이 소재.

부동산종합공부 요약

지구단위계획구역

세 필지가 경매로 나왔으나 730-4번지는 지목이 전으로 특별매각조건인 농지취득자격증명원이 필요함으로 되어 있다.

730-2와 730-3은 대지로 되어 있으나 건축물은 730-4 번지(전)에 불법 건축물이 존재하며 70대 노인 부부가 거주해 사후복구로는 농지취득자격증명원이 불가능하다.

그러나 토지이용계획확인원에 지구단위계획구역에 주거개발진흥지구로 지정되어 농지전용이 결정된 농지이기에 농지취득자격증명원이 필요 없는 농지다.

또한, 주거·상업·공업지역의 농지도 마찬가지다. 토지이용계획확인원에 이렇게 지구단위 계획이나 주거·상업·공업지역으로 지정되어 있는 농지는 농지취득자격증명원이 필요한 농지가 아니다.

2013 타경 20○○○(임의)	물번1 [유찰] ▼	매각기일 : 2014-09-01 10:00~ (월)		경매4계 031-650-3171
소재지	(○○-○○) 경기도 평택시 현덕면 기산리 외2필지			
물건종별	대지	채권자	안중농업협동조합	감정가	200,650,000원
토지면적	1085㎡ (328.21평)	채무자	이○의	최저가	(49%) 98,319,000원
건물면적	건물 매각제외	소유자	이○의	보증금	(10%) 9,832,000원
제시외면적	제외 135.5㎡ (40.99평)	매각대상	토지만매각	청구금액	2억8,735,862원
입찰방법	기일입찰	배당종기일	2014-03-18	개시결정	2013-12-30

기일현황 ⊙ 입찰3일전

회차	매각기일	최저매각금액	결과
신건	2014-06-23	200,650,000원	유찰
2차	2014-07-28	140,455,000원	유찰
3차	2014-09-01	98,319,000원	

모의입찰가 [0 원] [입력] [?]

물건현황/토지이용계획	면적(단위:㎡)	임차인/대항력여부	등기부현황/소멸여부
원기산마을 내 위치 주위는 농촌마을 농경지(전 답) 야산지대 본건과 인접 마을버스 정류장이 소재 있으나 운행시간 및 운행 빈도 등 보아 대중교통수단의 이용은 다소 불편한 편임 부정형 인접토지와 등고 평탄 차량진입 가능 계획관리지역(기산리 73[redacted]-2) 계획관리지역(기산리 73[redacted]-3) 계획관리지역 (기산리 73[redacted]-4) 일괄매각. 지상에 소유자 미상의 건물이 소재하나 매각에서 제외함. 법정지상권성립여지있음. **토지이용계획/공시지가** **부동산정보 통합열람** **감정평가서**	**[토지]** 기산리 73[redacted]-2 대지 298 (90.14평) 기산리 73[redacted]-3 대지 417 (126.14평) 기산리 73[redacted]-4 전 370 (111.92평) **[제시외]** 화장실 조적조슬래브지붕 면적 2.4㎡ (0.73)평제외 창고 조적조스레트지붕 면적 9.6㎡ (2.9)평제외 창고 조적조스레트지붕 면적 26㎡ (7.86)평제외 주택 조적조스레트지붕 면적 21㎡ (6.35)평제외 가추 파이프조썬라이트지붕 면적 12㎡ (3.63)평제외 주택 조적조스레트지붕 면적 61.5㎡ (18.6)평제외 창고 조적조판넬지붕 면적 3㎡ (0.91)평제외	배당종기일: 2014-03-18 - 매각물건명세서상 조사된 임차내역이 없습니다 **매각물건명세서** **예상배당표**	**소유권** 이전 1964-10-26 토지 이○의 상환완료 **(근)저당** 토지소멸기준 2009-04-21 토지 안중농업협동조합 260,000,000원 **지상권** 소멸 2009-04-21 토지 안중농업협동조합 **(근)저당** 소멸 2009-05-22 토지 김○익 455,000,000원 **(근)저당** 소멸 2010-02-23 토지 김○자 200,000,000원 **임의경매** 소멸 2013-12-30 토지 안중농업협동조합 청구 : 208,735,862원 2013타경20142(배당종결) ▷ 채권총액 : 915,000,000원 **등기부등본열람** 토지열람 : 2014-01-09

감정평가현황 한별감정

가격시점	2014-01-09
감정가	200,650,000원
토지	(100%) 200,650,000원
제시외제외	(10.38%) 20,837,500원

명세서 요약사항 ▸ 최선순위 설정일자 2009.4.21.(근정당권)

매각으로 소멸되지 않는 등기부권리	해당사항 없음
매각으로 설정된 것으로 보는 지상권	해당사항 없음
주의사항 / 법원문건접수 요약	일괄매각. 지상에 소유자 미상의 건물이 소재하나 매각에서 제외함. 법정지상권성립여지있음. 목록3 농지취득자격증명원 제출요함(미제출시 보증금을 몰수함) ※본 사건의 등기부현황(건물/토지)은 대표번지에 대한 등기부현황으로 입찰에 참여하실경우 나머지 필지에 대한 등기부등본을 발급하셔서 소멸기준 권리를 확인하시기 바랍니다.

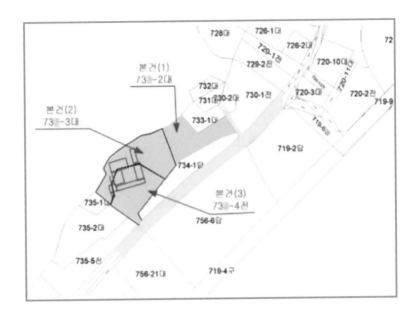

730-2, 730-3, 730-4 세 필지가 경매로 나왔으나 건축물이 존재하는 730-4는 전으로 농지취득자격증명원이 필요하다. 상황을 보면 예전 건축물을 건축해 지목변경 신청 시 당시 730-2와 730-4의 지목이 바뀌었다고 생각되나 현재의 법규로서는 농지취득자격증명원이 필요하다.

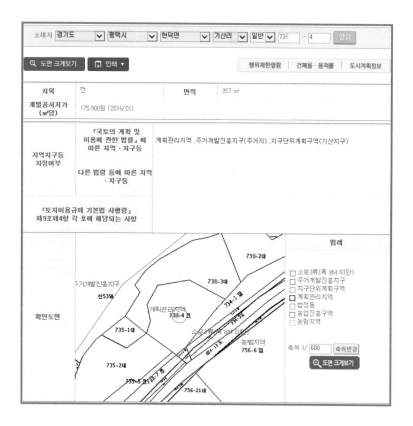

즉시항고와 행정심판을 동시에

"교수님, 예전에 저의 부모님이 살고 있었던 전이 지분으로 경매가 나왔는데 꼭 사고 싶어요. 그러나 불법 건축물이 있어 농지취득자격증명이 문제인데 방법이 없을까요?"

아무리 봐도 농지취득자격증명은 불가능해 보였다. 이미 한 번 불허가 되었고 아마도 입찰보증금은 몰수되었을 것으로 생각된다. 그러나 꼭 사야 된단다. 그렇다면 입찰보증금이 백여만 원이니 잘못되면 백만 원 몰수당할 생각하고 입찰에 참여하고 즉시항고 후 행정심판을 통해 한번 시도해보자고 했더니 그렇게 하겠다고 했다. 낙찰받고 농지취득자격증명 신청했으나 역시 미발급되었다. 즉시항고하고 바로 행정심판을 제기했다.

결국 행정심판에서 농지취득 자격증명을 발급하라는 판결문을 받아 농지취득자격증을 발급받아 등기 이전을 완료한 사례다.

이 사건은 세 필지의 토지가 강제경매로 진행되었으며, 2필지는 잡종지 1필지는 지목이 전으로 되어 있다. 따라서 지목이 전으로 되어 있는 306번 지의 토지는 농지취득자격 증명을 제출해야 하나 306번지의 지상에 주택이 있어 농취증을 발급받지 못해 행정 심판을 제기해 농취증을 발급받은 사례다.

2016 타경 ██ (강제)		매각기일 : 2017-11-09 10:00~ (목)			경매1계 055-640-8500	
소재지	(█████) 경상남도 거제시 장목면 장목리 █████					
	[도로명] 경상남도 거제시 거재북로 ████					
용도	주택	채권자	제이비우리캐피탈		감정가	331,718,750원
토지면적	682㎡ (206.3평)	채무자	김○○		최저가	(51%) 169,840,000원
건물면적	102.25㎡ (30.93평)	소유자	김○○		보증금	(10%)16,984,000원
제시외	4.5㎡ (1.36평)	매각대상	토지/건물일괄매각		청구금액	9,139,250원
입찰방법	기일입찰	배당종기일	2016-12-29		개시결정	2016-10-18

기일현황 ▼2차보기

회차	매각기일	최저매각금액	결과
신건	2017-04-06	331,718,750원	유찰
2차	2017-05-04	265,375,000원	유찰
	2017-06-01	212,300,000원	변경
	2017-07-06	212,300,000원	변경
	2017-08-03	212,300,000원	변경
3차	2017-10-12	212,300,000원	유찰
4차	2017-11-09	169,840,000원	매각
박○○/입찰3명/낙찰200,500,000원(60%)			
2등 입찰가 : 188,000,000원			
	2017-11-16	매각결정기일	변경
4차	2018-02-01	매각결정기일	허가
	2018-03-05	대금지급기한 납부 (2018.03.05)	납부
	2018-04-04	배당기일	완료
배당종결된 사건입니다.			

명세서 요약사항 ▶ 최선순위 설정일자 목록 1, 3, 4 - 2005, 10, 26,근저당권 목록 2 - 2005, 11, 9,근저당권

소멸되지 않는 등기부권리	해당사항 없음
설정된 것으로 보는 지상권	해당사항 없음
주의사항 / 법원문건접수 요약	일괄매각, 제시외 건물 포함, 목록 3 농지취득자격증명 제출 요함(미제출시 보증금 몰수), 목록 4는 지적도상 맹지임, 목록 2 건물(시멘트벽돌조 스레이트지붕 단층 단독주택 68.5㎡)은 공부상 "거제시 장목면 장목리 305-35 지상 스레트지붕"이나 현황은 "거제시 장목면 장목리 306, 305-12, 305-1 지상 스레트위 강판지붕임, 거제시 장목면 장목리 305-12, 305-1 지상에 목록 2 건물(시멘트벽돌조 스레이트지붕 단층 단독주택 68.5㎡)를 위하여 법정지상권 성립여부는 불명함, 목록 2 건물(경량철골조 샌드위치판넬지붕 단층 창고시설 33.75㎡)은 공부상 "창고시설"이나 현황은 "주택"으로 이용중이고 소유자의 자 김규████이 점유하고 있음, 목록 3에 대하여 2017,07,06,자 접수된 장목면장의 회신서에 의하면 농지취득자격증명서가 필요한 농지이나 발급이 불가한 농지라고 회신음. 2017-07-05 채권자 제이비우리캐피탈 주식회사 기일변경신청 제출 2017-08-01 채권자 제이비우리캐피탈 주식회사 기일변경신청 제출 ※본 사건의 등기부현황(건물/토지)은 대표번지에 대한 등기부현황으로 입찰에 참여하실경우 나머지 필지에 대한 등기부등본을 발급하셔서 소멸기준 권리를 확인하시기 바랍니다.

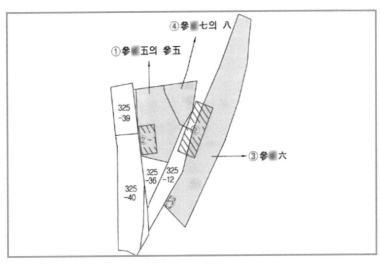

감정평가현황 ▸ (주)제일감정 , 가격시점 : 2016-10-28

토지	건물	제시외건물(포함)	제시외건물(제외)	기타(기계기구)	합계
289,689,000원	41,489,750원	540,000원	×	×	331,718,750원

건물현황 ▸ 보존등기일 : 2005-11-09

	소재지	층별	구조	용도	면적	단가(㎡당)	감정가격	비고
1	거제북로 2■■-9	단층	시멘트벽돌조스레이트	단독주택	68.5㎡ (20.72평)	416,000원	28,496,000원	
2	거제북로 2■■-9	단층	경량철골조샌드위치 판넬	창고시설	33.75㎡ (10.21평)	385,000원	12,993,750원	

기타 이용상태(주택) / 온수식 유류 보일러 및 가스보일러 시설, 제반 위생설비 및 기타 설비

토지현황 🔲 토지이용계획/공시지가 🔲 부동산정보 통합열람

	지번	지목	토지이용계획	비교표준지가	면적	단가(㎡당)	감정가격	비고
1	장목리 3■5-35	잡종지	계획관리지역	350,000원	190㎡ (57.47평)	537,000원	102,030,000원	
2	장목리 3■6	전	계획관리지역	350,000원	423㎡ (127.96평)	358,000원	151,434,000원	
3	장목리 3■7-8	잡종지	계획관리지역	350,000원	69㎡ (20.87평)	525,000원	36,225,000원	

기타 장목초등학교 남측 인근에 소재 / 주위는 학교, 일반주택, 점포 등이 혼재 / 본건 입구까지 소형차량 출입은 가능 제반 교통사정은 보통 / 기호1)지적도상 서측으로 노폭 약 4-5미터 도로와 접합 / 기호3)남측으로 노폭 약 2-3미터 도로와 접합 / 기호4)지적도상 맹지

제시외건물현황

	지번	층별	구조	용도	건물면적	감정가격	매각여부
1	장목리 3■6	단층	블록조스레드	창고	4.5㎡(1.36평)	540,000원	매각포함

행정심판 청구서

접수번호	접수일	

청구인	성명 박승○
	주소 경상남도 김해시 나전로 ○ ○○○-83(삼계동)
	주민등록번호(외국인등록번호) 530116-1○○○○○○
	전화번호 010-3590-○○○○

[ ] 대표자 [ ] 관리인 [ ] 선정대표자 [ ] 대리인	성명
	주소
	주민등록번호(외국인등록번호)
	전화번호

피청구인	경상남도 거제시 장목면장
소관 행정심판위원회	[ ] 중앙행정심판위원회 [○] 경상남도행정심판위원회 [ ] 기타
처분 내용 또는 부작위 내용	농지취득자격증명신청의 반려처분
처분이 있음을 안 날	2017년 11월 14일
청구 취지 및 청구 이유	별지로 작성
처분청의 불복절차 고지 유무	
처분청의 불복절차 고지 내용	
증거 서류	별지 첨부와 같음

「행정심판법」 제28조 및 같은 법 시행령 제20조에 따라 위와 같이 행정심판을 청구합니다.

2017년　11월　　일

청구인　박승○ (서명 또는 인)

경상남도 행정심판위원회 귀중

첨부서류	1. 대표자, 관리인, 선정대표자 또는 대리인의 자격을 소명하는 서류 　(대표자, 관리인,선정대표자 또는 대리인을 선임하는 경우에만 제 　출합니다.) 2. 주장을 뒷받침하는 증거서류나 증거물	수수료 없음

처리 절차			

청구서 작성	→	접수	→	재결	→	송달
청구인		○○행정심판위원회		○○행정심판위원회		

청 구 취 지

1. 피청구인의 청구인에 대한, 2017. 11. 14. 자 경상남도 거제시 장목면 장목리 306 전 423㎡에 관한 농지취득자격증명 발급 신청의 반려처분을 취소한다.

라는 심판을 구합니다.

청 구 원 인

1. 이 사건 토지의 소유관계 및 최고가 매수신고, 농취신청반려

거제시 장목면 장목리 306 전 423㎡(이하 '이 사건 토지'라 함)와 같은 곳 307-8 잡종지 69㎡, 같은 곳 305-35 잡종지 190㎡ 및 위 지상 건물 주택 68.5㎡, 창고 33.75㎡는 청구 외 김혜○의 소유인 바, 채권자 제이비우리캐피탈 주식회사의 창원지방법원 통영지원 2016 타경 77○○ 강제경매가 2016. 10. 18. 개시되었고(증제2호증의 1내지4 부동산 등기사항증명서 참조), 청구인은 2017. 11. 9. 최고가매수신고인의 지위를 득하고(증제5호증 경매사건 검색표 참조), 피청구인 장목면장에게 이 사건 토지에 대한 농지취득자격증명 신청을 하였는 바, 피청구인은 2017. 11. 14. "본 토지 위치상 벽돌조 단독주택 68.5㎡와 잡종지 형태의 마당으로 일부 사용하고 있으며, 1979년부터 거제시에서 위 토지를 사실상 대지로 과세하고 있으므로 농지법 제8조에 따라 요건을 갖춘 개인 또는 법인이 취득할지라도 농지취득자격증명서 발급이 불가능함을 알려드립니다"라는 사유로 반려처분을 했습니다(증제1호증 농지취득자격증명반려통지서 참조).

2. 경매 법원의 매각결정여부의 보류

위 반려처분통지서를 경매 법원에 제출하였는데, 법원에서는 위 문구가 "농지법상 농지에 해당되지 아니함"이라는 문구와 같은 말인지 유권해석을 할 수 없으므로 만약 최고가 매수신고인인 청구인이 행정심판을 제기한다면, 2017. 11. 16으로 예정되었던 매각허가결정 기일을 행정심판의 결과가 나오기까지 보류 및 연기를 하겠다고 한 상태이며, 증제5호증 경매 사건 검색표상에도 통상의 매각기일 일주일 후에 잡혀 있는 허가기일이 공란으로 되어 있음도 알 수 있습니다.

3. 피청구인의 반려사유 기재의 부당성

피청구인의 반려사유인 "1979년부터 거제시에서 위 토지를 사실상 대지로 과세하고 있으므로"는 "해당 토지는 농지법상 농지에 해당하지 아니함"이라고 기재했어야 하므로 부당한 처분에 해당합니다.

피청구인의 반려사유가 부당한 이유는 다음과 같습니다.

가. 농지법의 규정

농지법 제2조에서는 다음과 같이 "농지"를 정의하고 있습니다.

제2조(정의)

1. "농지"란 다음 각 목의 어느 하나에 해당하는 토지를 말한다.

가. 전·답, 과수원, 그 밖에 법적 지목(지목)을 불문하고 실제로 농작물 경작지 또는 다년생식물 재배지로 이용되는 토지. 다만, 「초지법」에 따라 조성된 초지 등 대통령령으로 정하는 토지는 제외한다.

나. 가목의 토지의 개량시설과 가목의 토지에 설치하는 농축산물 생산시설로서 대통령령으로 정하는 시설의 부지

위 규정에 의하면 공부상의 지목과 상관없이 실제로 농작물을 경작하는 경우를 농지법상 농지로 규정하고 있습니다.

나. 농지법상 농지에 관한 판례의 입장

"농지법 제2조 제1호 소정의 농지인지 여부는 공부상 지목 여하에 불구하고 당해 토지의 사실상의 현상에 따라 가려져야 할 것이고, 공부상 지목이 답인 토지의 경우 그 농지로서의 현상이 변경되었다고 하더라도 그 변경 상태가 일시적인 것에 불과하고 농지로서의 원상회복이 용이하게 이루어질 수 있다면 그 토지는 여전히 농지법상 농지에 해당한다"(대법원 1998. 4. 10. 선고 97누256 외 다수).

결국 판례의 입장은 사실상의 현상에 따라 농지여부를 판단하되, 그 변경상태가 일시적이어서 원상회복이 용이한지, 아니면 농지로의 원상회복이 어려운지 추가로 판단하여야 한다는 것입니다.

다. 이 사건 토지가 농지법상의 "농지"에 해당하는지 여부

위 농지법 제2조의 규정과 판례의 정의를 종합하여 이 사건 토지를 살피건데, 이 사건 토지의 지상에는 이미 1979년 사용승인을 득한 주택 68.5㎡가 존재합니다.

이 사건 토지의 공부상 지목은 "전"으로 되어 있으나 위 건물이 적법하게 신축되었고, 공부상 지목과 상관없이 수십 년간 주택부지로 사용되고 있고, 그 변경상태가 다시 농지로 원상회복하기에 용이할 정도로 일시적인 현상 변경이라 보기 어려우며, 피청구인의 반려사유를 보더라도 위 주택의 신축 및 사용승인 시점인 1979년부터 상급 행정기관인 거제시에서 이 사건 토지를 사실상 대지로 과세하고 있다는 점을 고려할 때, 이 사건 토지는 농지법상 농지에 해당되지 않음이 명백합니다.

라. 부동산 등기의 실무례

부동산 등기의 실무에서는 농지취득자격증명에 갈음하여 그 반려통지서로 농지에 대한 소유권이전등기가 가능한 바, 예외를 인정하는 반려사유로 "신청대상 토지가 농지법에 의한 농지에 해당되지 아니함"이라 기재될 것을 요구하고 있습니다(2009. 8. 24. 농림축산식품부 예규 제23호, 증제11호증 2007. 5. 30. 등기선례 제8-357호 참조).

경매 실무에 있어서도 위와 같은 반려문구가 기재된 농지취득자격증명 반려통지서가 제출된 경우 매각을 허가하고 있습니다.

4. 반려처분의 구체적 기재

피청구인은 청구인의 농지취득자격증명발급신청에 대하여 반려처분을 하더라도 그 반려사유가 위와 같이 농지로서의 원상회복이 불가능하므로 "농지법상 농지에 해당되지 않음"을 구체적으로 적시해 주었어야 마땅하나 사실상 그와 동일한 의미에 해당하는 "1979년부터 거제시에서 위 토지를 사실상 대지로 과세하고 있다"는 기재를 함으로써 경매 법원의 결정여부를 혼란에 빠뜨리게 하였고, 이에 청구인은 피청구인에게, 사실상 대지로 과세한다는 말과 농지법상 농지에 해당하지 않는다는 말은 같은 의미이므로 부동산 등기실무와 농림식품부 예규에 따라 "농지법상 농지에 해당하지 않는다"는 기재를 하여 반려처분을 해줄 것을 요구하였으나 받아들여지지 않았습니다.

5. 피청구인과 토지 소유자의 태도

위와 같이 피청구인은 청구인의 요구를 받아들이지 않을 이유가 없음에도 건축물 대장상 이 사건 토지가 관련지번으로 기재되어 있지 않은 이상 적법한 건물인지 단정할 수 없으므로 청구인의 요구를 들어줄 수 없다는 것이고, 청구 외 토지 소유자는 이 사건 토지는 경매 낙찰을 받을 수 없는 토지라고 당당하게 큰소리를 치고 있는 상황인 바, 청구인으로서는 피청구인의 담당 공무원과 토지 소유자 간에 인척 또는 같은 면에 거주하는 잘 아는 사이여서 경매를 당한 토지 소유자의 편에 서서 고의적으로 경매 절차를 방해하고 있는 것은 아닌지 강한 의구심을 갖게 됩니다.

6. 건축물대장과 실제 건물의 동일성 여부

경매 사건의 현황조사서 기재에 의하면 경매 대상 건물에 관하여 "위 지상주택은 실제로 거제시 장목면 장목리 306 지상에 소재함"이라는 문구와 감정평가서를 면밀히 검토해보면 실제하고 있는 건물의 구조, 면적 등이 건축물대장상의 건물과 일치함을 알 수 있습니다.

청구인이 관서를 통하여 알아본 바에 의하면 과거 항공사진 등을 함께 비교해 보아도 건축물대장상 건물을 철거하고 새로 신축을 하거나 한 정황은 전혀 없습니다.

1979년 당시 일단의 토지가 모두 연접한 주택 부속 토지이므로 대표번지로 건축허가가 났고, 그에 따라 적법히 신축되어 사용승인을 받았고, 이에 이 사건 토지도 주택 부속 토지이므로 1979년부터 거제시에서 사실상 대지로 과세를 하였다는 것이므로 여러 가지 자료와 증거를 종합할 때, 이 사건 토지의 지상에 존재하는 건물은

1979년에 사용승인을 득한 건축물대장상의 건물과 동일한 적법한 건축물임을 알 수 있습니다.

7. 경매 법원의 일괄매각 결정

경매 진행의 원칙적인 모습은 개별매각이고, 예외적으로 각 부동산을 개별매각할 경우 어느 토지가 맹지가 된다든지 효용가치가 현저히 낮아질 가능성이 있을 경우 일괄매각결정을 하게 됩니다.

다만 일괄매각결정을 하더라도 일부 토지는 대지이고, 일부 토지는 농지일 경우에는 절대로 일괄매각결정을 할 수 없고, 원칙적으로 모습으로 돌아가 개별매각을 해야 합니다.

왜냐하면 농지와 농지가 아닌 토지를 일괄매각하게 되면 농지취득자격증명을 받을 수 없는 경우 농지가 아닌 토지까지 매각허가를 할 수 없는 상황이 벌어지기 때문인 바, 위와 같은 경매 절차에 대하여는 법원실무제요 민사집행 제2권에 상세히 설시되어 있습니다.

이 사건 토지는 공부의 지목상 농지이고 함께 경매 대상이 된 다른 토지들은 잡종지로 되어 있는 바, 위와 같은 경매 실무례에 따른다면 당연히 개별매각결정을 하였어야 하나, 경매 법원에서는 현황조사서 및 감정평가서에 의거하여 이 사건 토지가 농지법상 농지에 해당되지 않는다고 판단하였으므로 일괄매각결정을 하고 매각절차를 진행한 것으로 사료됩니다.

경매 사건의 매각물건 명세서 기재에 의하면, "장목면장의 회신서에 의하면 농지취득자격증명서가 필요한 농지이나 발급이 불가한 농지라고 회신 옴"이라는 문구에도 불구하고 일괄매각결정을 한 것을 보면, 경매 법원은 이 사건 토지가 농지법상 농지가 아니라고 판단하였고, 매각 시 당연히 농지취득자격증명반려처분 통지서가 제출되어야 하고 그 반려사유로 "농지법상 농지에 해당하지 아니함"이라는 기재를 예상할 수 있었으므로 잡종지와 함께 지목상 농지인 이 사건 토지를 개별매각이 아닌 일괄매각으로 경매 절차를 진행한 것입니다.

8. 결론

'농지법상 농지에 해당하지 아니함'이라는 문구와 '사실상 대지로 과세하고 있다'라는 문구는 결국 농지법 규정과 판례의 입장인 **"그 변경 상태가 일시적인 것에 불과한 것이 아니라 농지로서의 원상회복이 용이하게 이루어질 수 없는 상태에 있으므로 농지법상 농지에 해당하지 않는다"**는 결론에 있어 동일한 의미라 할 것입니다.

그래서 청구인은 결국 동일한 의미이므로 '해당 토지는 농지법상 농지에 해당하지 아니함'이라는 문구로 반려사유를 정정해달라고 요청하였으나 받아들여지지 않았습니다.

청구인이 원하는 반려사유와 피청구인이 적시한 반려사유는 모두 해당 토지가 농지로의 원상회복이 불가능하여 판례가 적시하는 농지법상 농지에 해당하지 않게 되었다는 의미로 귀결됨이 명백하므로 청구인의 청구취지대로 심판해주시기 바랍니다.

입 증 방 법

1. 증제1호증   농지취득자격증명반려통지서
1. 증제2호증의 1내지 4   부동산 등기사항증명서 각1통
1. 증제3호증의 1내지3   토지대장 각1통
1. 증제4호증의 1내지2   건축물대장 각1통
1. 증제5호증   경매사건검색표
1. 증제6호증   현황조사서
1. 증제7호증   매각물건명세서
1. 증제8호증   감정평가서
1. 증제9호증   지적도등본
1. 증제10호증   항공사진

첨 부 서 류

1. 행정심판청구서 부본   1통
1. 위 입증방법   각 2통

2017. 11. .

청구인 박승○

경상남도 행정심판위원회　귀중

국민의 나라 정의로운 대한민국

 경상남도

경상남도행정심판위원회

수신 사건 당사자(청구인, 피청구인)

(경유)

제목 2017년 제12회 행정심판위원회 재결서 정본 송달

1. 청구인이 제출한 행정심판 청구사건에 대하여 경상남도행정심판위원회가 재결한 재결서
   정본을 「행정심판법」 제48조(재결의 송달과 효력 발생)의 규정에 따라 사건 당사자들
   에게 붙임과 같이 송달합니다.

2. 행정심판의 재결에 불복이 있는 경우에는 「행정소송법」 제20조 제1항의 규정에 따라
   재결서 정본을 송달받은 날부터 90일 이내에 창원지방법원(단, 양산시 지역은 울산
   지방법원)에 행정소송을 제기할 수 있음을 알려드립니다.

붙임 2017년 제12회 행정심판위원회 재결서 각 1부. 끝.

경상남도행정심판 [인]

서기 이선○   간사 박현○   간사장 고준○   부위원장 최만○   위원장 2018. 1. 8. 한경○

협조자

시행 법무담당관-228   (2018. 1. 8.)   접수

우 51154   경상남도 창원시 의창구 중앙대로 300, 경상남도 법무담당 / http://gyeongnam.go.kr
            당관 (사림동)

전화번호 055-211-2543   팩스번호 055-211-2519   / hegemony0@korea.kr   / 부분공개(4.6)

단 1원의 예산이라도 반드시 일자리 만드는 것으로 이어지도록 하겠습니다.

경상남도행정심판위원회
재 결

① 사 건 명	경남행심 제2017 - ○○○호 농지취득자격증명발급신청 반려처분 취소 심판청구사건	
청 구 인	② 성 명	박승○
	③ 주 소	경상남도 김해시 나전로 ○○○-○○
④ 피청구인	거제시 장목면장	⑤ 참 가 인
⑥ 주 문	피청구인이 2017. 11. 14. 청구인에게 한 농지취득자격증명발급신청 반려처분은 이를 취소한다.	
⑦ 청구취지	피청구인이 2017. 11. 14. 청구인에게 한 농지취득자격증명발급신청 반려처분은 이를 취소한다는 재결을 구함.	
⑧ 이 유	별지 기재와 같음.	
⑨ 근거법조	「행정심판법」 제46조	

주문과 같이 재결합니다.

2017. 12. 27.

경상남도행정심판위원회

이   유(2017-586)

1. 사건개요

가. 청 구 인 : 박숭○

나. 피청구인 : 거제시 장목면장

다. 청구내용

　청구인은 2017. 11. 9. 거제시 장목면 장목리 3▦6번지 전 423㎡(이하 '이 사건 토지'라 한다)에 관하여 창원지방법원 통영지원 2016타경▦▦▦ 부동산강제경매 사건의 입찰에 참가하여 최고가 매수신고인이 되었다. 이에 청구인은 이 사건 토지에 대하여 위 법원으로부터 매각허가결정을 받기 위하여 피청구인에게 농지취득자격증명의 발급을 신청하였으나(이하 '이 사건 신청'이라 한다), 피청구인으로부터 2017. 11. 14. 이 사건 토지 위치상 벽돌조 단독주택 68.5㎡와 잡종지 형태의 마당으로 일부 사용하고 있으며 해당 토지가 사실상 대지로 과세되고 있다는 이유로 농지취득자격증명의 발급신청을 반려하는 처분을 받고(이하 '이 사건 처분'이라 한다), 그 취소를 구한 사건이다.

2. 청구인 주장의 요지

가. 이 사건 처분의 위법·부당성

1) 이 사건 토지의 소유관계 및 최고가 매수신고, 농취신청반려

가) 이 사건 토지와 같은 리 3▦7-8번지 잡종지 69㎡, 같은 리 3▦5-35번지 잡종지 190㎡ 및 이 사건 토지 지상 건물 주택 68.5㎡, 창고 33.75㎡는 청구 외 김○○의 소유인바, 채권자 ○○○○○캐피탈 주식회사의 강제경매(창원지방법원 통영지원 2016타경▦▦▦)가 2016. 10. 18. 개시되었고, 청구인은 2017. 11. 9. 최고가매수신고인의 지위를 득하였다.

나) 이에 피청구인에게 이 사건 토지에 대한 이 사건 신청을 하였는바, 피청구인은 2017. 11. 14. "본 토지 위치상 벽돌조 단독주택 68.5㎡와 잡종지 형태의 마당으로 일부 사용하고 있으며, 1979년부터 거제시에서 위 토지를 사실상 내지로 과세하고 있으므로 농지법 제8조에 따라 요건을 갖춘 개인 또는 법인이 취득할지라도 농지취득자격증명서 발급이 불가능함을 알려드립니다"라는 사유로 청구인에게 이 사건 처분을 하였다.

2) 경매법원의 매각결정여부의 보류

청구인은 이 사건 처분통지서를 경매법원에 제출하였는데, 법원에서는 피청구인이 처분서에 기재한 사유가 "농지법상 농지에 해당되지 아니함"이라는 문구와 같은 말인지 유권해석을 할 수 없으므로 만약 최고가 매수신고인인 청구인이 행정심판을 제기한다면, 2017. 11. 16.로 예정되었던 매각허가결정 기일을 행정심판의 결과가 나오기까지 보류하겠다고 한 상태이다.

3) 피청구인의 처분반려사유 기재의 부당성

가) 피청구인이 기재한 처분반려사유인 '1979년부터 거제시에서 위 토지를 사실상 대지로 과세하고 있으므로'는 '해당 토지는 농지법상 농지에 해당하지 아니함'이라고 기재되었어야 한다. 피청구인의 반려사유가 부당한 이유는 다음과 같다.

가. 농지법의 규정

농지법 제2조에서는 다음과 같이 '농지'를 정의하고 있다.

제2조(정의)

1. 농지란 다음 각 목의 어느 하나에 해당하는 토지를 말한다.

가. 전·답, 과수원, 그 밖에 법적 지목(지목)을 불문하고 실제로 농작물, 경작지 또는 다년생식물 재배지로 이용되는 토지. 다만, 초지법에 따라 조성된 초지 등 대통령령으로 정하는 토지는 제외한다.

나. 가목의 토지의 개량시설과 가목의 토지에 설치하는 농축산물 생산시설로서 대통령령으로 정하는 시설의 부지

나) 위 규정에 의하면 공부상의 지목과 상관없이 실제로 농작물을 경작하는 경우를 농지법상 농지로 규정하고 있다.

3) 농지법상 농지에 관한 판례의 입장

가) 대법원은 "농지법 제2조 제1호 소정의 농지인지 여부는 공부상 지목 여하에 불구하고 당해 토지의 사실상의 현상에 따라 가려져야 할 것이고, 공부상 지목이 답인 토지의 경우 그 농지로서의 현상이 변경되었다고 하더라도 그 변경 상태가 일시적인 것에 불과하고 농지로서의 원상회복이 용이하게 이루어질 수 있다면 그 토지는 여전히 농지법상 농지에 해당한다"고 판시(대법원 1998. 4. 10. 선고 97누256 외 다수)한바 있다.

나) 결국 판례의 입장은 사실상의 현상에 따라 농지여부를 판단하되, 그 변경상태가 일시적이어서 원상회복이 용이한지, 아니면 농지로의 원상회복이 어려운지 추가로 판단하여야 한다는 것이다.

4) 이 사건 토지가 농지법상의 '농지'에 해당하는지 여부

가) 위 농지법 제2조의 규정과 판례를 종합하여 이 사건 토지를 살피건대, 이 사건 토지의 지상에는 이미 1979년 사용승인을 득한 주택(68.5㎡)이 존재한다.

나) 이 사건 토지의 공부상 지목은 '전'으로 되어 있으나 위 건물이 적법하게 신축되었고, 공부상 지목과 상관없이 수십년 간 주택부지로 사용되고 있으며, 그 변경상태가 다시 농지로 원상회복하기에 용이할 정도로 일시적인 현상변경으로 보기 어려우며, 피청구인의 처분반려사유를 보더라도 위 주택의 신축 및 사용승인 시점인 1979년부터 거제시에서 이 사건 토지를 사실상 대지로 과세하고 있다는 점을 고려할 때, 이 사건 토지는 농지법상 농지에 해당되지 않음이 명백하다.

5) 부동산등기의 실무예

부동산등기의 실무에서는 농지취득자격증명에 갈음하여 그 반려통지서로 농지에 대한 소유권이전등기가 가능한바, 예외를 인정하는 반려사유로 '신청대상 토지가 농지법에 의한 농지에 해당되지 아니함'이라 기재될 것을 요구하고 있다(2009. 8. 24. 농림축산식품부 예규 제23호, 2007. 5. 30. 등기선례 제8-357호 참조). 경매실무에 있어서도 위와 같은 반려문구가 기재된 농지취득자격증명 반려통지서가 제출된 경우 매각을 허가하고 있다.

6) 반려처분의 구체적 기재

피청구인은 청구인의 이 사건 신청에 대하여 반려처분을 하더라도 그 반려사유가 위와 같이 농지로서의 원상회복이 불가능하므로 "농지법상 농지에 해당되지 않음"을 구체적으로 기재해 주었어야 마땅하나 사실상 그와 동일한 의미에 해당하는 "1979년부터 거제시에서 위 토지를 사실상 대지로 과세하고 있다"는 내용을 기재함으로써 경매법원의 결정여부를 혼란에 빠뜨리게 하였고, 이에 청구인이 피청구인에게 "사실상 대지로 과세한다는 말과 농지법상 농지에 해당하지 않는다"는 말은 같은 의미이므로 부동산등기실무와 농림식품부 예규에 따라 "농지법상 농지에 해당하지 않는다"는 문구를 기재를 하여 반려처분을 해 줄

것을 요구하였으나 받아들여지지 않았다.

7) 피청구인과 토지소유자의 태도

위와 같이 피청구인은 청구인의 요구를 받아들이지 않을 이유가 없음에도 건축물 대장 상 이 사건 토지가 관련지번으로 기재되어 있지 않은 이상 적법한 건물인지 단정할 수 없으므로 청구인의 요구를 들어줄 수 없다는 것이고, 청구 외 토지소유자는 이 사건 토지는 경매 낙찰을 받을 수 없는 토지라고 당당하게 큰소리를 치고 있는 상황인바, 청구인으로서는 피청구인의 담당 공무원과 토지소유자 간에 인척 또는 같은 면에 거주하는 잘 아는 사이여서 경매를 당한 토지소유자의 편에 서서 고의적으로 경매절차를 방해하고 있는 것은 아닌지 강한 의구심이 생긴다.

8) 건축물대장과 실제 건물의 동일성여부

가) 경매사건의 현황조사서 기재에 의하면 경매대상 건물에 관하여 '위 지상주택은 실제로 거제시 장목면 장목리 3 6지상에 소재'라는 문구와 감정평가서를 면밀히 검토해 보면 실제하고 있는 건물의 구조, 면적 등이 건축물대장상의 건물과 일치함을 알 수 있다.

나) 청구인이 알아본 바에 의하면 과거 항공사진 등을 함께 비교해 보아도 건축물대장상 건물을 철거하고 새로 신축을 하거나 한 정황은 전혀 없다.

다) 1979년 당시 일단의 토지가 모두 연접한 주택 부속토지이므로 대표 번지로 건축허가가 났고, 그에 따라 적법하게 신축되어 사용승인을 받았고, 이에 이 사건 토지도 주택부속토지이므로 1979년부터 거제시에서 사실상 대지로 과세를 하였다는 것이므로 여러 가지 자료와 증거를 종합할 때, 이 사건 토지의 지상에 존재하는 건물은 1979년에 사용승인을 득한 건축물대장 상의 건물과 동일한 적법한 건축물임을 알 수 있다.

9) 경매법원의 일괄매각 결정

가) 경매진행의 원칙적인 모습은 개별매각이고, 예외적으로 각 부동산을 개별매각을 할 경우 어느 토지가 맹지가 된다던지, 효용가치가 현저히 낮아질 가능성이 있을 경우 일괄매각결정을 하게 된다. 다만 일괄매각 결정을 하더라도 일부 토지는 대지이고 일부 토지는 농지일 경우에는 절대로 일괄매각 결정을 할 수 없고, 원칙적으로 모습으로 돌아가 개별매각을 해야 한다.

나) 왜냐하면 '농지'와 '농지가 아닌 토지'를 일괄매각하게 되면 농지취득자격증명을 받을 수 없는 경우 농지가 아닌 토지까지 매각허가를 할 수 없는 상황이 벌어지기 때문인바, 위와 같은 경매절차에 대하여는 법원실무제요 민사집행 제2권에 상세히 설시되어 있다.

다) 이 사건 토지는 공부의 지목 상 농지이고 함께 경매대상이 된 다른 토지들은 잡종지로 되어 있는바, 위와 같은 경매 실무례에 따른다면 당연히 개별매각결정을 하였어야 하나, 경매법원에서는 현황조사서 및 감정평가서에 의거하여 이 사건 토지가 농지법상 농지에 해당되지 않는다고 판단하였으므로 일괄매각결정을 하고 매각절차를 진행한 것으로 볼 수 있다.

라) 경매사건의 매각물건 명세서에는 '장목면장의 회신서에 의하면 농지취득자격증명서가 필요한 농지이나 발급이 불가한 농지라고 회신옴'이라는 문구에도 불구하고 일괄매각 결정을 한 것을 보면, 경매법원은 이 사건 토지가 농지법상 농지가 아니라고 판단하였고, 매각 시 당연히 농지취득자격증명반려처분통지서가 제출되어야 하고 그 반려사유로 "농지법상 농지에 해당하지 아니함"이라는 기재를 예상할 수 있었으므로 잡종지와 함께 지목상 농지인 이 사건 토지를 개별매각이 아닌 일괄매각으로 경매절차를 진행한 것이다.

다. 결론

청구인이 원하는 반려사유와 피청구인이 적시한 반려사유는 모두 해당 토지가 농지로의 원상회복이 불가능하여 판례가 적시하는 농지법상 농지에 해당하지 않게 되었다는 의미로 귀결됨이 명백하므로 청구인의 청구취지대로 심판하여 주기 바란다.

라. 보충서면

1) 청구인은 청구원인에서 이 사건 처분의 취소를 구하는 이유와 관련하여 피청구인의 반려사유의 부당성을 주장하였을 뿐 '사실상' 반려사유의 '변경'을 구하고 있다는 피청구인의 주장은 억지에 불과하다.

2) 피청구인은 답변서에서 스스로 "이 사건 토지에서 실질적으로 농업을 경영할 수는 없을 것이라 판단하였다. 현실적으로 이를 철거하여 농지로 복구한다는 것은 불가능하다고 피청구인이 판단하였기 때문이다"고 적시하고 있는바,

그렇다면 피청구인이 주장하는 것은 "일시적 변경상태가 아니라 원상회

복이 용이하지 아니한 상태에 이르렀으므로 농지법상 농지에 해당하지 않는다"는 결론에 이르게 된다. 결국 이 사건 토지는 피청구인이 농지법상 농지가 아니라 할 것이다.

3) 이 사건 토지가 농지에 해당하는 경우

가) 이 사건 토지가 농지에 해당한다면 그 지상에 존재하는 건축물은 불법임을 면할 수 없고, 피청구인은 그 불법건축물 철거에 대한 계고처분 및 대집행을 하여야 함에도 불구하고 거제시는 이를 수십년 간 방치하였다는 결론에 이르게 되는 것이다.

나) 만약 행정착오가 있었다면 이 사건 토지 지상에 있는 건축물은 철거되어야 마땅하므로, 피청구인은 '해당 건축물 철거 및 농지로의 원상회복을 조건'으로 하여 청구인에게 농지취득 자격증명을 발급하였어야 한다.

4) 청구인이 판단하건대, 이 사건 토지의 지상에 존재하는 건물은 적법한 절차에 의거하여 신축 및 사용승인, 등기까지 마친 상태이고 그 후 불법으로 증·개축한 정황도 전혀 없는 점(건물의 동일성), 거제시에서 이미 건물의 사용승인시점부터 이 사건 토지를 사실상 대지로 과세하고 있는 점, 피청구인의 주장과 같이 농지로의 원상회복이 불가능한 점 등을 종합하여 볼 때, 이 사건 토지는 '농지법상의 농지에 해당하지 않음'이 명백하므로 이 사건 처분은 취소되어야 한다.

3. 피청구인 주장의 요지

가. 이 사건 처분의 경위

1) 청구인은 2017. 11. 9. 이 사건 토지와 같은 리 3▨7-8번지(잡종지 69㎡), 같은 리 3▨5-35번지(잡종지 190㎡) 및 위 지상 건물(주택 68.5㎡, 창고 33.75㎡)에 관하여 창원지법 통영지원 2016타경▨▨▨ 부동산 사건에 참가하여 최고가 매수인이 된 자로서, 2017. 11. 14 이 사건 토지에 대한 '농지자격취득증명원 발급의 건'으로 피청구인에게 이 사건 신청을 하였다.

2) 이에 피청구인은 이 사건 토지에 대해 2017. 4월 이후 수많은 민원인의 농지취득자격증명 발급 가능 여부 문의가 있었고 2017. 7. 3. 창원지법 통영지원으로부터 사실조회신청에 대한 회신을 위해 이미 현장을 조사하였던 터라, 청구 당일인 2017. 11 .14. 청구인에게 "본 토지 위치상 벽돌조 단독주택 68.5㎡와 잡종지 형태의 마당으로 일부 사용하고 있으며, 1979년부터 거제시에서 위 토지를 사실상

대지로 과세하고 있으므로 농지법 제8조에 따라 요건을 갖춘 개인 또는 법인이 취득할지라도 농지취득자격증명서 발급이 불가능하다"며 회시 처분하였다.

나. 이 사건 처분의 적법성

1) 본안 전 항변

가) 대상적격의 부존재

(1) 행정심판법 제5조에서 '취소심판'은 행정청의 위법 또는 부당한 처분을 취소하거나 변경하는 행정심판, '의무이행심판'은 당사자의 신청에 대한 행정청의 위법 또는 부당한 거부처분이나 부작위에 대하여 일정한 처분을 하도록 하는 행정심판이라고 규정하고 있다.

(2) 이 사건 청구인은 이 사건 처분을 취소하라고 청구하면서도 실상은 처분의 위법성을 주장하며 농지취득자격증명을 발급해줄 것을 다투는 것이 아니라 다만 처분사유의 내용을 '농지법상 농지에 해당하지 않는다고 구체적으로 기재해 줄 것'을 요구하고 있다. 이는 '처분' 자체를 다투는 것이 아닌 단순히 '처분사유'의 변경을 요구하는 것으로 행정심판의 대상적격을 결한 부적법한 청구라 할 것이므로 이 사건 심판청구는 각하되어야 할 것이다.

2) 청구인 주장에 대한 답변

가) "1979년부터 거제시에서 위 토지를 사실상 대지로 과세하고 있으므로 '해당 토지는 농지법상 농지에 해당하지 아니한다'고 기재했어야 한다"며 이 사건 처분의 반려사유가 부당하다는 주장에 대하여는,

(1) 청구인은 피청구인의 이 사건 농지취득자격증명의 반려사유 기재의 부당으로 "농지법 제2조의 규정에 의하면, 공부상의 지목과 상관없이 실제로 농작물을 경작하는 경우를 농지법상 농지로 규정하고 있으므로 그 반대의 경우인 공부상 농지라도 이 사건 토지의 지상에는 이미 1979년부터 사용승인을 득한 주택 68.5㎡가 수십 년간 사용되고 있으므로 다시 농지로 원상회복하기에 용이할 정도로 일시적인 현상변경이라 보기 어려우며, 거제시에서 사실상 대지로 과세하므로 농지법상 농지에 해당하지 않는다"며 대법원 판례(대법원 1998. 4. 10. 선고 97누256 판결)를 예시로 들며 농지법상 농지로 볼 수 없다고 주장하나,

(2) 농지법 제2조 제1호 가, 나목에서 정의하는 농지는 '전·답·과수원, 그 밖에 법적 지목을 불문하고 실제로 농작물 경작지 또는 다년생 식물 재배지

로 이용되는 토지'와 '그 토지의 개량시설과 그 토지에 설치하는 농축산물 생산
시설로서 대통령령으로 정하는 시설의 부지'로 한정하고 있으므로 비록 이 사건
토지 위에 벽돌조 단독주택 68.5㎡'가 1979년 이후 불법적으로 건축되어있다고
하더라도 이 사건 토지의 지목이 '전'인 이상 농지법 제2조 제1호가 정의하는 농
지에 해당하므로 농지취득자격증명서 미발급 사유를 농림부 예규 제9조 제3항
제1호 규정 '신청대상 토지가 법 제2조 제1호에 따른 농지에 해당하지 아니하는
경우 : 신청대상 토지가 농지법에 의한 농지에 해당되지 아니함'이라거나 청구인
이 주장하는 것처럼 '해당 토지는 농지법상 농지에 해당하지 아니함'과 같이 기
재할 수는 없다.

(3) 피청구인의 이 사건 처분의 반려사유 기재가 다소 불명확한 점은
있지만 이 사건 토지가 농지에 해당된다고 판단하였음에도 불구하고 청구인에게
농지취득자격증명을 발급하지 않은 사유는 이 사건 토지 위에 세워진 벽돌조 단
독주택이 비록 농지전용허가를 받지 않고서 건축된 불법건축물이나 실제 사람이
거주하고 있어 사실상 철거하여 농지로 복구하는 것이 불가능하다고 판단, 청구
인이 농지법 제8조 제2항에 따른 농업경영계획서를 제출하여 향후 이 사건 토지
에서 실질적으로 농업을 경영할 수는 없을 것이라 판단하였기 때문이지, 이 사
건 토지가 농지가 아니기 때문이 아니다.

나) '이 사건 토지는 농지법상 농지에 해당되지 않는다'를 '1979년부터 위
토지를 사실상 대지로 과세하고 있다'는 말로 표현함으로써 경매법원의 결정여부
를 혼란에 빠뜨리게 하였고 농지법상 농지에 해당하지 않는다는 구체적 기재를
하여 반려해 줄 것을 요구하였으나 받아들여지지 않았다는 주장에 대하여는,

(1) 청구인이 "1979년부터 거제시에서 위 토지를 사실상 대지로 과세
하고 있다"는 것과 "농지법상 농지에 해당하지 않는다"는 의미의 차이가 없음에
도 요구가 받아들여지지 않았다고 주장하나, 지방세법 시행령 제119조에서 "재
산세의 과세대상 물건이 공부상 등재 현황과 사실상의 현황이 다른 경우에는 사
실상의 현황에 따라 재산세를 부과한다"고 명시하고 있으므로 이 사건 토지도
공부상 지목이 전이지만 그 위에 주택이 존재하고 있으므로 현황 과세한 것에
불과할 뿐 이 사건 토지가 농지법 제2조에서 정의하는 농지가 아니라는 의미는
아니다.

(2) 청구인은 피청구인이 확실하게 "농지법상 농지에 해당하지 않는
다"는 사유를 기재하지 않았기 때문에 이 사건 토지를 낙찰 받지 못하고 있다고

주장하나, 앞에서 밝혔듯이 이 사건 토지는 농지에 해당한다. 다만 불법으로 단독주택을 건축하였기 때문에 이를 철거하여 농지로 되돌리지 않는 이상 농지취득자격증명을 받을 수가 없는 것인데, 현재 위 단독주택에 사람이 거주하고 있기에 현실적으로 이를 철거하여 농지로 복구한다는 것은 불가능하다고 피청구인이 판단하였기에 청구인은 농지취득자격증명을 발급받을 수 없는 것이다.

다) 담당 공무원과 토지소유자 간에 인척 또는 같은 면에 거주하는 잘 아는 사이여서 토지소유자 편에 서서 고의적으로 경매절차를 방해하고 있는지 의구심이 든다는 주장에 대하여,

(1) 이 사건의 담당공무원은 이 사건 토지의 소유자와는 일면식도 없으며, 친인척간은 더더욱 아니며 앞서 언급한 바와 같이 이 사건 토지는 수십 차례의 민원인들의 문의가 있었으며, 그때마다 위 내용과 동일한 내용의 안내를 해 왔다.

(2) 청구인은 이 사건 토지의 현황을 확인하는 등, 경매를 통해 이 사건 토지를 낙찰 받을 수 있을 것인지에 대해 사전 문의 한번 없이 자의적인 판단하에 최고가매수신고인의 지위를 득하고 보증금을 납부 후 2017. 11. 13.에야 비로소 첫 문의를 하였다. 피청구인은 2017. 11. 14. 청구인으로부터 "농지자격취득증명원 발급의 건"을 접수하고, 법원 제출 시간이 촉박함을 강조하며 바로 당일 회시를 요구하였고, 담당공무원은 청구인의 긴박한 상황을 감안하여 당일 회시한 것이 전부이므로 담당공무원과 토지소유자 간에 어떠한 관계가 있고 이로 인해 경매절차를 방해하고 있다는 청구인의 주장은 아무런 근거 없는 억측에 불과하다 할 것이다.

다. 결론

이상에서 살펴보았듯이 이 사건 처분은 적법·타당하며, 청구인의 청구는 '처분'에 대한 것이 아니어서 행정심판의 요건 중 대상적격을 결여한 것이므로 청구인의 청구를 각하 또는 기각하여 주기 바란다.

4. 관계법령

가. 농지법 제2조, 제8조
나. 농지법 시행령 제7조
다. 농지법 시행규칙 제7조

5. 인정사실

가. 청구인은 2017. 11. 9. 거제시 장목면 장목리 3■6번지 전 423㎡에 관하여 창원지방법원 통영지원 2016타경■■■ 부동산강제경매 사건의 입찰에 참가하여 최고가 매수신고인이 되었다.

나. 청구인은 2017. 11. 13. 이 사건 토지에 대하여 위 법원으로부터 매각허가결정을 받기 위하여 피청구인에게 농지취득자격증명발급신청을 하였다.

다. 창원지방법원은 2017. 6. 28. 피청구인에게 부동산 강제 경매에 따른 사실조회를 다음과 같이 의뢰하였다.

1. 기재토지의 현황이 농지인지 여부
2. 토지현황이 농지가 아닌 경우에는 전용허가가 이루어졌는지 여부
3. 전용허가가 이루어진 경우에는 그 허가 연월일, 허가조항, 전용목적 및 허가신청자의 주소와 성명
4. 전용허가를 얻지 않고 토지현황이 변경된 경우에는 향후 원상회복명령이 발하여질 가능성이 있는지 여부
5. 기재 토지를 민사집행절차에서 매수한 때 농지취득자격증명이 필요한지 여부

라. 피청구인은 2017. 7. 3. 부동산 강제 경매에 따른 사실 조회에 대하여 다음과 같이 회시하였다.

창원지방법원 통영지원 2016타경■■■ 거제시 장목면 장목리 3■6 전 423㎡에 대한 부동산 강제 경매에 따른 사실조회 확인 결과 상기 본 토지 위치상 벽돌조 단독주택 68.5㎡와 잡종지 형태의 마당으로 일부 사용하고 있으며, 1979년부터 거제시에서 위 토지를 사실상 대지로 과세하고 있으므로 농지법 제8조에 따라 요건을 갖춘 개인 또는 법인이 취득할지라도 농지취득자격증명서 발급이 불가능함을 알려드립니다.

마. 청구인이 법원의 매각허가결정을 받기 위하여 농지취득자격증명의 발급을 신청한 이 사건 토지 지상에는 불법건축물(벽돌조 단독주택 68.5㎡와 창고건물 4.5㎡)이 존재하며 그 전경은 다음과 같다.

<불법 형질변경 및 지적도>

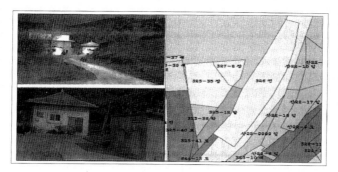

바. 피청구인은 2017. 11. 14. 아래와 같은 사유로 농지취득자격증명발급이 불
가함을 회신하였다.

> 본 토지 위치상 벽돌조 단독주택 68.5㎡와 잡종지 형태의 마당으로 일부 사용하
> 고 있으며, 1979년부터 거제시에서 위 토지를 사실상 대지로 과세하고 있으므
> 로 농지법 제8조에 따라 요건을 갖춘 개인 또는 법인이 취득할지라도 농지취득
> 자격증명서 발급이 불가능함을 알려드립니다.

사. 청구인은 2017. 11. 21. 창원지방법원 통영지원에 이 사건 행정심판청구서
를 제출하였고, 이에 매각허(불허)가 결정이 유보되었다.

6. 판단

가. 먼저 이 사건 처분의 관계법령을 살펴보면,

1) 농지법 제2조 제1호 가목은 "농지란 전·답, 과수원, 그 밖에 법적 지목
(地目)을 불문하고 실제로 농작물 경작지 또는 다년생식품 재배지로 이용되는
토지를 말한다고 규정하고 있고, 농지법 제8조 제1항은 농지를 취득하고자 하는
자는 농지의 소재지를 관할하는 시장·구청장·읍장 또는 면장으로부터 농지취
득자격증명을 발급받도록 규정하고, 제2항은 농지취득자격증명의 발급 신청시
취득 대상 농지의 면적(제1호), 취득 대상 농지에서 농업경영을 하는 데에 필요
한 노동력 및 농업 기계·장비·시설의 확보 방안(제2호), 소유농지의 이용실태
(제3호) 등을 포함한 농업경영계획서를 작성하여 제출하도록 규정하고 있다.

2) 또한 농지법 시행령(2016. 6. 30. 대통령령 제27299호로 개정되기 전의 것) 제7조 제2항 제3호는 농지취득자격요건 중 하나로서 농업경영계획서의 내용이 신청인의 농업경영능력 등을 참작할 때 실현가능하다고 인정될 것을 규정하고, 같은 조 제3항은 위 제2항 제3호에 따른 농지취득자격의 확인기준 등에 관한 세부사항은 농림수산식품부령으로 정하도록 위임하고 있으며, 그 위임에 따라 농지법 시행규칙 제7조 제3항은 농지취득자격을 확인할 때에는 취득대상 농지의 면적(제1호), 취득대상 농지를 농업경영에 이용하기 위한 노동력 및 농업기계·장비 등의 확보여부 또는 확보방안(제2호), 소유농지의 이용실태(제3호), 경작하려는 농작물 또는 재배하고자 하는 다년생 식물의 종류(제4호), 농작물의 경작지 또는 다년생식물의 재배지 등으로 이용되고 있지 아니하는 농지의 경우에는 농지의 복구가능성 등 취득대상 토지의 상태(제5호), 신청자의 연령·직업 또는 거주지 등 영농여건(제6호), 신청자의 영농의지(제7호) 등을 종합적으로 고려하도록 규정하고 있다. 신청자의 영농의지 등을 종합적으로 고려하도록 규정하고 있다.

나. 다음으로 이 사건 처분의 위법·부당여부를 살펴보면,

1) 행정절차법 제24조 제1항에서 행정청이 처분을 하는 때에는 다른 법령 등에 특별한 규정이 있는 경우를 제외하고는 문서로 하도록 규정한 것은 처분 내용의 명확성을 확보하고 처분의 존부나 내용에 관한 다툼을 방지하기 위한 것인바(대법원 2010. 2. 11. 선고 2009두18035 판결), 이 사건 처분의 사유로 "벽돌조 단독주택 68.5㎡와 잠종지 형태의 마당으로 일부 사용하고 있으며, 1979년부터 거제시에서 위 토지를 사실상 대지로 과세하고 있다"는 점을 명시하였을 뿐이므로 이 사건 토지가 농지인지 살펴보면,

가) 어떠한 토지가 농지법에서 말하는 농지인지 여부는 공부상 지목 여하에도 불구하고 당해 토지의 사실상의 현상에 따라 가려져야 할 것이고, 공부상 지목이 전인 토지가 그 농지로서의 현상이 변경되었다 하더라도 그 변경상태가 일시적인 것에 불과하고 농지로서의 원상회복이 이루어질 수 있다면 그 토지는 여전히 농지법에서 말하는 농지에 해당(대법원 1999. 2. 23. 자 98마2604 결정)하므로, 그 취득에는 소재지 행정청의 농지취득자격증명이 필요한 것이다.

나) 위 인정사실에서 살펴보았듯이 이 사건 토지의 지목은 전이고 총 면적이 423㎡인데, 불법건축물인 주택건물과 창고가 건축되어 있는 면적이 각각 68.5㎡, 4.5㎡로서 전체 면적비율의 17.3%에 불과한 점, 이 사건 토지는 거제시에

서 1979년도부터 사실상 대지로 과세한 사실로 보아 약 40년 전에 해당 건축물이 건축되어 사실상 노후화된 점, 또한 행정심판위원회가 현장확인을 한 결과 해당 건축물의 철거나 이전이 불가능하지 아니한 것으로 확인되는바, 이 사건 토지는 농지로서의 원상회복이 가능하다고 보인다.

다) 따라서 이 사건 토지가 본래의 지목상태로의 원상회복이 불가능하지 않은 이상 농지법 제2조 제1항 가호에서 규정하고 있는 지목이 전·답 또는 과수원으로 되어 있는 토지, 즉 농지에 해당한다고 판단된다.

2) 피청구인은 이 사건 토지에 "벽돌조 단독주택 68.5㎡"와 잡종지 형태의 마당으로 일부 사용하고 있으며, 1979년부터 거제시에서 위 토지를 사실상 대지로 과세하고 있다"고 하며 현재 상태에서는 농지취득자격증명을 발급할 수 없다"고 주장하나,

가) 피청구인이 내세우고 있는 처분사유와 같이 단지 불법건축물이 있고, 대지로 과세해오고 있다는 사유만으로 이 사건 처분을 하였다면 이는 다음의 이유에서 매우 부당한 것으로 보인다.

(1) 첫째, 청구인은 창원지방법원 통영지원 2016타경▓▓▓ 부동산강제경매 사건의 최고가 매수신고인이 되었지만 피청구인으로부터 농지취득자격증명을 발급받지 못하게 되면 농지법 제6조의 '농지는 자기의 농업경영에 이용하거나 이용할 자가 아니면 소유하지 못한다'라는 규정과 같은 법 제8조 '농지를 취득하려는 자는 농지 소재지를 관할하는 행정청에게 농지취득자격증명을 발급받아야 한다'는 규정에 따라 종국적으로 이 사건 토지의 소유권을 취득하지 못하게 된다. 결국 피청구인이 농지취득자격증명의 발급을 거부한다면 청구인과 같은 경매 경락자의 지위에 있는 사람들은 토지 소유권이 없으므로 원상회복 등의 조치를 할 권원이 없으므로 이는 법률상 불가능한 점을 요구하는 것이고,

(2) 둘째, 원 소유자에 의한 원상복구를 고집하는 것보다는 오히려 경매절차를 통하여 매수를 원하는 사람에게 농지취득자격증명을 발급하여 소유권을 취득하게 한 후 스스로 원상회복을 하게 하거나 그렇지 아니한 때에는 원상회복을 위한 시정명령·이행강제금 부과 등의 행정조치를 취하는 것이 오히려 농지의 효율적인 이용·관리에 더 효과적이며,

(3) 셋째, 농지의 소유자가 농지를 금융기관에 담보로 제공한 후 농지를 불법으로 형질변경하거나 지상에 무허가 건물을 짓는 경우에는 스스로 원상

복구하지 않는 한 제3자가 이를 경락받지 못하므로 담보물권자는 농지를 환가할 수 없게 되는 법적인 미비점이 존재하여 사실상 불법을 묵인하는 결과가 될 수 있다.

　　　(4) 넷째, 불법건축물 소유자가 이 사건 토지를 수십년 간 무단으로 점유해오고 있고 자진철거 의사가 없는 상황에서 이 사건 토지의 경매 최고가 매수신고인이 청구인이라 할지라도 현 소유자로부터 소유권이 넘어 오지 않은 상태에서 청구인이 건축물을 철거하여 농지로의 원상회복을 하는 것은 사실상 불가능하다. 그렇게 되면 수십년 간 무단으로 점유해온 불법건축물이 방치되어 있다는 사실을 묵인한 채 불법적으로 농지를 훼손, 사용·수익하는 자를 보호하는 결과를 야기하는 것이다.

　　　나) 이러한 점을 모두 감안하면 단지 피청구인이 불법건축물이 건축되어 있고 사실상 대지로 과세해오고 있다는 이유로 경매절차의 최고가 매수신고인인 청구인에게 농지취득자격증명의 발급을 거부한 이 사건 처분은 재량권을 일탈·남용한 것이라 판단된다.

　　3) 사정이 위와 같다면, 피청구인이 청구인에 대하여 이 사건 토지의 불법 형질변경 및 불법건축물 설치 등을 사유로 농지취득자격증명 발급신청을 반려한 것은 적법하다고 할 수 없다. 따라서 피청구인의 이 사건 처분은 위법하므로 취소되어야 한다.

　다. 결론

　　그렇다면, 청구인의 이 사건 심판청구는 이유 있다고 인정되므로 이를 인용하기로 하여 주문과 같이 재결한다.

정본입니다.

경상남도행정심판위원회

행정심판의 재결에 불복이 있는 경우에는 행정소송법
제20조 제1항의 규정에 따라 재결서의 정본을 송달받은
날부터 90일 이내에 관할 행정법원 또는 지방법원에
행정소송을 제기할 수 있음을 알려드립니다.

매각기일 연기신청과 행정소송

📄 **권리분석**

– 건축물 매각제외.

– 답 2필지(89-1, 615-8) 지상에 축사와 주택.

– 61○-8번지의 토지에 축사와 주택 건축물 관리대장 있음.

– 현황은 8○-1번지와 61○-8번지 두필지 지상에 건축물 있음.

– 논산시 연무읍 두필지 전부 농취증 제출요구.

2019 타경 5▒▒ (임의)	물번8 [매각] ▼	매각기일 : 2020-03-23 10:00~ (월)	경매3계 041-746-2783

소재지	(▒▒▒▒) 충청남도 논산시 연무읍 마산리 ▒▒-▒ ▒▒▒▒ [도로명] 충청남도 논산시 진등길 ▒▒▒▒				
용도	답	채권자	○○팜스	감정가	127,824,000원
토지면적	2663㎡ (805.55평)	채무자	정정○	최저가	(41%) 52,357,000원
건물면적		소유자	정정○	보증금	(10%)5,235,700원
제시외		매각대상	토지일괄매각	청구금액	615,342,740원
입찰방법	기일입찰	배당종기일	2019-05-27	개시결정	2019-02-20

기일현황 ▼간략보기

회차	매각기일	최저매각금액	결과
신건	2019-08-26	127,824,000원	유찰
2차	2019-09-30	102,259,000원	유찰
3차	2019-11-04	81,807,000원	유찰
4차	2019-12-09	65,446,000원	매각
	낙찰71,500,000원(56%)		
	2019-12-16	매각결정기일	변경
	2019-12-26	매각결정기일	불허가
4차	2020-02-17	65,446,000원	유찰
5차	2020-03-23	52,357,000원	매각
	낙찰69,999,900원(55%)		

물건현황/토지이용계획	**면적(단위:㎡)**	**임차인/대항력여부**	**등기사항/소멸여부**
연무초등학교 남측 인근, 북동측 인근 및 근거리, 북서측 근거리에 소재	**[토지]** 마산리 8■-1 답 생산녹지지역 1655㎡ (500.64평) 현황 "주거기타"	배당종기일: 2019-05-27 - 매각물건명세서상 조사된 임차내역이 없습니다	**소유권** 1993-09-15 이전 토지 정점○ 협의분할 에 의한 재산상속
인근은 논산휴련소 인근으로 로변 상가, 펜션, 주택 및 농경지 등이 소재		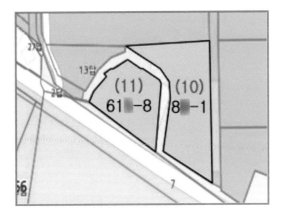 매각물건명세서 예상배당표	
본건 및 본건인근까지 차량접근이 가능하고 인근에 시내버스정류장이 소재하는 등 제반 교통상황은 보통	마산리 61■-8 답 생산녹지지역 1008㎡ (304.92평) 현황 "주거기타"		**(근)저당** 토지 소멸기준 2005-12-28 토지 논산축산업협동조합 200,000,000원
부정형 평지	**[제시외]**		**(근)저당** 소멸 2015-09-25 토지 두산생물자원 845,000,000원
남서측으로 로폭 약7미터 도로가 소재함	마산리 8■-1 외 1필지 (ㅅ) 주택 제외 미상		**임의경매** 소멸 2019-02-21 토지 ○○팜스
기호10)농업진흥구역	마산리 8■-1 외 1필지 (ㅇ) 축사 제외 미상		청구 : 615,342,740원 ▷ 채권총액 : 1,045,000,000원
생산녹지지역(마산리 8■-1) 생산녹지지역(마산리 61■-6) ※ 감정평가서상 제시건물가격이 명시 되어있지않음. 입찰시 확인요함.			등기사항증명서 토지열람 : 2019-08-12

토지/임야대장
  토지이용계획/공시지가
  부동산정보 통합열람
  감정평가서			

감정평가현황 (주)써브감정

가격시점	2019-04-11
감정가	127,824,000원
토지	(100%) 127,824,000원

명세서 요약사항 · 최선순위 설정일자 2005.12.28.근저당권

소멸되지 않는 등기부권리	해당사항 없음
설정된 것으로 보는 지상권	제시외 건물를 위한 법정지상권 설립여지 있음
주의사항 / 법원문건접수 요약	일괄매각, 지목이 답이나 현황 주거기타(축사 등)로 이용 중, 농지취득자격증명 필요(미제출시 보증금 불수함, 행정기관의 사실조회 회신결과에 의하면 통지선점허가(신고)를 받지 아니하고 불법건축물이 조성되어 있는 부분은 '농지로의 복구계획서를 포함한 농업경영계획서'의 내용이 실현가능하다고 판단 통시 농지취득자격증명이 발급가능하다고 하므로 자세한 내용은 행정기관에 문의, 농지취득자격증명 신청서 반려처분시 행정소송등을 제기하여 취득을 요함)

매각허가 결정기일 연기 신청서

사　　건	2019 타경 551 부동산임의경매
채 권 자	●●팜스주식회사
채 무 자	정정●
소 유 자	정정●, 김희●

최고가매수신고인　주광●

위 사건과 관련하여 최고가 매수신고인 주광●은 2020. 3. 30. 로 예정된 매각허가 결정 기일에 대하여 다음과 같은 사유로 기일 연기를 신청하오니 허가하여 주시기 바랍니다.

- 다　　음 -

1. 매각불허가 사유

위 사건의 매각대상 토지인 논산시 연무읍 마산리 8●-1, 마산리 61●-8 두 개 토지(이하 '이사건토지' 라 칭함)는 지목이 농지여서 논산시연무읍장에게 농지취득자격증명 발급을 신청하였으나, 2020. 3. 26. 연무읍장이 반려처분을 하였는바 그 사유를 살펴건데, [이사건 토지는 농지법상의 농지이나 불법으로 형질변경 또는 불법건축물이 있어 현 상태에서는 농지취득자격증명을 발급할 수 없다]는 것입니다.

위와 같은 불허가 사유로는 등기가 불가능한 상황으로 매각불허가 결정이 예상되고 있습니다.

2. 연무읍장의 행정 착오

연무읍은 신청인의 농지취득자격증명 발급신청에 대해 이사건 토지들이 농
지법상 농지임을 전제로 반려하면서 그 사유로 해당토지의 지상에 불법 건
축물 등이 존재하여 자격증명의 발급이 불가하며, 농지원상복구계획서의 내
용도 실현 가능성이 없다고 기재하였으나, 이는 명백한 행정착오라 하지 않
을 수 없습니다.

만약, ① 원상복구가 불가한 상황이라면 농지법상 농지에 해당하지 않음이
명백하여 [이사건 토지는 농지법상 농지에 해당하지 않는다]는 반려문구가
들어가야 하고, ② 농지법상 농지에 해당함이 분명하고, 농지로의 원상복구
가 가능하다면, **원상복구를 조건으로 농지취득자격증명을 발급**해야 합니다.

신청인의 원상복구계획이 실현 가능한지에 대해 연무읍에서는 실현가능성이
없다고 자의적으로 단정하고 있으나 이에 대해서는 연무읍에서 판단할 사안
이 아니라 사료됩니다.

③ 다음 하급심 판례와 같이 원상복구를 조건으로 농지취득자격증명을 발급
하는 것이 당연한 행정조치라 할 것입니다.

토지의 불법 형질변경을 이유로 농지취득자격증명의 발급을 거부할 수 있는
지에 관하여 보건대, 경매절차를 통하여 위 토지를 낙찰받기 위하여 농지취
득자격증명을 발급받으려는 자는 위 토지를 낙찰 받아 소유권을 취득하기
전에는 원상회복 등의 조치를 할 아무런 권원이 없으므로 그에게 형질 변경
된 부분의 복구를 요구한다는 것은 법률상 불가능한 것을 요구하는 것인 점,
불법적으로 형질 변경된 농지에 대하여 농지취득자격증명의 발급을 거부한
다면, 농지의 소유자가 농지를 금융기관에 담보로 제공한 후 농지를 불법으
로 형질변경거나 지상에 무허가건물을 짓는 경우에는 스스로 원상복구하
지 않는 한 제3자가 이를 경락받지 못하므로 담보물권자는 농지를 환가할

수 없게 되는 점 등을 참작하면, 불법으로 형질 변경된 위 토지에 대하여는 농작물의 재배가 가능한 토지로 원상 복구된 후에 농지취득자격증명의 발급이 가능하다는 피고의 처분사유는 적법한 것이라 할 수 없다. 원고들이 위 토지를 취득한 다음 관할 관청에서 그 원상회복을 위한 행정조치를 취하는 것은 별개의 문제이다(부산고등법원 2006. 12. 22. 선고 2006누1791 판결).

3. 적법한 건축물

이사건 양토지의 지상에 걸쳐 건축물 4개동(주택 및 축사)이 존재하고 있고, 건축물대장을 살피건데, 최근 2011. 12. 28. 건축물대장 기초자료 정비까지 이루어지는 등 **합법적 건축물로 판단**됩니다.

다만, 대지위치 표시란에 마산리 61■-8번지만 기재되어 있고, 마산리 8■-1번 지 토지는 관련지번으로 기재되어 있지 아니합니다.

그러나, 위 **건축물의 사용승인 당시 이미 양 토지가 동일인 소유이면서 그 토지소유자가 합법적으로 건축허가를 득하고 신축을 했다고 보아야 하며 다 만 오래전 수기로 모든 대장을 관리하던 시절 착오로 관련지번이 누락된 것으로 사료됩니다.**

그뿐만 아니라, **현행 농지법 시행 이전에 농지 상에 건축된 건물이 있는 경 우 불법 건축물로 보지 않고 있으며 이 경우 농지취득자격증명 신청에 대해 반려하면서 그 반려 사유로 [이건 토지는 농지법상 농지에 해당하지 아니 함] 이라고 기재하는 것이 통상적인 모습**이고 위와 같은 내용의 반려처분은 등기가 가능하여 매각허가결정을 하게 됩니다.

이사건 건물의 경우, 1960년에 사용승인을 득한 합법적인 건축물에 해당할 뿐만 아니라 현행 농지법의 시행 이전에 건축물이 축조된 것이 명백합니다.

4. 최고가매수신고인(신청인) 대응방안

신청인으로서는 매각불허가결정 이후 즉시항고를 하는 방법도 생각할 수 있으나, **농지취득자격증명발급에 문제가 있다는 사유는 민사집행법상 즉시항고 사유에 해당하지 아니하여** 소기의 목적을 달성할 수 없는 바, 그렇다면 **결국 매각허가결정기일의 연기를 신청하고 새로운 기일이 잡히기 전에 행정소송 에서 승소판결을 득하여 경매법원에 제출하는 방법이 유일한 구제방법**에 해당합니다.
신청인의 잘못이 아니라 행정청인 연무읍장의 잘못된 행정처분으로 신청인은 입찰보증금까지 몰수될 처지에 있으므로 반드시 매각허가결정기일의 연기가 필요한 상황입니다.

5. 행정소송 제기 예정

위와 같은 사정으로 연무읍장의 이건 농지취득자격증명신청 반려처분은 부당함을 면할 수 없는 것이어서 신청인은 부득이 연무읍장을 상대로 위 농지취득자격증명 반려처분의 취소를 구하는 행정소송을 제기하기 위하여 준비 중에 있습니다.
매각허가결정기일이 연기되고, 행정소송을 제기한 후 사건번호가 나오면 대법원나의사건검색표와 소장부본을 경매법원에 제출하고자 합니다.
그리고 신청인이 행정소송에서 승소할 경우 연무읍장으로부터 농지취득자격증명을 발급하여 귀원에 제출하겠습니다.

4. 결어

이 사건 부동산임의경매에서 최고가매수신고인인 신청인이 농지취득자격증명을 제출하지 못한 사유는 신청인의 잘못이 아니라, 연무읍장의 행정착오에 기인한 것이 명백하므로, **행정소송의 결과가 나오기까지 이사건의 매각허가 결정 기일을 연기**해 주시기를 청하오니 재가하여 주시기 바랍니다.

첨부서류

1. 농지취득자격증명 신청 반려 통지서   1통
1. 하급심 판례   1통
1. 건축물대장   1통
1. 지적개황도   1통
1. 항공사진   1통
1. 사진용지   2통

2020. 3.   .

위 최고가매수신고인   주광█

대전지방법원 논산지원 귀중

소　　　장

농지취득자격증명신청 반려처분 취소 청구의 소

원　　고　　주광

피　　고　　논산시 연무읍장

소　가	금50,000,000원
첨부할 인지액	금230,000원
첨부한 인지액	금230,000원
송　달　료	금144,000원
비고	㊞

대전지방법원　　귀중

소　장

원　고　주광◉ (790327-◉◉◉◉◉◉)
　　　　김포시 김포한강8로 ◉◉◉ ◉◉◉◉ ◉◉◉◉◉◉◉◉◉◉◉◉◉◉◉◉◉◉
　　　　송달장소 : 평택시 평남로 ◉◉◉◉ ◉◉◉◉ ◉◉◉◉◉◉
　　　　송달영수인 : 법무사 유종◉

피　고　논산시 연무읍장
　　　　논산시 연무읍 안심로 ◉◉ ◉◉◉◉◉◉◉◉

농지취득자격증명신청 반려처분 취소 청구의 소

청 구 취 지

1. 피고의 원고에 대한 2020. 3. 24. 자 충청남도 논산시 연무읍 마산리 8◉-1
   답 1655㎡, 마산리 61◉-8 답 1008㎡에 관한 농지취득자격증명신청 반려처
   분을 취소한다.
2. 소송비용은 피고가 부담한다.
라는 판결을 구합니다.

청 구 원 인

1. 이사건 토지의 소유관계 및 강제경매

충청남도 논산시 연무읍 마산리 8◉-1 답 1655㎡, 같은 곳 61◉-8 답 1008㎡
(이하 "이사건토지" 라 함)는 소외 정정◉이 소유하고 있는 바, 이사건 토지
에 대하여 근저당권자인 ◉◉팜스주식회사(변경전 상호 두산생물자원주식회

사)의 신청에 의하여 대전지방법원 논산지원 2019 타경 ▇▇ 부동산임의경매가 2019. 9. 20. 개시되어 현재 진행 중에 있습니다(갑제1호증의 1, 2 각 부동산등기사항증명서, 갑제2호증 경매사건검색표, 갑제3호증의 1, 2 각 토지대장각 참조).

2. 최고가매수신고인 지위 취득과 농지취득자격증명발급신청 및 반려처분

위 경매사건에서 2020. 3. 23. 매각기일에 원고는 최고가 매수신고인의 지위를 득하고, 매각허가결정 기일인 2020. 3. 30. 이전에 농지취득자격증명을 법원에 제출하기 위하여 피고 연무읍장에게 이사건 토지들에 대하여 농지취득자격증명 신청서를 제출하였습니다.

양 지상에 걸쳐 아직 미등기나 건축물대장이 존재하는 합법적 건물이 존재하므로(갑제4호증 건축물대장 참조) 예비적으로 원상복구계획서도 준비하여 함께 제출하였습니다.

원고의 위 신청에 대하여 피고는 2020. 3. 24. 농지취득자격증명 반려처분을 하였는 바, [반려사유]로 "이사건 토지는 농지법상 농지이나 <u>불법으로 형질변경 또는 불법건축물이 있어 농업경영 등에 이용하기 어려운 상태로 복구가 필요하며 현 상태에서는 농지취득자격증명을 발급할 수 없고, 신청인의 농지원상복구계획서</u>" 의 내용이 농지로의 복구 등 실현가능성이 없음 "이라고 기재하였고, [대안]으로, 지목변경을 하거나 또는 농지로 복구 후 자격증명을 신정해야 한다고 기재하고 있습니다(갑제5호증 농지취득자격증명반려통지서 참조).

3. 매각허가기일의 연기

최고가 매수신고인인 원고로서는 매각불허가결정 이후 즉시항고를 하는 방법도 생각할 수 있으나, <u>농지취득자격증명발급에 문제가 있다는 사유는 민사</u>

집행법상 즉시항고 사유에 해당하지 아니하여 소기의 목적을 달성할 수 없는 바, 그렇다면 **결국 매각허가결정기일의 연기를 신청하고 행정소송에서 승소판결을 득하여 피고로부터 농지취득자격증명을 발급받아 경매법원에 제출하는 방안이 유일한 구제방법**에 해당합니다.

원고의 잘못이 아니라 피고의 잘못된 행정처분으로 원고는 입찰보증금까지 몰수될 처지에 처하여, 원고는 위 피고의 반려통지서를 경매법원에 제출하는 한편 피고의 반려처분이 부당함을 법원에 피력하면서 매각허가결정 기일의 연기를 신청을 하였고, 법원에서도 원고의 주장을 인정하여 이사건 행정소송의 결과가 나오기까지 **매각허가결정 기일을 추후 지정으로 연기** 하였습니다 (갑제2호증 경매사건검색표 참조).

4. 피고 행정처분의 부당성

피고가 원고에게 한 이사건 토지들에 대한 농지취득자격증명 반려처분은 다음과 같은 사유로 부당하다 할 것입니다.

가. 농지법상 농지 해당 여부

(1) 농지법은 다음과 같이 농지에 대해 정의하고 있습니다.

제2조(정의) 이 법에서 사용하는 용어의 뜻은 다음과 같다.
    1. "농지"란 다음 각 목의 어느 하나에 해당하는 토지를 말한다.
        가. 전·답, 과수원, 그 밖에 법적 지목(지목)을 불문하고 실제로 농작물 경작지 또는 다년생식물 재배지로 이용되는 토지. 다만, 「초지법」에 따라 조성된 초지 등 대통령령으로 정하는 토지는 제외한다.
        나. 가목의 토지의 개량시설과 가목의 토지에 설치하는 농축산물 생

산시설로서 대통령령으로 정하는 시설의 부지

위 규정에 의하면 공부상의 지목과 상관없이 **실제로 농작물을 경작하는 경우를 농지법상 농지로 규정**하고 있습니다.

(2) 판례는 농지에 대하여 다음과 같이 정의하고 있습니다.

"농지법 제2조 제1호 소정의 농지인지 여부는 공부상 지목 여하에 불구하고 당해 토지의 사실상의 현상에 따라 가려져야 할 것이고, 공부상 지목이 답인 토지의 경우 그 농지로서의 현상이 변경되었다고 하더라도 그 변경 상태가 일시적인 것에 불과하고 농지로서의 원상회복이 용이하게 이루어질 수 있다면 그 토지는 여전히 농지법상 농지에 해당한다"(대법원 1998. 4. 10. 선고 97누256 판결 등 다수).

결국 판례의 입장은 사실상의 현상에 따라 농지여부를 판단하되, **그 변경상태가 일시적이어서 원상회복이 용이한지, 아니면 농지로의 원상회복이 어려운지 추가로 판단**하여야 한다는 것입니다.

(3) 소결

위 농지법의 농지에 대한 정의와 대법원 판례를 종합해 볼 때 이사건 토지의 경우, 미등기이기는 하나 건축물대장을 살피건데, **현행 농지법 시행 이전이 명백한 1960년 사용승인을 득한 주택 두 개동, 축사 2개동이 존재하는 바, 경작을 위한 농지로의 원상회복이 용이하지 아니하여 농지법상 농지에 해당하지 않는다**고 사료 됩니다(갑제6호증 지적개황도, 갑제7호증 항공사진, 갑제8호증 사진용지 각 참조).

나. 피고의 행정착오

피고는 원고의 농지취득자격증명 발급신청에 대해 <u>이사건 토지들이 농지법
상 농지임을 전제로</u> 반려하면서 그 사유로 해당토지의 지상에 불법 건축물
등이 존재하여 자격증명의 발급이 불가하며, 농지원상복구계획서의 내용도
실현 가능성이 없다고 기재하였으나, 이는 명백한 행정착오라 하지 않을 수
없습니다.

만약, ① 원상복구가 불가한 상황이라면 농지법상 농지에 해당하지 않음이
명백하여 [이사건 토지는 농지법상 농지에 해당하지 않는다]는 반려문구가
들어가야 하고, ② 농지법상 농지에 해당함이 분명하고, 농지로의 원상복구
가 가능하다면, <u>원상복구를 조건으로 농지취득자격증명을 발급</u>해야 합니다.

원고의 원상복구계획이 실현 가능한지에 대해 연무읍에서는 실현 가능성이
없다고 자의적으로 단정하고 있으나 이에 대해서는 연무읍에서 판단할 사안
이 아니라 사료됩니다.

원고는 우선 농지취득자격증명을 받아 법원에 제출하고 경락허가결정을 득
한 후 잔대금을 납부하여 소유권을 취득한 후에 건물소유자를 상대로 건물
철거 및 토지인도 등 청구의 소를 제기하여 판결을 득하면 얼마든지 농지로
원상회복이 가능한 상황이라 보아야 합니다.

만약 이사건토지의 지상 건물이 철거대상인 불법건축물이라고 가정할 경우
에 피고는 ③ <u>다음 하급심 판례와 같이 원상복구를 조건으로 농지취득자격
증명을 발급</u>하는 것이 당연한 행정조치라 할 것입니다(갑제9호증 하급심판례
참조).

토지의 불법 형질변경을 이유로 농지취득자격증명의 발급을 거부할 수 있는
지에 관하여 보건대, 경매절차를 통하여 위 토지를 낙찰받기 위하여 농지취
득자격증명을 발급받으려는 자는 위 토지를 낙찰 받아 소유권을 취득하기

전에는 원상회복 등의 조치를 할 아무런 권원이 없으므로 그에게 형질 변경된 부분의 복구를 요구한다는 것은 법률상 불가능한 것을 요구하는 것인 점, 불법적으로 형질 변경된 농지에 대하여 농지취득자격증명의 발급을 거부한다면, 농지의 소유자가 농지를 금융기관에 담보로 제공한 후 농지를 불법으로 형질변경하거나 지상에 무허가건물을 짓는 경우에는 스스로 원상복구하지 않는 한 제3자가 이를 경락받지 못하므로 담보물권자는 농지를 환가할 수 없게 되는 점 등을 참작하면, 불법으로 형질 변경된 위 토지에 대하여는 농작물의 재배가 가능한 토지로 원상 복구된 후에 농지취득자격증명의 발급이 가능하다는 피고의 처분사유는 적법한 것이라 할 수 없다. 원고들이 위 토지를 취득한 다음 관할 관청에서 그 원상회복을 위한 행정조치를 취하는 것은 별개의 문제이다(부산고등법원 2006. 12. 22. 선고 2006누1791 판결).

5. 적법한 건축물

그러나 이사건 토지의 지상에는 미등기이기는 하나, 양 토지에 걸쳐서 건축물 4개동(주택 및 축사, '이하 이사건 건물'이라 칭함)이 존재하고 있고 건축물대장을 살피건데, 최근 2011. 12. 28. 건축물대장 기초자료 정비까지 이루어지는 등 이사건 건물은 **합법적 건축물로 판단**됩니다.
다만, 대지위치 표시란에 마산리 61■-8번지만 기재되어 있고, 마산리 8■-1번지 토지는 관련 지번으로 기재되어 있지 아니합니다.
그러나, 이사건 양 토지의 폐쇄등기부등본 기재에 의하면 이사건 건물이 사용승인을 득한 1960년 이후가 명백한 1979년에 농지개량에 의해 환지 및 분할되었음이 명백하고, 그 당시 양 토지의 소유자도 소외 김일남으로 동일인임을 알 수 있습니다(갑제10호증의 1, 2 각 폐쇄등기부증명서 참조).
위 건축물의 사용승인 당시(1960년) 농지개량에 의한 환지 및 분할이 이루어지기 전 이사건 양 토지가 동일인 소유이면서 그 토지소유자가 합법적으로

건축허가를 득하고 신축을 한 것이 분명하며 다만 농지개량, 환지, 분할을 거치면서 오래전 수기로 모든 대장을 관리하던 시절 착오로 관련지번이 누락된 것으로 사료됩니다.

그뿐만 아니라, 현행 농지법 시행 이전에 농지 상에 건축된 건물이 있는 경우 불법 건축물로 보지 않고 있으며 이 경우 농지취득자격증명 신청에 대해 반려하면서 그 반려 사유로 [이건 토지는 농지법상 농지에 해당하지 아니함] 이라고 기재하는 것이 통상적인 모습이라 하겠습니다.

이사건 건물의 경우, 1960년에 사용승인을 득한 합법적인 건축물에 해당할 뿐만 아니라 현행 농지법의 시행 이전에 건축물이 축조된 것이 명백합니다.

5. 결어

결론적으로, 피고는 원고의 이사건 토지에 대한 농지취득자격증명 발급신청에 대하여, ① [이사건 토지는 농지법상 농지에 해당하지 않는다]는 반려문구를 기재하여 반려했어야 마땅하며, 만약 이사건 건물이 불법건축물에 해당하여 철거대상이 확실하다고 가정할 경우에는 ② 원상복구계획서를 제출받고 (나중에 원상복구가 되지 않아 행정처분을 하는 등의 사정은 별론으로 해야함) 자격증명을 발급했어야 합니다.

위와 같은 사유로 원고는 피고를 상대로 이사건 청구취지와 같은 판결을 구하게 되었습니다.

입 증 방 법

1. 갑제1호증의 1, 2 부동산등기사항증명서 각1통
1. 갑제2호증 경매사건 검색표
1. 갑제3호증의 1, 2 토지대장 각1통
1. 갑제4호증 건축물대장

1. 갑제5호증   농지취득자격증명반려통지서
1. 갑제6호증   지적개황도
1. 갑제7호증   항공사진
1. 갑제8호증   사진용지
1. 갑제9호증   하급심판례
1. 갑제10호증의 1, 2   폐쇄등기부증명서   각1통
1. 갑제11호증의 1, 2   토지폐쇄대장   각1통
1. 갑제12호증   건물폐쇄대장

첨 부 서 류

1. 위 입증방법   각2통
1. 소장부본   1통

2020. 3.   .

위 원고 주광

대전지방법원   귀중

「활기찬 논산 행복한 시민」

연 무 읍

수신 주•● 귀하 (우10070 경기도 김포시 김포한강8로 ███ ████ ████ ████)

(경유)

제목 농지취득자격증명 반려 (민원접수번호:202045400430003998,대표자명:주•●)

귀하께서 신청하신 논산시 연무읍 마산리 8██-1번지(답) 1,655㎡, 마산리 61██-8번지 (답) 1,008㎡의 농지취득자격증명 신청에 대하여 아래와 같은 사유로 민원서류 반려 및 대안 통보함을 알려드립니다.

【관련법령】
○ 농지법제8조, 동법시행령제7조, 동법시행규칙제7조, 발급심사요령제8조및제9조

【반려사유】
○ 신청대상 농지를 취득하려는 경우에는 농지취득자격증명을 발급받아야 하는 농지 법상 농지이나 불법으로 형질변경 또는 불법건축물이 있어 농업경영 등에 이용하기 어려운 상태로 복구가 필요하며 현 상태에서는 농지취득자격증명을 발급할 수 없음
○ "농지원상복구계획서"의 내용이 농지로의 복구 등 실현가능성 없음

【대   안】
○ 현재 사용하고 있는 목적에 맞춰 지목변경 하거나, 농지로 복구하고 농지취득자 격증명을 신청하여야 함

《알림사항》
본 처분에 불복이 있을 경우『민원사무 처리에 관한 법률』제18조(거부처분에 대한 이의신청) 제1항에 따라 거부처분을 받은 날부터 90일 이내에 논산시장에게 문서로 이의신청을 할 수 있으며, 『행정심판법』 제27조(심판청구의 기간)제1항에 따라 처분이 있음을 알게 된 날부터 90일 이내에 재결청인 충청남도지사에게 행정심판을 청구할 수 있음을 알려 드립니다.

논산시연무읍장

산업팀장 한계██   부읍장 오미██   ★읍장 박동██   2020. 3. 24.

협조자

시행 연무읍-5016   (2020. 3. 24.)   접수

〒 33007 충청남도 논산시 연무읍 ████ ██, 연무읍사무소 / ███████████

전화번호 041-746-8561   팩스번호 041-746-8549   / frendche@korea.kr   / 부분공개(6)

개인정보는 이용목적이 달성되면 반드시 파기하세요!

- 1 -

부 산 고 등 법 원

제 1 특 별 부

판 결

사 건	2006누0000 농지취득자격증명신청서반려처분취소
원고(선정당사자), 피항소인	
	엄00 (000000-0000000)
	부산 사하구 000동 000 00아파트 000동 0000호
	소송대리인 변호사 신익 0
피고, 항소인	000동장
	소송대리인 변호사 박옥 0
제1심 판결	부산지방법원 2006. 3. 30. 선고 2005구합0000 판결
변 론 종 결	2006. 12. 8.
판 결 선 고	2006. 12. 22.

주 문

1. 피고의 항소를 기각한다.
2. 항소비용은 피고가 부담한다.

청구취지 및 항소취지

- 1 -

1. 청구취지

피고가 2005. 11. 8. 원고(선정당사자, 이하 '원고'라고만 한다), 선정자 정00, 진00에 대하여 한 농지취득자격증명신청 반려처분을 취소한다.

2. 항소취지

제1심 판결을 취소한다. 원고의 청구를 기각한다.

이　　유

1. 처분의 경위

다음 사실은 당사자들 사이에 다툼이 없다.

가. 원고 및 선정자들(이하 '원고들'이라 한다)은, 부산 강서구 000동 0000 답 5,064 ㎡(이하 '위 전체토지'라 한다) 중 손00 소유의 18분의 4 지분(이하 '위 토지'라 한다)에 관하여 진행된 부산지방법원 0000타경00000호 부동산임의경매 사건의 입찰에 참여해 최고가 매수신고인이 된 다음, 2005. 11. 7. 피고에게 그 낙찰에 필요한 농지취득자격증명의 발급을 신청(이하 '위 신청'이라 한다)하였다.

나. 피고는 2005. 11. 8. 원고들에게, 위 토지는 농지로서 보존되어 있지 아니하므로 불법으로 형질변경한 부분에 대한 복구가 필요하여 농지법(이하 '법'은 이를 가리킨다) 제8조 및 법 시행령 제10조 제2항에 저촉된다는 이유로 위 신청을 반려한다고 통지(이하 '이 사건 처분'이라 한다)하였다.

2. 처분의 적법 여부

가. 당사자의 주장

(1) 원고의 주장

- 2 -

(가) 위 전체토지의 지목은 '답'으로 법상 농지에 해당하므로, 일시적인 현상변경이 있다 하여도, 장차 농업경영계획대로 영농이행이 가능한 원고들에게 농지취득자격증명을 발급해야 한다.

(나) 원고들은 위 토지에 관하여 아직 소유권을 취득하지 않아 아무런 권원이 없으므로, 불법적으로 형질변경된 부분에 대하여 원상복구가 필요하다며 원고들의 신청을 반려하는 것은 법률상 불가능한 것을 요구하는 것이다.

(2) 피고의 주장

(가) 위 토지는 그 지목이 답으로 되어 있기는 하나, 그 현황상 불법건축물이 설치되어 있고, 각종 건설자재, 재활용품 등이 적치되어 있는 등 불법적인 형질변경이 되어 있기 때문에 사실상 농지로서의 복구가 불가능하여 농지로 볼 수 없으므로, 위 토지에 관하여 농지취득자격증명을 발급할 수 없다.

(나) 원고들이 농지취득자격증명을 발급받기 위해서는 취득대상 농지에 대한 영농가능성이 구체적으로 현실화되어 있어야 하나, 원고들은 위 토지에 관해 구체적이고 현실성 있는 농지사용계획을 제출하지 못하였으므로 법이 정한 자격요건을 충족하지 못하였다.

나. 관계 법령

별지(2) 기재와 같다.

다. 인정사실

다음 사실은 갑 제1호증, 갑 제2호증의 1, 2, 3, 4, 을 제3호증의 1 내지 6, 을 제4호증, 을 제7호증의 1 내지 7의 각 기재 및 영상에 변론 전체의 취지를 종합하여 이를 인정할 수 있다.

- 3 -

(1) 현재 위 전체토지 위에는 파이프조 차양막 지붕 단층 건물 840㎡'의 작업장, 파이프조 차양막 지붕 단층건물 119㎡'의 창고, 목조 차양막 지붕 단층건물 51.3㎡'가 들어서 있고 나머지 부분에도 고철, 재활용품 등이 적치되어 있는 반면, 농작물이 재배되고 있지는 않으며, 한편 위 전체토지에 이르는 수로는 끊어져 있는 상태이다.

(2) 원고들은 위 신청을 하면서 위 토지의 취득목적은 농경경영이고 위 전체 토지 중 1,688㎡'(위 토지의 지분면적은 약 1,125㎡'이므로 계산착오에 따른 적시이다)에 벼를 재배할 예정이며 영농경력은 없으나 노동력을 '일부고용'의 방법으로 확보하여 2006. 6.부터 영농을 착수할 계획이라는 내용의 농업경영계획서를 작성, 제출하였다.

(3) 피고가 원고들에게 한 이 사건 처분 통지서에는, 그 반려사유란에 '위 전체토지는 취득시 농지취득자격증명을 발급받아야 하는 농지이나, 농지로서 보존되어 있지 아니하므로 법 제8조, 법 시행령 제10조 제2항에 저촉된다'고 기재되어 있고, 그 아래의 대안란에 '위 전체토지에 불법으로 형질변경된 부분을 농작물 및 다년생 식물의 재배가 가능한 토지로 원상복구한 후 발급이 가능하다'는 문구가 기재되어 있다.

라. 판단

(1) 법 제8조 제1항은, 농지를 취득하고자 하는 자는 농지의 소재지를 관할하는 시장 등으로부터 농지취득자격증명을 발급받도록 규정하고, 제2항은 농지취득자격증명 발급신청시 취득대상농지의 면적, 농업경영에 적합한 노동력 등이 포함된 농업경영계획서를 작성하도록 규정하고 있다. 또한, 법 시행령 제10조 제2항 제3호는 농지취득자격요건 중 하나로 '농업경영계획서의 내용이 신청인의 농업경영능력 등을 참작할 때 실현가능하다고 인정될 것'을 들면서, 그 제3항 및 법 시행규칙 제7조 제6항에서 위 자격요건을 충족하는지를 확인함에 있어 취득대상 농지의 면적(1호), 취득대상 농지를

- 4 -

농업경영에 이용하기 위한 노동력 및 농업기계·장비 등의 확보 여부 또는 확보방안(2호), 소유농지의 이용실태(3호), 경작 또는 재배하고자 하는 농작물 또는 다년성식물의 종류(4호), 농작물의 경작 또는 다년성식물의 재배지 등으로 이용되고 있지 아니하는 농지의 경우에는 농지의 복구가능성 등 취득대상 토지의 상태(5호), 신청자의 연령·신체적인 조건·직업 또는 거주지 등 영농여건(6호), 신청자의 영농의지(7호) 등을 종합적으로 고려하도록 규정하고 있다.

(2) 먼저, 위 토지가 농지에 해당하는지에 관하여 살피건대, 어떠한 토지가 법에서 말하는 농지인지의 여부는 공부상의 지목 여하에 불구하고 당해 토지의 사실상의 현상에 따라 가려져야 할 것이고, 공부상 지목이 답인 토지의 경우 그 농지로서의 현상이 변경되었다고 하더라도 그 변경 상태가 일시적인 것에 불과하고 농지로서의 원상회복이 용이하게 이루어질 수 있다면 그 토지는 여전히 법에서 말하는 농지에 해당하므로, 그 취득에는 소재지 관서의 농지취득자격증명이 필요하다고 할 것인바(대법원 1999. 2. 23. 자 98마2604 결정 등 참조), 위 인정사실에 의하면, 이 사건 전체토지는 현재 농작물의 경작 등에 이용되지 않은 채 그 위에 작업장, 창고, 사무실 등의 차양막 지붕 단층 건물들이 들어서 있거나 고물, 재활용품 등이 적치되어 있긴 하지만, 그 위에 견고한 구조물 등이 축조되어 있지 않은데다가 크게 현상변경이 이루어진 것은 아닌 점 등에 비추어 위 토지의 변경 상태는 일시적인 것으로서 그 원상회복이 비교적 용이하게 이루어질 수 있다고 봄이 상당하여 위 전체토지는 법에서 말하는 농지에 해당한다.

(3) 다음으로 피고가 위 토지의 불법형질변경을 이유로 농지취득자격증명의 발급을 거부할 수 있는지에 관하여 보건대, 경매절차를 통하여 위 토지를 낙찰받기 위하여 농지취득자격증명을 발급받으려는 자는 위 토지를 낙찰받아 소유권을 취득하기 전에는

- 5 -

원상회복 등의 조치를 할 아무런 권원이 없으므로 그에게 형질변경된 부분의 복구를 요구한다는 것은 법률상 불가능한 것을 요구하는 것인 점, 불법적으로 형질변경된 농지에 대하여 농지취득자격증명의 발급을 거부한다면, 농지의 소유자가 농지를 금융기관에 담보로 제공한 후 농지를 불법으로 형질변경하거나 지상에 무허가건물을 짓는 경우에는 스스로 원상복구하지 않는 한 제3자가 이를 경락받지 못하므로 담보물권자는 농지를 환가할 수 없게 되는 점 등을 참작하면, 불법으로 형질변경된 위 토지에 대하여는 농작물의 재배가 가능한 토지로 원상복구된 후에 농지취득자격증명의 발급이 가능하다는 피고의 처분사유는 적법한 것이라고 할 수 없다(원고들이 위 토지를 취득한 다음 관할 관청에서 그 원상회복을 위한 행정조치를 취하는 것은 별개의 문제이다).

(4) 마지막으로, 원고들이 제출한 영농계획이 현실성이 있는지에 관하여 살펴건대, 앞서 본 바와 같이 위 전체토지의 변경 상태는 일시적인 것으로서 그 원상회복이 비교적 용이하게 이루어질 수 있는 점, 위 전체토지의 공유자인 원고들로서는 공유물에 대한 보존행위로서 불법건축물의 철거 등을 구할 수 있는 점, 현재 위 토지에 이르는 수로가 끊어져 있는 상태이기는 하나, 관할 관청 등을 통하여 수로가 연결된다면 벼를 재배하는 것이 가능하고, 또 원고들은 벼농사가 어려우면 밭으로 경작하여 채소 등을 재배하겠다는 의사를 표시하고 있으므로 원고들에게 영농의지가 있는 것으로 보이는 점, 그리고 원고들의 나이, 거주지 등의 영농여건 등을 종합적으로 고려하면 원고들이 제출한 영농계획은 실현가능하다고 할 것이다.

(5) 따라서 이 사건 처분은 위법하므로 취소되어야 한다.

3. 결론

그렇다면, 원고의 청구는 이유 있어 이를 인용할 것인바, 제1심 판결은 이와 결론을 같이 하여 정당하고, 피고의 항소는 이유 없으므로, 주문과 같이 판결한다.

- 6 -

준 비 서 면

사   건   2020 구합 ▇▇ 농지취득자격증명신청 반려처분 취소
원   고   주광▇
피   고   논산시 연무읍장

위 사건과 관련하여 원고는 피고의 2020. 5. 6.자 답변서에 대하여 다음과 같
이 변론을 준비합니다.

- 다   음 -

1. 피고 주장의 요지

피고 주장의 요지는,

① 이사건 토지의 지상에 존재하는 건축물은 대부분 농지법 시행 이후에 불
법 증축된 것으로 이사건 토지는 농지법상 농지에 해당하고 불법건축물을
철거하는 등 원상회복 없이는 농지취득자격증명 발급이 불가하고,

② 원상복구 조건으로 자격증명 발급이 가능하다는 원고의 주장에 대하여,
원고의 의지에 불과할 뿐, 건물소유자와 어떠한 협의도 이루어지지 않아 복
구계획은 실현 불가능하다,

는 주장으로 정리할 수 있습니다.

2. 농지법상 농지

원고가 소장 청구원인 중 이사건 토지는 농지법상 농지에 해당하지 않는 것
으로 사료된다고 주장하였으나, 이는 어디까지나 피고가 계속 건물의 불법성

을 주장하므로 그것을 전제로 가정한 것으로서, 농지법상 농지에 해당하고 불법 건축물이 존재한다면 원상복구 조건으로 농취를 발급했어야 한다는 주장이었을 뿐입니다.

농지법 시행령은 제2조(농지의 범위) 제3항 제2호 나목에서 **[축사·곤충사육사와 농림축산식품부령으로 정하는 그 부속시설]**등 축사의 부속토지도 농지임을 분명히 하고 있습니다.

농림축산 식품부의 [농지취득자격증명발급심사요령] 제2조 농지에 대한 정의에서 제1항 제3호 나목에서도 [축사 또는 곤충사육사와 그 부속시설]을 규정하고 있고, 제2조 제8항에서는 축사 및 곤충사육사의 부속시설에 대하여 규정하고 있습니다.

위 규정들을 종합해 볼 때 이사건 토지는 농지법상 농지에 해당하는 것으로 볼 수 있습니다.

3. 농지법상 농지의 용법대로의 사용

지목이 농지이고 그 지상에 축사 및 농가주택이 있는 것은 농지를 농지의 용법대로 적법하게 사용하고 있는 것입니다.

농지와 그 지상의 축사를 취득하면서 농지취득자격증명을 신청할 경우 아무 문제없이 농지취득자격증명을 받을 수 있다는 것은 실제 업무를 담당하고 있는 피고가 더욱 잘 알고 있을 것입니다.

다만, 축사가 합법인지 불법인지에 따라 결론이 달라질 수 있을 것입니다.

4. 건축물대장이 존재하는 적법한 건물

이사건 건물은 엄연히 갑제4호증과 같이 건축물대장이 존재하는 합법적 건물에 해당하고, 피고도 답변서에서 주장하고 있는 바와 같이 건축물대장 2페이지 하단부 기재에 의하면 86. 6. 5. 특정건축물허가준공 이라고 기재되어 있는 등 건축물의 관리를 담당하고 있는 논산시에서는 이사건 건물을 합법적 건물로 인정하였으므로 허가준공이라고 기재한 것인데 논산시의 하급관청인 피고는 상급관청의 판단과 모순되게 불법건축물이라고 주장합니다.

위와 같이 이사건 건물이 합법적 건물이고 지목이 농지인 토지 위에 지어진 축사 및 농가주택이므로 농지를 용법대로 사용하고 있는 것이 분명하다 할 것이고, 당연히 아무 문제없이 농지취득자격증명을 받을 수 있어야 합니다.

5. 농지민원 사례집

다음으로 2013. 12. 농림축산식품부 농지과에서 발간한 [농지민원사례집]을 살펴보고자 합니다(갑제13호증 농지민원사례집 참조).

위 사례집은 피고를 비롯한 농지민원을 담당하고 있는 전국에 있는 모든 공무원들이 공유하고, 실무에서 벌어지는 문제의 해결 방향을 제시하는 실무자료로서 피고도 잘 알고 있는 내용이라 사료됩니다.

[문] 2007. 7. 4. 이전에 불법으로 설치한 축사부지는 복구되어야 하는 농지인지?

[답] 농지에 해당하며 원상회복 조치는 필요하지 않음.

해설은 갑제13호증을 참고하여 주시기 바랍니다.

[문] 축사부지에 대하여 농지취득자격증명을 발급받아야 하는지?

[답] 1) 2007. 7. 4. 이전 허가받은 축사는 농취증명 없이 취득가능

　　 2) 2007. 7. 4. 이전 허가받지 않은 축사는 농취증명 발급 필요

　　 3) 2007. 7. 4. 이후 설치한 축사는 농취증명 발급 필요

해설은 갑제13호증을 참고하여 주시기 바랍니다.

위 사례집 해설 내용을 이사건 토지 및 건물에 적용해 볼 경우, (1) 우선 이 사건 축사 등은 **2007년 7월 4일 (개정 농지법) 이전에 축조**되었다는 것은 원 고와 피고 간 다툼없는 사실이므로 위 첫 번째 질의응답에 따라 **원상회복 조치가 필요없음**을 알 수 있습니다.

(2) 농취자격증명에 관하여 위 두 번째 질의응답 사례와 같이 ① 이사건 축 사가 **허가받은 축사라면 농취자격증명 자체가 필요없으므로, 피고는 원고에 게 반려처분을 하면서 농지취득자격증명발급이 필요없이 취득할 수 있는 축 사부지라는 반려사유를 기재**해야 하고, ② **허가받지 않은 축사라면 농지취득 자격증명을 발급**해야 하며 이 경우 **원상회복을 요구하거나 그 계획서를 제 출하게 하면 않됩니다.**

③ 두 번째 사례의 답변 3항은 이사건 건물이 2007. 7. 4. 이전에 지어진 것 이 분명하므로 해당사항이 없다 하겠습니다.

6. 추가사항(예비적주장)

위와 같은 원고의 주장이 받아들여지지 아니하고 피고 주장대로 이사건 건 물들이 불법 건축물에 해당하고 원상회복이 반드시 필요하다면 예비적으로 다음과 같이 주장합니다.

가. 피고의 직무유기

피고는 분명히 이사건 토지 지상의 건물 대부분이 철거되어야 할 불법 건축 물이라고 주장하고 있습니다.

그렇다면 행정청인 피고가 이사건 토지 지상에 불법건축물이 존재함을 알고 있으므로 피고는 이사건 불법건축물에 대하여 철거 계고 처분 및 대집행 등 행정처분을 단행하여 건물을 철거해서 농지로 원상회복하도록 조치할 의무가 있음에도 불구하고 아무런 조치를 취하지 않고 있는 것은 직무를 유기하고 있다고 보아야 할 것입니다.

나. 원상복구 실현 가능성에 대하여

원고가 제시한 부산고등법원의 판례와는 약간 상반된 내용인 피고가 제시한 하급심판례는 원상회복 방법에 관하여 건물소유자와 합의가 없었다는 이유로 원고청구를 기각하였으나 이에 대해 패소한 원고가 항소를 하지 않아 그대로 확정되었으나, 항소를 하였더라면 충분히 다른 결과가 나올 수 있는 사안이었다고 조심스럽게 예상합니다.

피고가 제시한 위 하급심 판례는 원상회복 방법에 관하여 건물주와의 협의가 유일한 원상회복 방법인 양 잘못 판단하였다 사료됩니다.

원고는 토지를 취득하고 나서 곧바로 건물주를 상대로 철거 및 토지인도 소송을 제기할 예정이고, 피고의 주장대로 이사건 건물들이 불법이라면 더욱 손쉽게 철거판결을 받아 얼마든지 원상회복이 가능하다 사료됩니다.

그럼에도 불구하고 피고는 위 하급심판례를 인용하면서 건물주와 협의가 없어 원상복구가 불가능하다고 자의적으로 판단하고 있는 것입니다.

사실관계가 위와 같다면 피고는 원고에게 원상복구계획서를 제출받고 농지취득자격증명을 발급하여야 마땅합니다.

8. 결어

위와 같이 이사건 토지는 농지법상 농지에 해당하고 이사건 건물은 건축물대장까지 존재하는 합법적 건물에 해당하며, 2007. 4. 이전에 축조된 것이 분명하므로 농지민원 사례집 질의응답과 같이 원상회복의 조건을 달 것도 없이 농지취득 자격증명을 발급했어야 합니다.

따라서 원고의 청구취지대로 판결하여 주시기 바랍니다.

입증방법

1. 갑제13호증   농지민원사례집

첨부서면

1. 위 입증방법   2통

1. 준비서면 부본   1통

2020. 7.   .

위 원고   주광

대전지방법원   귀중

준 비 서 면

사   건   2020 구합 ▒▒ 농지취득자격증명신청 반려처분 취소
원   고   주광▒
피   고   논산시 연무읍장

위 사건과 관련하여 원고는 피고의 2020. 7. 23.자 준비서면에 대하여 다음과 같이 변론을 준비합니다.

- 다   음 -

1. 피고 주장의 요지

피고의 2020. 7. 23. 자 준비서면 주장의 요지는,

① 축사부분이 차지하고 있는 부분은 농지법상 농지로 인정한다 하더라도 약 25평 정도의 농가주택은 불법전용된 경우로서 원상회복 대상에 해당한다,

② 사건 부동산은 "86. 6. 5. 특정건축물허가준공"이라 기록되어 있으므로 합법건축물이라는 주장에 관하여, 그 논거는 건축법상의 정의이고, 농지법상 농지전용허가 없이 타 용도로 불법 형질변경이 되었으므로 원상복구가 되어야 한다,

③ 건축물대장 상 소유자인 "망 김일▒의 처 정정▒"과 철거에 관한 아무런 협의가 없으므로 원고의 원상복구계획은 실현 가능성이 없다,

는 주장으로 정리할 수 있습니다.

2. 이사건 주택에 관하여

이사건 건물 중 주택은 1960년에 신축된 22.5㎡(이하 '제1동' 이라함)와 1976

년에 신축된 59㎡(이하 '제2동'이라함)의 2개 동이 존재합니다(갑제4호증 일반건축물대장 및 갑제12호증 건축물관리대장등본(수기작성분) 참조).

1960년에 신축된 제1동은 개정 농지법 시행 이전에 신축되었으므로 피고도 문제삼지 않을 것으로 사료되오며, 다만 문제삼고 있는 부분은 1976년 신축된 제2동 59㎡ 부분이라 사료됩니다.

후에 신축된 제2동에 관하여 예상 하건데, 1976년 신축하여 건축물대장에 등재되었으나 신축당시에는 전용허가를 받지 않고 있다가, 1985. 6. 5. 에 전용허가를 득하여 양성화를 하였으므로 "특정건축물<u>허가준공</u>" 이라고 기재되었을 것으로 짐작됩니다.

건축물대장에 등재된 합법적 건축물에 대하여 피고는 계속 불법이라고 주장하고 있으나 그 주장의 근거가 무엇인지 전혀 알 수 없습니다.

3. 원상복구 실현 가능성에 대하여

원고의 복구계획은 건물소유자인 소외 정정◯과 철거에 대한 어떠한 합의도 되어있지 아니하여 실현 불가능하다는 주장은 피고의 일방적이고 자의적인 판단에 불과합니다.

이미 토지가 경매로 처분될 상황에서 그 지상의 건물소유자가 순순히 철거에 동의할 이유가 없고(원고로서는 아직 토지의 소유권을 취득한 것도 아니어서 건물소유자와 협의를 한다는 것은 생각하기 어려움), 철거방법이 반드시 건물소유자와 합의가 되어야만 하는 것도 아니며 철거소송을 통해서도 얼마든지 철거가 가능하며, 피고의 주장대로 이사건 건물 중 주택이 불법건축물에 해당한다면 소송이 아니라 피고 행정청의 철거계고처분 등 행정조치에 따라 농지로 원상회복이 용이하게 이루어질 수 있다고 사료됩니다.

한편, 원고가 이미 이사건 토지의 소유권을 취득하였다면 불법건축물의 철거계고처분을 위한 민원 신청을 하였을 것이나, 아직 취득전이어서 민원신청을 할 자격이 없다 할 것이나, 피고는 민원제기가 들어올 것을 기다릴 것 없이 불법 건축물의 존재를 알았다면 직권으로 철거 계고처분의 행정조치를 단행할 의무가 있습니다.

4. 선행된 매각불허가 결정에 관하여

가. 선행 낙찰 및 농지취득자격증명 반려처분

원고는 이사건 소송 진행 중, 최근에 법원경매계 및 경매신청채권자 등을 만나서 다음과 같은 사실을 확인하였습니다.

이사건 부동산에 대하여 실시된 2019. 12. 9. 매각기일에 소외 구선○이 낙찰을 받았고, 소외인이 곧바로 피고에게 농지취득자격증명을 신청하였는데, 피고는 2019. 12. 11.에 농지취득자격증명발급신청 반려처분을 하였고, 그 반려사유로 [농지법상 농지에 해당되지 아니함] 이라고 기재하였고, 그 당시 담당 직원도 현재와 동일하게 [산업계장 한계수] 입니다(갑제14호증 농지취득자격증명신청 반려처분 참조).

위와 같은 반려사유는 부동산등기법 및 등기실무 상 농지취득자격증명을 첨부하지 아니하고 소유권이전등기를 신청할 수 있습니다(갑제15호증 등기선례 참조).

나. 매각불허가 결정

따라서 위 반려처분을 소외인이 법원에 제출하였으므로 아무런 조건없이 매각허가결정을 받았어야 하는데, 법원의 담당 공무원과 사법보좌관이 부동산등기법 및 위 등기선례 등 실무를 알지 못하고, 만연히 농지취득자격증명 미제출을 원인으로 매각불허가 결정을 하였으며, [농지취득자격증명이 필요없는 부동산에 대하여 그 제출을 조건으로 하여 매각절차가 진행된 절차상 하자가 있으므로 민사집행법 제121조 5호, 제123조 제2항에 따라 불허가한다]

라고 불허가 사유를 기재하였습니다(갑제16호증 매각불허가결정 참조).

위 불허가 결정 사유에 따른다면, 나중에 진행된 원고가 낙찰받은 매각기일에는 매각물건명세서에 농지취득자격증명의 발급 및 제출이 필요없는 부동산이라고 명시 되었어야 마땅하나, 동일하게 농지취득자격증명의 제출을 조건으로 하여 매각절차가 진행되었습니다.

다. 사실조회의 실시

왜 위와 같이 변동없이 차후 절차가 진행된 것인지에 관하여 원고가 알아본 바에 의하면, 위 매각불허가 결정은 2019. 12. 26.에 있었는데, 그 3일 전인 2019. 12. 23. 에 사법보좌관 이성○ 명의로 법원에서 피고에게 사실조회서(갑제17호증 사실조회서 참조)를 발송하였고, 이에 대하여 매각불허가결정이 난 이후인 2020. 1. 3.에 피고가 회신서를 제출하였는 바, 그 회신의 요지는 [농지법상 농지에 해당하고, 농지취득자격증명을 발급하여야 취득할 수 있으며, 현 상태에서는 발급불가하며 원상복구가 필요함] 이라고 기재되어 있습니다(갑제18호증 사실조회회신서 참조).

라. 피고의 일관성 없는 입장

피고는 분명 2019. 12. 11. 자 반려처분에서 [농지법상 농지에 해당하지 않는다]라고 기재해 놓고 얼마 지나지 않아 다시 입장을 바꾸어 [농지법상 농지에 해당한다]라고 정반대의 해석을 내 놓았습니다.

피고의 담당직원이 정말 농지법과 부동산등기법을 정확히 알고 일처리를 하고 있는지 의심스럽습니다.

피고는 위와 같이 입장을 번복한 이유에 대해 분명한 설명을 해야 하고, 건축물대장 상 합법적인 건물이 왜 농지법상 불법에 해당하는지에 대하여노 정확한 근거를 제시해야 할 것입니다.

건축법상 합법적 건물이 존재한다면, 그 농지는 사실상 장시간에 걸쳐 건축법상 합법적 건물을 위한 대지로 이용되어 온 것이므로 [농지법상 농지에 해당하지 않게 되었다]고 보아야 할 상황이지 선행해서 철거를 해야 한다는 피고의 처분은 국민 개인의 재산권을 침해하는 위법한 처분입니다.

5. 결어

위와 같이 피고의 주장은 입장을 번복하는 등 그 신빙성이 의심되며, 건축물대장 상 합법적 건물을 불법이라고 하는 근거도 없는 억지 주장에 불과하므로 원고의 청구취지 대로 판결하여 주시기 바랍니다.

입증방법

1. 갑제14호증   농지취득자격증명신청 반려처분
1. 갑제15호증   등기선례
1. 갑제16호증   매각불허가결정
1. 갑제17호증   사실조회서
1. 갑제18호증   사실조회회신서

첨부서면

1. 위 입증방법   2통
1. 준비서면 부본   1통

2020. 8.   .

위 원고 주광●

대전지방법원   귀중

대 전 지 방 법 원

제 2 행 정 부

판 결

사　　　건	2020구합 ███ 농지취득자격증명신청반려처분취소
원　　　고	주광█
	김포시 김포한강8로 ███ ████ ████ ·· ████ ████████
	송달장소 평택시 ████ ████ ████ ████
	(송달영수인 법무사 유종█)
피　　　고	논산시 연무읍장
	소송수행자 양응█
변 론 종 결	2021. 4. 22.
판 결 선 고	2021. 5. 13.

주 　 문

1. 피고가 2020. 3. 24. 원고에 대하여 한 농지취득자격증명신청 반려처분을 취소한다.

2. 소송비용은 피고가 부담한다.

청 구 취 지

주문과 같다.

이　유

1. 처분의 경위

가. 원고는 2020. 3. 23. 대전지방법원 논산지원 2019타경███ 부동산임의경매사건에서 충남 논산시 연무읍 마산리 8█-1 답 1,655㎡ 및 마산리 61█-8 답 1,008㎡(이하 합하여 '이 사건 토지'라 한다)에 관하여 최고가 매수신고인이 된 사람이다.

나. 원고는 2020. 3. 23. 피고에게 이 사건 토지에 관한 소유권을 취득하기 위하여, 취득자 구분란을 '신규영농', 취득목적란을 농업경영으로 표기하여 농지취득자격증명의 발급을 신청하였다.

다. 피고는 2020. 3. 24. 원고에게 아래와 같은 이유로 농지취득자격증명의 발급신청을 반려하는 처분(이하 '이 사건 처분'이라 한다)을 하였다.

[근거법령]
농지법 제8조, 동법 시행령 제7조, 동법 시행규칙 제7조, 발급심사요령 제8조, 제9조
[반려사유]
O 신청대상 농지를 취득하려는 경우에는 농지취득자격증명을 발급받아야 하는 농지법상 농지이나 불법으로 형질변경 또는 불법건축물이 있어 농업경영 등에 이용하기 어려운 상태로 복구가 필요하며 현 상태에서는 농지취득자격증명을 발급할 수 없음
O "농지원상복구계획서"의 내용이 농지로의 복구 등 실현가능성 없음
[대　안]
O 현재 사용하고 있는 목적에 맞춰 지목변경하거나 농지로 복구하고 농지취득자격증명을 신청하여야 함

[인정근거] 다툼 없는 사실, 갑 제1호증의 1, 2, 제2, 5호증, 을 제1, 3, 4, 5호증의 각 기재, 변론 전체의 취지

2. 이 사건 처분의 적법 여부

가. 원고의 주장

피고는 이 사건 토지가 농지법상 농지이나 불법으로 형질변경되었거나 불법건축물이 있어 농업경영 등에 이용하기 어려운 상태여서 복구가 필요하다는 이유를 들어 원고의 농지취득자격증명 발급신청을 반려하였다. 피고는 불법건축물에 대한 철거 등을 실행할 권한이 있고 원고로부터 원상복구계획서를 제출받고 자격증명을 발급할 수 있었음에도 불구하고 단순히 위와 같은 이유만으로 원고의 농지취득자격증명 발급신청을 반려한 이 사건 처분은 위법하다.

나. 관련 법령

별지 관련 법령 기재와 같다.

다. 판단

1) 농림축산식품부 예규인 '농지취득자격증명 발급심사요령' 제9조 제3항 제4호는 농지법을 위반하여 불법으로 형질변경된 농지에 대한 농지취득자격증명의 발급을 신청받은 경우 자격증명 미발급 사유로 '신청대상 농지는 취득 시 농지취득자격증명을 발급받아야 하는 농지이나 불법으로 형질이 변경된 부분에 대한 복구가 필요하며 현 상태에서는 농지취득자격증명을 발급할 수 없음'이라고 기재하도록 규정하고 있고, 피고는 위 조항 등을 근거로 이 사건 토지에 불법으로 형질변경된 부분 및 불법건축물이 있어 이에 대한 복구가 필요하다는 이유로 이 사건 처분을 하였다.

2) 그러나 앞서 든 증거들 및 갑 제3호증의 1, 2, 제4, 6, 7, 8호증, 제10호증의 1, 2의 각 기재, 변론 전체 취지를 더하여 알 수 있는 다음과 같은 사정들을 종합하여 보면, 피고가 원고에게 농지취득자격이 있는지 여부를 실질적으로 심사하지 않은 채 단순히 이 사건 토지가 원상복구되지 않았다는 이유만으로 원고의 농지취득자격증명의 발급신청을 반려한 이 사건 처분은 위법하다고 봄이 타당하다.

가) 우리 헌법은 경자유전의 원칙을 선언하고(헌법 제121조), 농지법은 이를 구현하기 위하여 농지의 보전, 소유, 이용에 관한 기본이념을 천명하고(농지법 제3조), 국가와 지방자치단체로 하여금 위와 같은 기본이념의 실현을 위한 시책을 수립하고 시행할 의무를 부과하고 있다(농지법 제4조).

이에 따라 농지법은 원칙적으로 자기의 농업경영에 이용하지 않은 자는 농지를 소유하지 못하도록 하고(제6조 제1항), 예외적인 경우 한정적으로 농업경영에 이용하지 않더라도 농지를 소유하도록 허용하고 있다(제6조 제2항). 또한 농업경영에 이용하지 않은 농지 등의 처분(제10~12조), 농지의 전용허가 제한(제34조, 제37조), 농지의 지목변경 제한(제41조), 원상회복(제42조) 등의 규정을 통해 헌법상 경자유전의 원칙을 관철하고 농지를 보전하도록 하고 있다.

농지취득자격증명은 위와 같은 헌법, 농지법 등의 규정에 따라 농지를 취득하려는 자가 농지를 취득할 자격이 있는지 여부를 적극적으로 심사함으로써 농지에 관한 기본이념을 구현하기 위한 제도라고 볼 수 있다. 따라서 농지취득자격증명은 취득하려는 토지가 농지인 이상 취득 대상 농지의 상태보다도 본질적으로 농지를 취득하려는 자에게 농지취득자격이 있는지 여부에 중점을 두고 심사하는 제도이고 위와 같은 방향으로 제도가 운용되는 것이 적절하고 바람직하다.

나) 농지법 제8조 제1항 본문은 농지를 취득하려는 자는 농지 소재지를 관할하는 시장, 구청장, 읍장 또는 면장에게서 농지취득자격증명을 발급받아야 한다고 규정하고 있고, 농지법 제6조 제1항은 농지는 자기의 농업경영에 이용하거나 이용할 자가 아니면 소유하지 못한다고 규정하면서, 같은 조 제2항에서는 위 제1항에도 불구하고 주말·체험영농(농업인이 아닌 개인이 주말 등을 이용하여 취미생활이나 여가활동으로 농작물

을 경작하거나 다년생식물을 재배하는 것을 말한다)을 하려고 농지를 소유하는 경우(제3호) 등에는 농지를 소유할 수 있다고 규정하고 있다. 또한 농지법 시행령 제7조 제2항은 시·구·읍·면의 장은 농지취득자격증명의 발급신청을 받은 때에는 농지법 제6조 제1항이나 제2항 제2호·제3호·제7호 또는 제9호에 따른 취득 요건에 적합할 것(제1호), 농업인이 아닌 개인이 주말·체험영농에 이용하고자 농지를 취득하는 경우에는 신청 당시 소유하고 있는 농지의 면적에 취득하려는 농지의 면적을 합한 면적이 농지법 제7조 제3항에 따른 농지의 소유상한(총 1천 제곱미터 미만) 이내일 것(제2호), 농업경영계획서를 제출하여야 하는 경우에는 그 계획서에 농지법 제8조 제2항 각 호의 사항이 포함되어야 하고, 그 내용이 신청인의 농업경영능력 등을 참작할 때 실현가능하다고 인정될 것(제3호) 등의 요건에 적합한지 여부를 확인하여 농지취득자격증명을 발급하여야 한다고 규정하고 있다. 또한 농지법 시행령 제7조 제3항의 위임에 따라 농지법 시행규칙 제7조 제3항은 농업경영계획서를 제출하여야 하는 경우에 있어서의 농지취득자격의 확인기준 등에 관한 세부사항을 규정하고 있다.

위와 같은 관련 규정의 내용 및 취지를 고려할 때 피고는 농지취득자격증명 발급신청을 받는 경우 대상 토지가 농지법 제2조 제1호의 농지[1])에 해당하는 이상, 위 농지법 제8조 제1항, 제2항 및 농지법 시행령 제7조 제2항, 농지법 시행규칙 제7조 제3항 등에 따라 그 신청인에게 농지취득자격이 있는지를 심사하여 농지취득자격증명의 발급 여부를 판단하여야 한다.

다) 원고가 취득자의 구분을 신규영농으로 취득목적을 농업경영으로 기재하여 피고에게 농지취득자격증명의 발급신청을 한 점은 앞서 본 바와 같다. 그런데 농지법 제8

---

1) 원고는 이 사건 토지가 농지법상 농지에 해당함을 전제로 하여 이 사건 처분의 취소를 구하고 있고, 피고 역시 이 사건 토지가 농지에 해당함을 전제로 하여 이 사건 처분을 한 것이므로, 이 사건 토지가 농지인 점에 관하여 다툼이 없다.

조, 농지법 시행령 제7조 제2항 각 호의 규정 등을 종합하면, 취득자의 구분 및 취득목적에 따라 농지취득자격의 요건이 상이하므로, 피고로서는 원고의 취득자 구분 및 취득목적을 명확히 하여 그에 따른 원고의 농지취득자격 요건의 구비 여부를 확인하였어야 한다. 즉, 원고가 취득하려는 이 사건 토지의 면적은 합계 2,663㎡로 상당한 면적에 해당하고, 원고는 41세로 이 사건 토지로부터 약 200㎞ 떨어진 경기도 김포시에 거주하고 있고 자영업에 종사하면서 자기노동력으로 농업경영을 한다고 기재되어 있는바(농업경영을 위한 기계·장비의 확보 방안에 관하여는 아무런 기재가 없다), 피고로서는 농지법 시행규칙 제7조 제3항 각 호에 규정된 위와 사정들을 종합적으로 고려하여 원고에게 농지취득자격을 발급할 수 있는지 여부를 심사했어야 할 것이다. 여기에서 이 사건 토지의 농지로의 복구가능성은 위 시행규칙 제7조 제3항 제5호에 기재된 취득대상 토지의 상태에 관한 고려요소 중의 하나에 불과하다. 그럼에도 불구하고 피고가 원고의 취득자 구분 및 취득목적을 명확히 하여 그에 따른 실질적인 심사를 하였다고 볼 만한 자료가 없다.

라) 앞서 본 농지취득자격증명 발급심사요령은 불법으로 형질변경된 농지에 대한 농지취득자격증명 발급신청에 대하여 원상복구를 이유로 그 발급신청을 반려하도록 규정하고 있기는 하나, 위 농지취득자격증명 발급심사요령은 농지취득자격증명 발급기준이나 절차에 관한 행정기관 내부의 사무처리준칙을 정한 것에 불과하여 대외적으로 국민이나 법원을 구속하는 법규로서의 효력이 있다고 보기는 어렵다.

마) 또한 이 사건 토지가 농지로서 원상복구되지 않았다는 이유만으로 농지취득자격증명의 발급신청을 반려하는 것은, ① 농지를 취득하려고 하는 자는 소유권을 취득하기 전에는 원상복구를 할 수 있는 법적 권원이 없어 소유자가 스스로 원상복구를 하지

아니하는 이상 아무런 조치를 취할 수 없는 점, ② 더구나 이 사건과 같이 경매절차를 거쳐 농지 소유권이 이전되는 경우에는 소유자의 자진 원상복구를 기대하기 어려우므로, 피고와 같은 처분청이 농지취득자격증명이 필요한 농지라고 하면서도 불법 형질변경을 이유로 농지취득자격증명의 발급신청을 반려한다면 매각 자체가 허가되지 아니하여 경매절차가 계속 공전될 수밖에 없어 농지의 담보권자가 담보농지를 환가할 수 없게 되는 점, ③ 농지가 불법 형질변경된 경우 관할청은 행위자에게 원상회복을 명하고 이를 이행하지 않을 경우 대집행으로 원상회복하는 등 불법행위를 단속할 의무가 있음에도 이를 하지 않은 채, 오히려 불법 형질변경이 있다는 이유로 최고가 매수신고인의 농지취득자격증명 발급신청을 거부하는 것은 행정청이 스스로 하여야 할 의무이행을 경매라고 하는 우연한 기회를 이용하여 최고가 매수신고인에게 전가시키는 것인 점 등을 종합하여 볼 때, 적법하다고 보기 어렵다.

3. 결론

그렇다면 원고의 청구는 이유 있어 이를 인용하기로 하여 주문과 같이 판결한다.

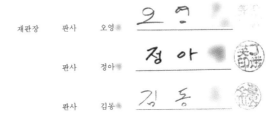

재판장 판사 오영○

판사 정아○

판사 김동○

영농여건불리 농지

  지목이 전인 1○6-1번지의 한 번지의 농지이며 불법 건물이 건축되어 있는 부분의 토지는 높이가 낮으며 불법 건축물에 거주자가 있기에 사후복구로는 농지취득자격증명원 발급이 안 된다. 그러나 토지이용계획확인원에 영농여건불리 농지로 되어 있어 농지취득자격증명원은 무조건 해준다.

  그러나 경매에 나온 농지는 지적도상 도로가 없는 맹지이나 현황도로만 있다. 따라서 현황도로로 건축허가 가능 여부와 농지취득자격증명원 발급 두 가지의 문제에 의해 6차까지 떨어진 것으로 생각된다.

📄 관련 법규

가평군 건축법 제26조 도로의 지정

제45조 제1항 제2호에 따라 주민이 오랫동안 통행로로 이용하고 있는 사실상의 통로로서 다음 각 호의 어느 하나에 해당하는 경우에는 이해관계인의 동의를 받지 아니하고 위원회의 심의를 거쳐 도로로 지정할 수 있다. 〈개정 2014. 4.18.〉

4. 사실상 주민이 사용하고 있는 통로로써 같은 통로를 이용해 허가(신고)된 사실이 있는 건물의 진·출입로

건축법 조례를 보면 독자들도 가평군청에서 현황도로를 이용해 정식 건축허가가 난 건물이 있는지를 가평군청에서 알아보면 이 물건의 현황도로를 이용해 건축허가가 가능한지 바로 알아볼 수 있다.

📋 권리분석

- 건축물 매각 제외
- 지목이 전인 토지의 농지취득자격증명원 제출
- 지목이 전인 토지에 불법 건축물이 존재하며 거주자 있음

2012 타경 38○○○ (임의)	물번2 [배당종결] ∨		매각기일 : 2013-06-27 10:30~ (목)		경매2계 031-828-0322
소재지	(○○○○○) 경기도 가평군 설악면 회곡리				사건접수 2012-08-22
	[도로명주소] 경기도 가평군 다락재로				
물건종별	전	채권자	가평군농업협동조합	감정가	106,856,000원
토지면적	722㎡ (218.4평)	채무자	문○심	최저가	(33%) 35,014,000원
건물면적		소유자	문○심	보증금	(10%)3,502,000원
제시외면적		매각대상	토지매각	청구금액	103,446,047원
입찰방법	기일입찰	배당종기일	2012-11-15	개시결정	2012-08-23

기일현황

회차	매각기일	최저매각금액	결과
신건	2013-01-03	106,856,000원	유찰
2차	2013-02-07	85,485,000원	유찰
3차	2013-03-14	68,388,000원	유찰
4차	2013-04-18	54,710,000원	유찰
5차	2013-05-23	43,768,000원	유찰
6차	2013-06-27	35,014,000원	매각

여양○/입찰10명/낙찰46,010,000원(43%)
배당종결된 사건입니다.

🔲 물건현황/토지이용계획	🔲 면적(단위:㎡)	🔲 임차인/대항력여부	🔲 등기부현황/소멸여부
'회곡2리 마을회관'북서측 인근에 위치 주위는 농경지 농가주택 전원주택 주거나지 등 형성 차량출입 가능한 남동측 인근 간선도로변에 버스정류장이 소재 등 대중교통 여건은 보통 남하향 완경사지대에 자체지반 평탄한 부정형 토지 지적도상 맹지이나 남동측 차량통행 가능한 현황도로에 접 있음 계획관리지역(회곡리 1▒1-6) 농지취득자격증명원 제출요함. 지적도상 맹지임. 🔲 토지이용계획/공시지가 🔲 부동산정보 통합열람 🔲 감정평가서	**[토지]** 회곡리 1▒1-6 전 722 (218.4평)	배당종기일 : 2012-11-15 최○구 : ? 전입 : 1988-02-16 확정 : 없음 배당 : 없음 차임 : 80,000원 점유 : 목록2의 일부 현황조사 권리내역 맹○재 : ? 사업 : 2003-02-08 확정 : 없음 배당 : 없음 점유 : 현황조사 권리내역 🔲 매각물건명세서 🔲 예상배당표 - 최○구 = 맹○재.최○구: 주민등록상 주소지는 설악면 회곡리 1▒1-7번지임.	소유권 이전 1971-03-13 토지 김○상 보존 소유권 이전 2009-12-04 토지 문○심 (거래가) 174,400,000원 매매 (근)저당 토지소멸기준 2009-12-04 토지 가평군농업협동조합 95,200,000원 지상권 소멸 2009-12-04 토지 가평군농업협동조합 (근)저당 소멸 2011-08-05 토지 박○하 45,000,000원 임의경매 소멸 2012-08-23 토지 가평군농업협동조합 청구 : 103,446,047원 2012타경36▨8(배당종결) ▷ 채권총액 : 140,200,000원 🔲 등기부등본열람 토지열람 : 2012-12-20

감정평가현황 경복감정

가격시점	2012-09-03
감정가	106,856,000원
토지	(100%) 106,856,000원

명세서 요약사항 ▸ 최선순위 설정일자 2009.12.04. 근저당권

매각으로 소멸되지 않는 등기부권리	해당사항 없음
매각으로 설정된 것으로 보는 지상권	해당사항 없음
주의사항 / 법원문건접수 요약	농지취득자격증명원 제출요함. 지적도상 맹지이나 남동측으로 차량통행 가능한 현황도로에 접해 있음. 공부상 지목은 '전'이나 남측부분 인접필지(회곡리 1▒1-7) 양지상 타인소유의 제시외건물 블럭조 슬라브지붕 주택 약90㎡ 소재함(법정지상권 성립불명). 2013-01-08 채권자 가평군농업협동조합 신청취하서 제출

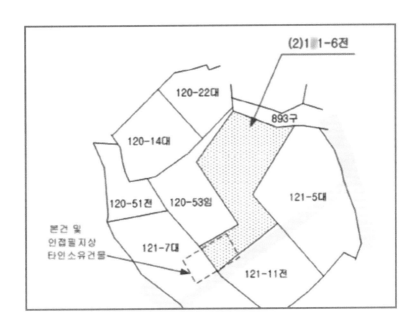

| 소재지 | 경기도 ▼ | 가평군 ▼ | 설악면 ▼ | 회곡리 ▼ | 일반 ▼ | 1▒1 – 6 | 열람 |

🔍 도면 크게보기   🖨 인쇄 ▼   행위제한열람 | 인터넷등기소

| 지목 | 전 | 면적 | 722 ㎡ |
| 개별공시지가 (㎡당) | 59,500원 (2014/01) | | |

지역지구등 지정여부	「국토의 계획 및 이용에 관한 법률」에 따른 지역·지구등	계획관리지역( )
	다른 법령 등에 따른 지역·지구등	자연보전권역<수도권정비계획법>,배출시설설치제한지역( )<수질 및 수생태계 보전에 관한 법률>,수질보전특별대책지역(2권역)<환경정책기본법>
	「토지이용규제 기본법 시행령」 제9조제4항 각 호에 해당되는 사항	영농여건불리농지

확인도면

범례

☐ 계획관리지역
☐ 농림지역
☐ 자연보전권역
☐ 접도구역
☐ 도로구역
☐ 배출시설설치제한지역
☐ 수질보전특별대책지역
☐ 준보전산지
☐ 임업용산지
☐ 소로2류(폭 8M~10M)
☐ 법정동

축척 1/ 1200 축척변경

매각허가 기일 허가 변경신청 및 행정소송

지곡면에서 예전에도 행정 소송을 했다며 농취증 발급을 거부했다.

📋 **권리분석**

- 토지 3필지의 1/8지분 매각
- 3필지 중 2필지는 전으로 농지취득자격증명 필요.
- 30○-13은 지목이 대지이며, 30○-2는 현재 농사를 짓고 있으므로 농취증 발급에는 지장 없음.
- 30○-3의 토지는 여러 건물이 건축되어 있으며 건축물대장이 없고, 농취증 발급 불가 농지임.

2017 타경 111●● (강제)		물번2 [배당종결] ✓		매각기일 : 2019-10-15 10:00~ (화)		경매5계 041-660-0695
소재지	(●●●●) 충청남도 서산시 지곡면 화천리 ●●●-● ●●●● [도로명] 충청남도 서산시 화천2길 ●●					
용도	전	채권자	지○○○○○○	감정가		120,631,960원
지분토지	398.26㎡ (120.47평)	채무자	오○○	최저가		(24%) 28,963,000원
건물면적		소유자	오○○○○	보증금		(10%) 2,896,300원
제시외		매각대상	토지지분매각	청구금액		60,850,757원
입찰방법	기일입찰	배당종기일	2018-03-13	개시결정		2017-12-20

기일현황 ▼ 간략보기

회차	매각기일	최저매각금액	결과
신건	2018-05-01	120,631,960원	유찰
2차	2018-06-12	84,442,000원	유찰
3차	2018-07-17	59,109,000원	유찰
4차	2018-08-28	41,376,000원	매각
서은○/입찰1명/낙찰46,120,000원(38%)			
	2018-09-04	매각결정기일	불허가
신건	2019-05-21	120,631,960원	유찰
2차	2019-06-25	84,442,000원	유찰
3차	2019-07-30	59,109,000원	유찰
4차	2019-09-03	41,376,000원	유찰
5차	2019-10-15	28,963,000원	매각
김주○외1/입찰2명/낙찰42,000,000원(35%)			
	2019-10-22	매각결정기일	변경
5차	2020-09-24	매각결정기일	허가
	2020-10-30	대금지급기한 납부 (2020.10.29)	납부

소멸되지 않는 등기부권리	해당사항없음
설정된 것으로 보는 지상권	매각에서 제외되는 제시외 건물을 위하여 법정지상권 성립 여지 있음.
주의사항 / 법원문건접수 요약	- 일괄매각. - 목록(3) 지목은 농지이나 농지법에 의한 농지에 해당하지 않으므로 농지취득자격증명원 제출 불요. - 목록(6) 농지취득자격증명원 제출 요.(미제출시 보증금 몰수) - 목록(6) 불법으로 형질 변경 또는 불법건축물이 있어 농업경영 등에 이용하기 어려운 상태로 건축물의 일부 점유부분에 대하여 복구가 필요하고, 발급기관의 농지취득자격증명원 반려처분이 있는 경우 행정소송을 제기하여 취득 요함. - 공유자우선매수청구권행사 1회로 제한. - 목록(3) 지상 제시외 건물 및 비닐하우스 매각에서 제외. - 목록(3, 6) 지상 수목(감나무, 매실나무 등) 매각에서 제외. 2019-10-25 채권자 지○○○○○○○ 경매신청(일부)취하서 제출 ※본 사건의 등기부현황(건물/토지)은 대표번지에 대한 등기부현황으로 입찰에 참여하실경우 나머지 필지에 대한 등기부문을 발급하셔서 소멸기준 권리를 확인하시기 바랍니다.

📷 물건현황/토지이용계획	📐 면적(단위: ㎡)	📋 임차인/대항력여부	📋 등기사항/소멸여부
부설초등학교 남측 인근에 위치	**【(지분)토지】**	배당종기일 : 2018-03-13	소유권(지분) 이전
주위는 단독주택 및 전 답 등의 농경지, 자연림, 근린생활시설 등이 혼재	화천리 30◯-3 전 계획관리지역	박○○ 있음	1998-02-03 토지 오○○○○○
본건 및 본건 인근까지 차량 접근 가능하며, 인근에 간선도로가 소재하고, 도보로 5분 내외 버스정류장에 도달하는 등 제반 교통상황은 보통	295.88㎡ (89.5평) 현황 '단독주택 및 상업용부지 및 일부 도로' 2367면적중 오세 현지분 295.88전부	전입 : 1968-11-20 확정 : 없음 배당 : 없음 보증 : 미상 점유 : 미상 99다25532 판례보기 04다26133 판례보기	협의분할에의한 상속 가압류(지분) 토지 소멸기준 2010-10-21 토지 지○○○○○○ 393,033,440원
대체로 기호3,6)부정형 및 기호5)삼각형의 평지	화천리 30◯-13 대지 계획관리지역		가압류(지분) 소멸
기호3)남측 및 북측으로 왕복2차선 아스콘 포장도로에 폭 약3M 내외 포장도로에 각각 접하며, 본건 일부 도로로 이용 중임	2㎡ (0.6평) 현황 '근린생활시설부지 및 일부 도로' 2367면적중 오세현지분 295.88전부	전액매수인 인수예상	2012-03-06 토지 하○○○ 14,620,788원 오세○지분
기호5)서측으로 폭 약3M 포장도로(기호3)에 접하며, 본건 일부 도로로 이용 중임	화천리 30◯-2 전 계획관리지역	이○○ 전입 : 1973-02-05	압류(지분) 소멸 2014-06-11 토지
기호6)지적상 맹지이며, 인접필지를 통해 접근 가능함	100.38㎡ (30.36평) 현황 '일부 단독주택부지' 2367 면적중 오세현지분 295.88전부	확정 : 없음 배당 : 없음 보증 : 미상 점유 : 목록(3) 99다25532 판례보기 04다26133 판례보기	서○○○ 오세○지분 강제경매(지분) 소멸 2017-12-20 토지
계획관리지역 (화천리 30◯-3)	**【제시외】**		청구 : 60,850,757원 오세○지분
계획관리지역 (화천리 30◯-13)	화천리 30◯-3 (ㄱ) 수목 제외 감나무등	전액매수인 인수예상	▷ 채권총액 : 407,654,228원
계획관리지역 (화천리 30◯-2)	화천리 30◯-2 (ㄴ) 수목 제외 매실나무등	조○○ 있음 전입 : 1983-05-11	
※ 감정평가서상 제시외건물가격이 명시되어있지않음. 입찰시 확인요함.	화천리 30◯-3 (ㄷ) 비닐하우스1동 제외	확정 : 없음 배당 : 없음 보증 : 미상 점유 : 목록(3) 99다25532 판례보기 04다26133 판례보기	📋 등기사항증명서 토지열람 : 2019-04-30
📄 토지/임야대장	미상		
📄 토지이용계획/공시지가	화천리 30◯-3 (ㄹ) 건물10동 제외	전액매수인 인수예상	
📄 부동산정보 통합열람	미상	장○○ 있음	
📄 감정평가서		전입 : 1984-10-31 확정 : 없음	
📷 감정평가현황 프라임감정			

매각허가 결정기일 연기 신청서

사　　건　　　2017 타경 ▧▧▧ 부동산강제경매
채 권 자　　　지곡단위농업협동조합
채무자겸 소유자　오세▧

최고가매수신고인　김주▧, 김성▧

위 사건과 관련하여 최고가 매수신고인 김주▧과 김성▧은 2019. 10. 22.로 예정된 매각허가 결정 기일에 대하여 다음과 같은 사유로 기일 연기를 신청하오니 허가하여 주시기 바랍니다.

- 다　　음 -

1. 매각불허가 사유

위 사건의 매각대상 토지 중 화천리 30▧-2, 화천리 30▧-3 두 개 번지는 지목이 농지여서 지곡면에 농지취득자격증명 발급을 신청하였으나, 지곡면으로부터 수령한 농지취득자격증명 반려처분의 반려사유를 보건데, 30▧-3번지 토지에 대하여는 농지법상 농지에 해당되지 않는다는 사유여서 등기촉탁에 문제가 없으나, 30▧-2번지 토지에 대하여는 불법건축물이 존재하여 원상복구를 먼저 하지 않는 한 농취발급이 불가하다는 사유를 들고 있어 등기가 불가능한 상황으로 매각불허가 결정이 예상되고 있습니다.

2. 지곡면의 행정 착오

지곡면은 신청인들의 농지취득자격증명 발급신청에 대해, 화천리 30■-2번지 토지(이하 '이사건토지'라 함)가 농지법상 농지임을 전제로 반려하면서 그 사유로 해당토지의 지상에 불법 건축물 등이 존재하여 자격증명의 발급이 불가하다고 기재하였으나, 이는 명백한 행정착오라 하지 않을 수 없습니다. 만약, ① 원상복구가 불가한 상황이라면 농지법상 농지에 해당하지 않음이 명백하여 "해당 토지는 농지법상 농지에 해당하지 않는다"는 반려문구가 들어가야 하고, ② 농지법상 농지에 해당함이 분명하고, 농지로의 원상복구가 가능하다면, 원상복구를 조건으로 농지취득자격증명을 발급해야 합니다. 원상복구계획서를 제출하면 농지취득자격증명 발급이 가능한지 문의하였으나 지곡면에서는 무조건 불가하다고 하면서, 이미 몇차례 반려를 한 마당에 이제와서 입장을 바꿀 수도 없다고 합니다.
③ 지곡면의 반려처분은 원상복구의 의무가 없는 최고가 매수신고인에게 의무를 지우는 부당한 처분이므로, 다음 하급심 판례와 같이 원상복구를 조건으로 농지취득자격증명을 발급하는 것이 당연한 행정조치라 할 것입니다.

토지의 불법 형질변경을 이유로 농지취득자격증명의 발급을 거부할 수 있는지에 관하여 보건대, 경매절차를 통하여 위 토지를 낙찰받기 위하여 농지취득자격증명을 발급받으려는 자는 위 토지를 낙찰 받아 소유권을 취득하기 전에는 원상회복 등의 조치를 할 아무런 권원이 없으므로 그에게 형질 변경된 부분의 복구를 요구한다는 것은 법률상 불가능한 것을 요구하는 것인 점, 불법적으로 형질 변경된 농지에 대하여 농지취득자격증명의 발급을 거부한다면, 농지의 소유자가 농지를 금융기관에 담보로 제공한 후 농지를 불법으로 형질변경하거나 지상에 무허가건물을 짓는 경우에는 스스로 원상복구하지 않는 한 제3자가 이를 경락받지 못하므로 담보물권자는 농지를 환가할 수 없게 되는 점 등을 참작하면, 불법으로 형질 변경된 위 토지에 대하여는 농작물의 재배가 가능한 토지로 원상 복구된 후에 농지취득자격증명의 발급이 가능하다는 피고의 처분사유는 적법한 것이라 할 수 없다. 원고들이 위 토지를 취득한 다음 관할 관청에서 그 원상회복을 위한 행정조치를 취하는 것은 별개의 문제이다(부산고등법원 2006. 12. 22. 선고 2006누1791 판결).

3. 행정소송 제기 예정

위와 같은 사정으로 신청인들은 지곡면을 상대로 위 농지취득자격증명 반려처분 취소를 구하는 행정소송을 제기하기 위하여 현재 준비 중에 있습니다. 신청인들이 행정소송에서 승소할 경우 지곡면으로부터 농지취득자격증명을 발급하여 귀원에 제출하겠습니다.

4. 결어

이 사건 강제경매에서 최고가매수신고인들이 농지취득자격증명을 제출하지 못한 사유는 매수신고인의 잘못이 아니라, 지곡면의 행정착오에 기인한 것이 명백하므로, 행정소송의 결과가 나오기까지 이사건의 매각허가결정 기일을 연기해 주시기를 청하오니 재가하여 주시기 바랍니다.
차후 행정소송을 제기하고 사건번호가 나오면 사건검색표와 소장부본을 귀원에 제출하겠습니다.

첨부서류

1. 농지취득자격증명 신청 반려 통지서   2통
1. 하급심 판례   1통

서 산 시 지 곡 면

수신 경기도 과천시 부림로 ▨ ▨-▨ ▨▨▨ 김주▨ 귀하

(경유)

제목 농지취득자격증명 신청 미발급 통보(서산시 지곡면 화천리 30▨-2)

1. 귀 기정에 건강과 행운이 항상 함께 하시길 기원합니다.

2. 귀하께서 2019년 10월 17일 신청하신 서산시 지곡면 화천리 30▨-2번지 농지취득자격증명 신청은 농지법 제8조, 농지법시행령 제7조, 농지취득자격증명발급심사요령 제9조에서 정한 규정에 의해 자격증명 미발급 사유에 해당되는 농지로

3. 신청대상 농지는 취득 시 농지취득자격증명을 발급받아야 하는 농지이나 불법으로 형질이 변경되었거나 불법건축물이 있는 부분에 대한 복구가 필요하며 현 상태에서는 농지취득자격증명을 발급할 수 없어, 농지취득자격증명을 미발급하오니 양지하여 주시기 바랍니다.

4. 또한 함께 신청된 화천리 30▨-3번지의 경우 국토지리정보원의 1967년 9월 12일 촬영한 항공사진과 2018년 재산세(건물) 과세대장의 건물현황에 의거 1973년 이전에 이미 건축물이 존재하고 있음이 확인되어 농지법에 의한 농지에 해당되지 않고 있어 농지취득자격증명 발급이 필요하지 않습니다.

5. 미발급에 대한 이의가 있을 경우 민원사무처리에 관한 법률 제35조의 규정에 따라 거부처분을 받은 날부터 60일 이내에 문서로 이의신청을 할 수 있으며,

6. 민원사무처리에 관한 법률 제35조의 규정에서 정한 이의신청 여부와 관계없이 행정심판법 제27조 규정에 따라 위 처분이 있음을 알게 된 날로부터 90일 이내 또는 위 처분이 있었던 날부터 180일 이내에 충청남도지사 또는 서산시장에게 행정심판을 제기할 수 있으며,

7. 행정소송법 제20조의 규정에 따라 처분 등이 있음을 안 날로부터 90일 이내 또는 처분 등이 있는 날로부터 1년 이내에 대전지방법원에 행정소송을 제기할 수 있음을 알려드립니다. 끝.

- 1 -

서 산 시 지 곡 면

수신 경기도 안산시 상록구 본오동 ████-█ ████ 김성█ 귀하

(경유)

제목 농지취득자격증명 신청 미발급 통보(서산시 지곡면 화천리 30█-2)

1. 귀 가정에 건강과 행운이 항상 함께 하시길 기원합니다.

2. 귀하께서 2019년 10월 17일 신청하신 서산시 지곡면 화천리 30█-2번지 농지취득자격 증명 신청은 농지법 제8조, 농지법시행령 제7조, 농지취득자격증명발급심사요령 제9 조에서 정한 규정에 의해 자격증명 미발급 사유에 해당되는 농지로

3. 신청대상 농지는 취득 시 농지취득자격증명을 발급받아야 하는 농지이나 불법으로 형질이 변경되었거나 불법건축물이 있는 부분에 대한 복구가 필요하며 현 상태에서는 농지취득자격증명을 발급할 수 없어, 농지취득자격증명을 미발급하오니 양지하여 주시기 바랍니다.

4. 또한 함께 신청된 화천리 30█-3번지의 경우 국토지리정보원의 1967년 9월 12일 촬영한 항공사진과 2018년 재산세(건물) 과세대장의 건물현황에 의거 1973년 이전에 이미 건축물이 존재하고 있음이 확인되어 농지법에 의한 농지에 해당되지 않고 있어 농지 취득자격증명 발급이 필요하지 않습니다.

5. 미발급에 대한 이의가 있을 경우 민원사무처리에 관한 법률 제35조의 규정에 따라 거부처분을 받은 날부터 60일 이내에 문서로 이의신청을 할 수 있으며,

6. 민원사무처리에 관한 법률 제35조의 규정에서 정한 이의신청 여부와 관계없이 행정 심판법 제27조 규정에 따라 위 처분이 있음을 알게 된 날로부터 90일 이내 또는 위 처분이 있었던 날부터 180일 이내에 충청남도지사 또는 서산시장에게 행정심판 을 제기할 수 있으며,

7. 행정소송법 제20조의 규정에 따라 처분 등이 있음을 안 날로부터 90일 이내 또는 처분 등이 있는 날로부터 1년 이내에 대전지방법원에 행정소송을 제기할 수 있음을 알려드립니다. 끝.

- 일 -

준 비 서 면

사　건　　2019 구합 ○○○ 농지취득자격증명신청 반려처분 취소
원　고　　김성●, 김주●
피　고　　서산시 지곡면장

위 사건과 관련하여 원고는 피고의 2020. 7. 3.자 준비서면에 대하여 다음과
같이 변론을 준비합니다.

- 다　음 -

1. 판사님 지시사항

지난번 변론기일에 판사님께서 원고에게 소명하라고 지시하신 사항에 대하
여 다음과 같이 진술합니다.

원고 김성●과 김주●은 오래전부터 매우 가깝게 지내는 친구이고, 현재 거
주지는 경기도 안산과 경기도 과천이며 이사건 토지와의 거리는 김성●의
경우 직선거리 63㎞, 차량도로거리 90㎞, 차량 이동시간은 60분이며, 김주●
의 경우 직선거리 80㎞, 차량도로거리 110㎞, 차량 이동시간은 80분 정도 소
요됩니다.

경작 및 운영계획은, 경매대상 토지 세 필지 화천리 30●-3, 30●-13, 30●-2 중
경매대상 오세●의 지분 8분의1 (총 환산면적은 353.5㎡, 갑제1호증 부동산등
기사항증명서 (화천리 30●-2번지 토지) 및 갑제10호증의 1 (화천리 30●-3번지
토지), 2 (화천리 30●-13번지 토지) 각 부동산등기사항증명서 참조)을 취득하
여 공유물분할을 통하여 약 107평 정도의 부지를 원고들만의 공유로 만들고
그 지상에 작은 농막을 짓고 텃밭을 경작하면서 노후의 여가 생활을 영위하

고자 계획하였습니다.

2. 거리제한 규정에 관하여

경작거리에 대한 제한규정은 피고의 준비서면에도 나와 있듯이 1996년에 이미 폐지되어 전혀 문제가 없으므로 원고들이 서산에 거주하지 않으면서 이사건 토지를 경작한다는 것은 불가능 하다는 피고의 주장을 배척하여 주시기 바랍니다.

거리제한 규정은 도로와 교통망이 발달된 현재 전국이 1일 생활권이므로 실효성이 없어서 폐지되었다고 사료됩니다.

이사건 토지를 경작하기 위하여 원고들이 매일 방문할 필요는 없으며 주말에만이라도 소일거리 삼아 방문하는데 아무런 문제가 없습니다.

3. 원상회복과 공유물분할 등에 관하여

피고는 건물주와 협의가 없으므로 원상복구가 불가능하다는 것과, 건물을 철거하여 원상회복을 하지 않는다면 이사건 토지의 공유자 간에 원만한 공유물분할도 할 수 없다고 주장합니다.

그러나 이사건 관련 세필지 토지가 일괄매각 대상이고, 세필지의 지분 합계는 약107평 정도 되는 바, 세필지를 놓고 얼마든지 특정부분의 현물분할이 가능하다 사료됩니다.

그리고 원상회복으로서 건물철거도 건물소유자와의 합의는 사실상 건물소유자가 자진해서 건물을 철거하겠다고(이 경우 원고들과 건물주 간에 철거비용에 대하여도 합의가 되어야 할 것임) 해야 하는데, 사실상 건물주가 자진해서 철거하리라 기대하기 어렵습니다.

따라서 원고들은 건물주를 상대로 무허가 불법건축물의 철거소송을 제기하여 승소판결을 받은 후 강제로 철거하는 방법을 모색할 예정이고, 불법건축물이므로 당연히 승소판결을 예상할 수 있습니다.

4. 피고의 직무유기

피고는 분명히 이사건 건물(조재 ● 소유)이 무허가 불법 건축물이라고 주장하였습니다.

그렇다면 행정청인 피고가 이사건 토지 지상에 불법건축물이 존재함을 알고 있으므로 **피고는 이사건 불법건축물에 대하여 철거 계고 처분 및 대집행 등 행정처분을 단행하여 건물을 철거해서 농지로 원상회복하도록 조치할 의무**가 있습니다.

그럼에도 불구하고 아무런 조치를 취하지 않고 있는 것은 직무를 유기하고 있다고 보아야 할 것입니다.

피고가 위와 같이 건물철거의 행정처분을 단행한다면 더욱더 원상회복의 가능성이 커지고, 원고들에게 원상복구조건으로 농지취득자격증명을 발급해 주는 것도 아무런 문제가 없을 것입니다.

5. 결어

위와 같은 사정 등을 감안하여 주시고, 2020. 7. 9. 자로 종결한 변론을 재개하여 주시기를 청하오며, 피고가 적극적으로 행정처분을 단행할 경우 이사건 토지를 농지로 원상회복하는데 아무런 문제가 없으므로 이사건 원고의 청구 취지 대로 판결하여 주시기 바랍니다.

입증방법

1. 갑제10호증의 1, 2 부동산등기사항증명서 각1통

첨부서면

1. 위 입증방법   2통
1. 준비서면 부본   1통

2020. 7. .

위 원고 김성█ 김주█

대전지방법원 귀중

대 전 지 방 법 원

제 2 행 정 부

판 결

사 건	2019구합░░░ 농지취득자격증명신청반려처분취소
원 고	1. 김성░
	안산시 상록구 이호로5길 ░ ░░░ ░ ░ ░ ░
	2. 김주░
	과천시 부림로 ░ ░░ ░░ ░░ ░ ░░ ░ ░ ░ ░░ ░
	원고들 송달장소 평택시 평남로 ░░░ ░░ ░ ░ ░ ░
피 고	서산시 지곡면장
	소송수행자 박성░, 김윤░
변 론 종 결	2020. 7. 9.
판 결 선 고	2020. 8. 13.

주 문

1. 피고가 2019. 10. 17. 원고들에 대하여 한 농지취득자격증명신청 반려처분을 취소한
   다.

2. 소송비용은 피고가 부담한다.

2020-0173685173-E7805   위변조 방지용 배초도 합니다   1 / 13

청 구 취 지

주문과 같다.

이   유

1. 처분의 경위

가. 원고들은 2019. 10. 15. 대전지방법원 서산지원 2017타경●●●●●● 부동산강제경매 사건에서 충남 서산시 지곡면 화천리 30●-2 전 803㎡(이하 '이 사건 토지'라 한다)의 1/8 지분에 관하여 최고가 매수신고인이 된 사람들이다.

나. 원고들은 2019. 10. 17. 피고에게 이 사건 토지의 1/8 지분에 관한 소유권을 취득하기 위하여, 원고 김성●은 취득자 구분란 및 취득목적란을 공란으로 하고, 원고 김주●은 취득자 구분을 농업인으로 취득목적을 농업경영으로 표기하여 각 농지취득자격증명의 발급을 신청하였다.

다. 피고는 2019. 10. 17. 원고들에게 아래와 같은 이유로 농지취득자격증명의 발급 신청을 반려하는 처분(이하 '이 사건 처분'이라 한다)을 하였다.

> 이 사건 토지는 취득 시 농지취득자격증명을 발급받아야 하는 농지이나 불법으로 형질이 변경되었거나 불법건축물이 있는 부분에 대한 복구가 필요하며 현 상태에서는 농지취득자 격증명을 발급할 수 없음

[인정근거] 다툼 없는 사실, 갑 제1 내지 5호증, 을 제1, 4, 5호증(가지번호 있는 경우 각 가지번호 포함)의 각 기재, 변론 전체의 취지

2. 이 사건 처분의 적법 여부

가. 원고들의 주장

피고는 이 사건 토지가 농지에 해당함을 전제로 이 사건 토지의 형질이 불법으로

변경되었다거나 불법건축물이 존재하여 이 부분에 대한 복구가 필요하다는 이유를 들어 원고들의 농지취득자격증명 발급신청을 반려하였다. 피고는 불법건축물에 대한 철거 등을 실행할 권한이 있고 원고들로부터 원상복구계획서를 제출받고 자격증명을 발급할 수 있었음에도 불구하고 단순히 위와 같은 이유만으로 원고들의 농지취득자격증명 발급신청을 반려한 이 사건 처분은 위법하다.

나. 관련 법령

별지 관련 법령 기재와 같다.

다. 판단

1) 농림축산식품부 예규인 '농지취득자격증명 발급심사요령' 제9조 제3항 제4호는 농지법을 위반하여 불법으로 형질변경된 농지에 대한 농지취득자격증명의 발급을 신청받은 경우 자격증명 미발급 사유로 '신청대상 농지는 취득 시 농지취득자격증명을 발급받아야 하는 농지이나 불법으로 형질이 변경된 부분에 대한 복구가 필요하며 현 상태에서는 농지취득자격증명을 발급할 수 없음'이라고 기재하도록 규정하고 있고, 피고는 위 조항을 근거로 이 사건 토지에 불법으로 형질변경된 부분 및 불법건축물이 있어 이에 대한 복구가 필요하다는 이유로 이 사건 처분을 하였다.

2) 그러나 앞서 든 증거들에 변론 전체 취지를 더하여 알 수 있는 다음과 같은 사정들을 종합하여 보면, 피고가 원고들에게 농지취득자격이 있는지 여부를 실질적으로 심사하지 않은 채 단순히 이 사건 토지가 원상복구되지 않았다는 이유만으로 원고들의 농지취득자격증명의 발급신청을 반려한 이 사건 처분은 위법하다고 봄이 타당하다(한편 피고는 원고들이 농지취득자격이 없다는 취지로도 주장하나, 피고는 이 사건 처분을 하면서 이 사건 토지에 관한 원상복구 필요성을 처분사유로 적시하였을 뿐이어서

원고들의 농지취득자격과 관련된 사유는 당초의 처분사유와 기본적 사실관계가 동일하다고 할 수 없으므로, 피고가 이 법원에서 위와 같은 처분사유를 추가하는 것은 허용되지 아니한다).

가) 우리 헌법은 경자유전의 원칙을 선언하고(헌법 제121조), 농지법은 이를 구현하기 위하여 농지의 보전, 소유, 이용에 관한 기본이념을 천명하고(농지법 제3조), 국가와 지방자치단체로 하여금 위와 같은 기본이념의 실현을 위한 시책을 수립하고 시행할 의무를 부과하고 있다(농지법 제4조).

이에 따라 농지법은 원칙적으로 자기의 농업경영에 이용하지 않은 자는 농지를 소유하지 못하도록 하고(제6조 제1항), 예외적인 경우 한정적으로 농업경영에 이용하지 않더라도 농지를 소유하도록 허용하고 있다(제6조 제2항). 또한 농업경영에 이용하지 않은 농지 등의 처분(제10~12조), 농지의 전용허가 제한(제34조, 제37조), 농지의 지목변경 제한(제41조), 원상회복(제42조) 등의 규정을 통해 헌법상 경자유전의 원칙을 관철하고 농지를 보전하도록 하고 있다.

농지취득자격증명은 위와 같은 헌법, 농지법 등의 규정에 따라 농지를 취득하려는 자가 농지를 취득할 자격이 있는지 여부를 적극적으로 심사함으로써 농지에 관한 기본이념을 구현하기 위한 제도라고 볼 수 있다. 따라서 농지취득자격증명은 취득하려는 토지가 농지인 이상 취득 대상 농지의 상태보다도 본질적으로 농지를 취득하려는 자에게 농지취득자격이 있는지 여부에 중점을 두고 심사하는 제도이고 위와 같은 방향으로 제도가 운용되는 것이 적절하고 바람직하다.

나) 농지법 제8조 제1항 본문은 농지를 취득하려는 자는 농지 소재지를 관할하는 시장, 구청장, 읍장 또는 면장에게서 농지취득자격증명을 발급받아야 한다고 규정하

고 있고, 농지법 제6조 제1항은 농지는 자기의 농업경영에 이용하거나 이용할 자가 아니면 소유하지 못한다고 규정하면서, 같은 조 제2항에서는 위 제1항에도 불구하고 주말·체험영농(농업인이 아닌 개인이 주말 등을 이용하여 취미생활이나 여가활동으로 농작물을 경작하거나 다년생식물을 재배하는 것을 말한다)을 하려고 농지를 소유하는 경우(제3호) 등에는 농지를 소유할 수 있다고 규정하고 있다. 또한 농지법 시행령 제7조 제2항은 시·구·읍·면의 장은 농지취득자격증명의 발급신청을 받은 때에는 농지법 제6조 제1항이나 제2항 제2호·제3호·제7호 또는 제9호에 따른 취득 요건에 적합할 것(제1호), 농업인이 아닌 개인이 주말·체험영농에 이용하고자 농지를 취득하는 경우에는 신청 당시 소유하고 있는 농지의 면적에 취득하려는 농지의 면적을 합한 면적이 농지법 제7조 제3항에 따른 농지의 소유상한(총 1천 제곱미터 미만) 이내일 것(제2호), 농업경영계획서를 제출하여야 하는 경우에는 그 계획서에 농지법 제8조 제3항 각 호의 사항이 포함되어야 하고, 그 내용이 신청인의 농업경영능력 등을 참작할 때 실현가능하다고 인정될 것(제3호) 등의 요건에 적합한지 여부를 확인하여 농지취득자격증명을 발급하여야 한다고 규정하고 있다. 또한 농지법 시행령 제7조 제2항의 위임에 따라 농지법 시행규칙 제7조 제3항은 농업경영계획서를 제출하여야 하는 경우에 있어서의 농지취득자격의 확인기준 등에 관한 세부사항을 규정하고 있다.

　　위와 같은 관련 규정의 내용 및 취지를 고려할 때 피고는 농지취득자격증명 발급신청을 받은 경우 대상 토지가 농지법 제2조 제1호의 농지에 해당하는 이상, 위 농지법 제6조 제1항, 제2항 및 농지법 시행령 제7조 제2항, 농지법 시행규칙 제7조 제3항 등에 따라 그 신청인에게 농지취득자격이 있는지를 심사하여 농지취득자격증명의 발급 여부를 판단하여야 한다.

수 없게 되는 점, ③ 농지가 불법 형질변경된 경우 관할청은 행위자에게 원상회복을 명하고 이를 이행하지 않을 경우 대집행으로 원상회복하는 등 불법행위를 단속할 의무가 있음에도 이를 하지 않은 채, 오히려 불법 형질변경이 있다는 이유로 최고가 매수신고인의 농지취득자격증명 발급신청을 거부하는 것은 행정청이 스스로 하여야 할 의무이행을 경매라고 하는 우연한 기회를 이용하여 최고가 매수신고인에게 전가시키는 것인 점 등을 종합하여 볼 때, 적법하다고 보기 어렵다.

3. 결론

    그렇다면 원고들의 청구는 이유 있어 이를 인용하기로 하여 주문과 같이 판결한다.

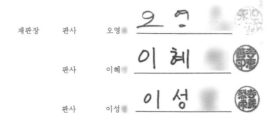

재판장   판사   오영

판사   이혜

판사   이성

서 산 시 지 곡 면

수신 경기도 안산시 상록구 본오동 　　　　 김성 귀하

(경유)

제목 농지취득자격증명 신청 미발급 통보(서산시 지곡면 화천리 30 -2)

1. 귀 가정에 건강과 행운이 항상 함께 하시길 기원합니다.

2. 귀하께서 2019년 10월 17일 신청하신 **서산시 지곡면 화천리 30 -2번지 농지취득자격 증명 신청**은 농지법 제8조, 농지법시행령 제7조, 농지취득자격증명발급심사요령 제9 조에서 정한 규정에 의해 자격증명 미발급 사유에 해당되는 농지로

3. **신청대상 농지는 취득 시 농지취득자격증명을 발급받아야 하는 농지이나 불법으로 형질이 변경되었거나 불법건축물이 있는 부분에 대한 복구가 필요하며 현 상태에서는 농지취득자격증명을 발급할 수 없어, 농지취득자격증명을 미발급하오니 양지하여 주시기 바랍니다.**

4. 또한 함께 신청된 화천리 30 -3번지의 경우 국토지리정보원의 1967년 9월 12일 촬영한 항공사진과 2018년 재산세(건물) 과세대장의 건물현황에 의거 1973년 이전에 이미 건축물이 존재하고 있음이 확인되어 농지법에 의한 농지에 해당되지 않고 있어 농지 취득자격증명 발급이 필요하지 않습니다.

5. 미발급에 대한 이의가 있을 경우 민원사무처리에 관한 법률 제35조의 규정에 따라 거부처분을 받은 날부터 60일 이내에 문서로 이의신청을 할 수 있으며,

6. 민원사무처리에 관한 법률 제35조의 규정에서 정한 이의신청 여부와 관계없이 행정 심판법 제27조 규정에 따라 위 처분이 있음을 알게 된 날로부터 90일 이내 또는 위 처분이 있었던 날부터 180일 이내에 충청남도지사 또는 서산시장에게 행정심판 을 제기할 수 있으며,

7. 행정소송법 제20조의 규정에 따라 처분 등이 있음을 안 날로부터 90일 이내 또는 처분 등이 있는 날로부터 1년 이내에 대전지방법원에 행정소송을 제기할 수 있음을 알려드립니다. 끝.

중부지방해양경찰청 이전 최적지는 서산입니다.

서 산 시 지 곡 면

수신 경기도 과천시 부림로 ◼◼◼◼ ◼◼◼ 김주◼ 귀하
(경유)

제목 농지취득자격증명 신청 미발급 통보(서산시 지곡면 화천리 30◼-2)

1. 귀 가정에 건강과 행운이 항상 함께 하시길 기원합니다.

2. 귀하께서 2019년 10월 17일 신청하신 **서산시 지곡면 화천리 30◼-2번지 농지취득자격 증명 신청은** 농지법 제8조, 농지법시행령 제7조, 농지취득자격증명발급심사요령 제9 조에서 정한 규정에 의해 자격증명 미발급 사유에 해당되는 농지로

3. <u>신청대상 농지는 취득 시 농지취득자격증명을 발급받아야 하는 농지이나 불법으로 형질이 변경되었거나 불법건축물이 있는 부분에 대한 복구가 필요하며 현 상태에서는 농지취득자격증명을 발급할 수 없어, 농지취득자격증명을 미발급하오니 양지하여 주시기 바랍니다.</u>

4. 또한 함께 신청된 <u>화천리 30◼-3번지의</u> 경우 국토지리정보원의 1967년 9월 12일 촬영한 항공사진과 2018년 재산세(건물) 과세대장의 건물현황에 의거 1973년 이전에 이미 건축물이 존재하고 있음이 확인되어 농지법에 의한 농지에 해당되지 않고 있어 농지 취득자격증명 발급이 필요하지 않습니다.

5. 미발급에 대한 이의가 있을 경우 민원사무처리에 관한 법률 제35조의 규정에 따라 거부처분을 받은 날부터 60일 이내에 문서로 이의신청을 할 수 있으며,

6. 민원사무처리에 관한 법률 제35조의 규정에서 정한 이의신청 여부와 관계없이 행정 심판법 제27조 규정에 따라 위 처분이 있음을 알게 된 날로부터 90일 이내 또는 위 처분이 있었던 날부터 180일 이내에 충청남도지사 또는 서산시장에게 행정심판 을 제기할 수 있으며,

7. 행정소송법 제20조의 규정에 따라 처분 등이 있음을 안 날로부터 90일 이내 또는 처분 등이 있는 날로부터 1년 이내에 대전지방법원에 행정소송을 제기할 수 있음을 알려드립니다. 끝.

[별지 제5호서식] <개정 2012.7.18>

| 제 2020-000183 호 | 농지취득자격증명 | | |

[별지 제5호서식] <개정 2012.7.18>

농지취득자격증명

제 2020-000183 호

농지 취득자 (신청인)	성 명 (명칭)	김성⬛		주민등록번호 (법인등록번호)	591026-1******
	주 소	경기도 안산시 상록구 ⬛⬛⬛⬛			
	연락처	010-2459-⬛⬛⬛⬛		전화번호	

	소 재 지	지 번	지 목	면 적 (㎡)
취득 농지의 표시	충청남도 서산시 지곡면화천리	0309-⬛⬛	전	50.19

취 득 목 적	주말체험영농

귀하의 농지취득자격증명신청에 대하여 「농지법」 제8조, 같은 법 시행령 제7조제2항 및 같은 법 시행규칙 제7조제4항에 따라 위와 같이 농지취득자격증명을 발급합니다.

2020 년 09 월 11 일

충청남도 서산시 지곡면장

<유의사항>

○ 귀하께서 해당 농지의 취득과 관련하여 허위 그 밖에 부정한 방법에 따라 이 증명서를 발급받은 사실이 판명되면 「농지법」 제59조에 따라 3년 이하의 징역이나 1천만원 이하의 벌금에 처해질 수 있습니다.

○ 귀하께서 취득한 해당 농지를 취득목적대로 이용하지 아니할 경우에는 「농지법」 제11조제1항 및 제62조에 따라 해당 농지의 처분명령 및 이행강제금이 부과될 수 있습니다.

제 2020-000184 호   농 지 취 득 자 격 증 명

농지 취득자 (신청인)	성명 (명칭)	김주●	주민등록번호 (법인등록번호)	580409-1●●●●●●
	주 소	경기도 과천시 희망길 ● ●●● ●●● (●●●, ●●●●●●●●)		
	연락처	010-3227-●●●●	전화번호	

	소 재 지	지 번	지 목	면 적 (㎡)
취득 농지의 표시	충청남도 서산시 지곡면화천리	0309-●●●●	전	50.19

취 득 목 적	농업경영

귀하의 농지취득자격증명신청에 대하여 「농지법」 제8조, 같은 법 시행령 제7조제2항 및 같은 법
시행규칙 제7조제4항에 따라 위와 같이 농지취득자격증명을 발급합니다.

2020 년 09 월 11 일

충청남도 서산시 지곡면장

<유의사항>
○ 귀하께서 해당 농지의 취득과 관련하여 허위 그 밖에 부정한 방법에 따라 이 증명서를 발급받은 사실이
   판명되면 「농지법」 제59조에 따라 3년 이하의 징역이나 1천만원 이하의 벌금에 처해질 수 있습니다.
○ 귀하께서 취득한 해당 농지를 취득목적대로 이용하지 아니할 경우에는 「농지법」 제11조제1항 및
   제62조에 따라 해당 농지의 처분명령 및 이행강제금이 부과될 수 있습니다.

이것이 진짜 농지 경매다

제1판 1쇄 ㅣ 2018년 10월 9일
제1판 2쇄 ㅣ 2021년 6월 15일

지은이 ㅣ 이종실
펴낸이 ㅣ 윤성민
펴낸곳 ㅣ 한국경제신문 *i*
기획 · 제작 ㅣ ㈜두드림미디어
책임편집 ㅣ 최윤경   디자인 ㅣ 노경녀 n1004n@hanmail.net

주소 ㅣ 서울특별시 중구 청파로 463
기획출판팀 ㅣ 02-333-3577
E-mail ㅣ dodreamedia@naver.com
등록 ㅣ 제 2-315(1967. 5. 15)

ISBN   978-89-475-4406-1 (03320)

한국경제신문 i 부동산 도서 목록

한국경제신문*i* 부동산 도서 목록

한국경제신문i 부동산 도서 목록

한국경제신문 i 부동산 도서 목록